ハンズ・オン考

博物館教育認識論

小笠原喜康［著］

東京堂出版

本書を博物館の先達である敬愛する叔父

千　葉　一　彦　　に捧げる

はじめに――本書の趣旨

本書は、主に認識論哲学の立場から、これまで博物館界において唱えられてきた、いくつかの理論問題を問い直すことを目的としている。それは、三つある。一つは、近年の博物館教育論の主流となってきた、構成主義の理論問題である。二つ目は、博物館が実際のものに触れて学ぶところであるという、最も重要な博物館の基本テーゼである。そして三つ目は、市民啓蒙のための情報発信基地としての博物館というテーゼである。

これからもわかるように、本書の題名であるハンズ・オンとは何かという問題は、直接議論しない。本書を「ハンズ・オン考」としたのは、筆者がやっている小さな研究会、Children's Museum 研究会が発行している『子ども博物館楽校』に連載してきた「Hand's On 考」に由来している。本書は、そこでの議論と、学会紀要やニューズレターなどで筆者が展開してきた議論を踏まえて、改めて構成し書き直したものである。しかしもちろん、ハンズ・オンとはどういうものなのかについては、本書の随所において触れている。というよりも本書全体が、ハンズ・オンとは何かを問い直しているという方が正しいだろう。

さて、最初にいまのべた三つの問題への、筆者の立場をのべておきたい。まず、第一の問題。構成主義は、来館者の自由な解釈を強く尊重する。学芸員の意図したことと、異なる解釈であってもかまわないと主張する。なるほど、人の解釈は自由である。誰がどう思おうと、それを禁止することはできない。人の心の自由は、最も尊重しなくてはならない。だがしかし、この主張は、二つの点において誤っている。

一つは、社会的な意味で誤っている。博物館には、そのミッションを実現する社会的責務がある。古代の土器の壷は、ボーリングのピンではない。そしてもう一つは、認識論的に誤っている。私たちの解釈が、言語を介してなされる限り、それがまったくの自由になることはありえない。それすらも自由でなくてはならないというのなら、その人はその社会では病的な存在になる。そればかりか、安全に生きていくこと自体が難しくなるに違いない。もちろんその人は、この社会の中で自由を獲得することも難しい。

構成主義が、百科全書主義から始まる、近代の啓蒙主義への反発から生まれていることは承知している。「すべての人にすべての知を」という汎知（パン・ソフィア）が、なんの色合いもつかずに、それ自体として存在することなど考えられない。知識は当然、植民地主義やジェンダー差別、あるいは様々な権威主義をまとっている。確かに博物館は、学校教育と手を携えて、近代社会の市民啓蒙の車の両輪であった。そうした意味では、博物館が、単に「正しい知識」を伝達する機関として存在し続けることは、もはや許されない。だがしかしそれは、完全なる解釈の自由という、近代の安直な拒否によっては達成されないだろう。ではどうするのか。本書は、この問いを知識論の視点から問い直そうとする試みである。

次に第二の問題。博物館は、実際のモノにふれて学ぶところである。そしてそれが、教科書中心の学校教育と大きく違うところである。と、このように博物館関係者は信じてきた。だが筆者は、それはモノではなくコトだと理解している。つまり博物館は、モノによって学芸員が解釈してつくりあげたコトを展示している。それがどれほど貴重なモノであろうと、学芸員の解釈をへなくては、ただの土塊にすぎなくなる。市民啓蒙のモダンから離れるには、モノ中心から学芸員によるコト中心へと、シフトを切り替えるべきである。

なぜなら、コトはモノよりもかえって、学習者の解釈の自由度を高めるからである。これは一見、矛盾的に聞こえるかもしれない。しかしモノ中心であれば、前述したように、モノがまとっている様々な権威を押しつけることになる。逆に学芸員が、その解釈をだすことは、押しつけではない。押しつけは、解釈の違いを許さないことである。それはむしろモノ中心の展示から生まれる。モノ中心は、権威をまとい、それを隠さずにあらわにして来館者の前に立ち現れる。

こういうと、「モノはいらないのか」と、心配する向きもあるかもしれない。もちろんそういうことではない。モノは、学芸員の解釈によって、初めて意味ある「モノ」となると主張しているのである。この基本を忘れると、ただの好事家になってしまう恐れがある。そしてそれは、結果的に第一の問題、構成主義の主張に道をゆずることになる。「あなたにとっては貴重かもしれないけれど、私には関係のないことです、人はそれぞれですから」と構成主義者はいうからである。そしてそれは、逆説的に、モノの権威を無限定に高めることへとつながる。というのも、私には関係ないという姿勢は、権威の存在をそのまま認めることだからである。

いま、博物館は岐路に立たされている。美術館・動植物園・水族館・科学館も含めた広い意味の博物館では、年々一館あたりの入館者数が減り続けている。博物館は、確かにメディアである。だが、他のメディアの発達に追い抜かれて、いまではすっかり取り残されてしまった。博物館を情報発信基地という従来的なメディアと見なす限り、残された選択肢はさほど多くはない。昔の博覧会のように新奇なものを並べるのか。アトラクションを増やして、アミューズメント化するのか。だがこれらは、すでに試みている。そしてその結果は、はかばかしくない。ならばどうするのか。

ここに第三の本書の課題がでてくる。それには、従来のようなメディアであることを止めるほかはない。つまり情報発信の手だてを尽くしたところで、このネット社会では、市民はこちらを向いてくれそうにない。ならばメディアの考え方を変えるべきではないか。そしてその変化形として、学習のとらえ方も変えるべきではないか。すなわちメディアのとらえ方を、伝達から媒介へと変え、学習を協働体への参加ととらえるならば、そこに新たな可能性をみいだすことができるのではないか。博物館を、市民が集い、新たなコミュニティーを形成し、そこで自己実現を図る場とすべきではないか。近代市民社会の啓蒙の役割を終えたとすれば、むしろそこに新たな道があるのではないか。本書では、三部構成でこの三つの問い直しをすすめる。

第I部は、構成主義を問い直すことで、博物館の教育とはどういうものなのかを、認識論の視点から問う。まず第1章では、構成主義を知識論の観点から批判的に検討する。この主張は、姿勢としては理解できるものの、理論としてはあまりに粗雑すぎる。それは、二〇世紀後半以降に他の分野でも主張されるようになってきた構成主義と、正反対といえるほどに違う。確かに個々人の解釈には、その人の経験が深くかかわっている。だがだからといって、どんな解釈も許されるといっていいのか。教育界で近年採り上げられるようになったこの立場は、解釈者の自由をことさらに際立たせようとする。博物館から解釈を押し付けてはいけないという。解釈は確かに人それぞれである。だがそこには、社会の一定の枠がある。来館者中心というのは、確かに望ましいことであるかもしれない。しかしそれは、すべてが自由であることを意味しない。

続く第2章でも、構成主義の批判的検討をおこないたい。ここでは、第1章でもとりあげた日本でも翻訳がだされている、G・E・ハインの理論を検討する。それは、第1章でとりあげたコールトンなどよりは、ずっと極端な立場である。彼は、解釈の絶対的自由・私的な概念を主張する。そしてその理論的根拠として、J・デューイの『経験と教育』を引き合いにだす。だがそれは、デューイの理論とはまったく異なる、彼が最も否定した主張である。この章では、このことを明らかにした上で、デューイもめざしていた、関係論的な知識観でとらえることの重要性を考える。

ハインは、知識を実体論的にとらえるがために、学芸員の解釈か来館者の解釈か、といった二項対立的な議論に陥ってしまった。そしてその根拠としてもちだしたのが、デューイの経験主義であった。博物館界では、ハインのようなデューイの経験論に対する、誤解や曲解がまだ多くある。そこで第I部の最後、第3章では、なぜいま博物館教育なのかを、認識論の視点から考えたい。その背景、デューイの経験、そして現代における博物館教育の基本、こうしたことも問い直す。

ここでは、デューイのいうプラグマティズムの経験主義とは、どういうものだったのかを改めて検討する。連続性と相互作用によって、ダイナミックに再構成される、二重たる詰めとしての経験の意味を検討する。デューイは、博物館教育の理論と標榜されている。その「為すことにより学ぶ」は、学校と違う博物館のモノに触れて学ぶに、通ずるところがあると評価されるからである。だがしかし、それは本当だろうか。デューイは、無限定の経験を推奨したのではない。むしろその逆で、反省的で実験的な経験を重視したのである。そうだとすれば、単にモノに触れされせるという経験だけでは済まないことになる。第3章では、そのことを確認してみたい。

第Ⅱ部では、博物館教育の基本である展示の問題を検討する。第4章では、廣松渉の「モノ・コト論」を下敷きにこの問題を考える。この第4章では、モノを展示して直接来館者に語りかけるというのは、理論的にはどういう意味なのかを考える。従来いわば金科玉条のごとくいわれてきた、モノが直接語りかけるというのは、もちろん比喩的な表現である。だがしかし、それにもかかわらず、展示そのものを目的化する傾向が実際にはある。そこで最初に、展示しているのはモノではなく、学芸員が解釈したコトではないのかということを、廣松渉の「モノ・コト論」を下敷きに考える。

次の第5章では、第4章で検討したコト展示を実現するための基礎的なものの考え方を提唱したい。ここでは、アメリカの哲学者のC・S・パースのカテゴリー論から、展示のベーシックな働きを読み取る概念を提起する。こうした議論によって、私たちはなにを博物館の中でおこなっているのかが、より明確になる。第4章で議論したコトを展示するとは、具体的にどのようなことか。展示を企画したり見直したりするときの基礎的なカテゴリーを提案する。

このことは続く第6章でもおこなう。第6章では、同じくパースの記号論にそって、今度は観覧者の側からのカテゴリーを提起する。よく知られている、Icon, Index, Symbol の視点から、あらためて展示解釈のカテゴリーを提起する。ここでは、第5章で積み残したパースの記号論の理解もすすめる。第4・5・6章とを併せて展示を理解すると、より実践的に役立つものとなると期待する。

第Ⅲ部は、第Ⅰ部で検討した諸問題を乗り越えるには、これからどのような問題を考えたらいいのかについて議論する。ここでは、具体的な歴史認識の問題、子ども博物館の成立史、そして博物館の具体的な教材論、を議論した上で、最後にこれからの博物館の方向性を考える。本書の目的は、これまでの博物館界の常識的な議論を問い直すことにある。そのためには、理論的な問題をさらに深めるとともに、より具体的な問題にも入り込む必要がある。こうした意味で、この最後の部は、少し雑多な議論となる。

最初の第7章では、具体的な歴史知の問題に迫ってみたい。個人の歴史認識には、体験の海ともいうべき部分が必要で、その部分に支えられた物語る行為は、たとえ小学生であっても可能なのではないか。そしてそれには、博物館体験が意味をもつのではないかという問題を議論する。

他にこの第Ⅲ部では、教育基礎論から少し抜け出した各論として、第8章で子ども博物館の成立史が私たちの博物館教育に投げかける思想問題と、第9章で教材キットについて書かれたものを紹介する。どちらもまだまだ厳密ではない荒削りだが、我田引水的にいえば、だからこそ批判の対象として考えてもらえればと念う。また最後の第10章では、「博物館教育のこれから—正統的周辺参加論のその先へ」として、それまでの論考を振り返って、これからの博物館教育の方向性を議論する。いわば本書の結論部分である。最初にのべたように、本書の目的の一つは、これまでの啓蒙装置としての役割を抜け出して、博物館のこれからの方向を考えることである。そうした意味で本章は、現時点での筆者のスタンスである。

博物館法とその施行規則の改正に伴い、平成二五年度（二〇一三）から、大学の学芸員養成課程に、「博物館教育論」という科目が新しく設置された。しかし博物館教育学という分野は、まだ全くの未構築である。これについてのまとまった著作は、ずっと以前の昭和三一年（一九五六）の棚橋源太郎あたりまで遡らなくてはならない。しかしその著作は、当時の博物館の現状をつぶさに紹介する内容であって、それ自体は大変価値のあるものではあるが、展示や教育についての理論をのべるものではなかった。そしてその後、展示も含めた教育理論は、著作はおろか、理論的考察の論文すら書かれることはなかった。

それというのも、日本の教育学研究は、基本的に学校教育研究であったからである。博物館という社会教育施設は、研究対象とは考えられてはこなかった。そのため、研究としては、社会教育研究の一部で軽く触れられる程度にすぎなかった。前博物館法では、その施行規則における学芸員養成過程において「教育学」を設定していたにもかかわらず、教育学研究の対象とはならなかった。学校教育についての理論が、博物館教育についての理論になりうるかどうかは、議論のあるところかもしれない。しかしこれまでの教育研究においては、デューイについては論じても、そのデューイが重視していた博物館について議論されることは、まったくといってよいほどなかった。

博物館教育の基本である展示についてはどうか。展示論として論じられている書籍は、当然のことながらこれまでいくつか書かれてきた。しかしそれらは、展示の分類論や、より具体的な展示装置についての論であった。そうしたものは、もちろんそれとして価値はある。しかし、よりベーシックな理論的な研究という点では、これもやはりほとんどなされてこなかった。理論というのを、一般論として適用範囲の広いものの考え方とするならば、そのようなものはほとんどみられない。

そこで本書では、こうした事情から、これからの研究の批判的対象としていただくために、まだまだ未定の粗削りの論を、そのまま提出することとした。もし、より良い博物館教育と展示についての一貫した方法論なり理論を求めるのであれば、残念ながら、本書はその期待に応えることはできない。本書は、あくまで、これからの議論をおこすきっかけを提供するだけである。筆者には、博物館教育についての一貫した体系的理論を展開する力はない。

いまのべたように本書のねらいは、まだ未開拓のこの分野の批判の対象としていただくことで、この分野の議論を活発にすることにある。これはへりくだりでも、おごりでもない。学問とは、そうした批判と論争によってこそ、社会に役立つものとなることができると信じているからである。皆様の厳しいご指導とご鞭撻を願うものである。

なお本書は、日本大学文理学部の出版助成金をいただいて刊行するものであることを付記しておきたい。助成金を交付くださった学部に感謝したい。これなくしては、本書のような極めてベーシックな論が刊行されることなど望みえなかった。

筆　者

二〇一五年秋

ハンズ・オン考——博物館教育認識論｜目次

はじめに——本書の趣旨　1

第I部　博物館教育認識論

第1章　構成主義教育論の誤謬——17
1　注目される構成主義　17
2　構成主義の主張　19
3　構成主義理論の問題点　24
4　構成主義を乗り越えて　33

第2章　知識の内・外論から関係論へ——41
——G・ハインの構成主義知識論を超えて
1　二項対立の構成主義　41
2　ハインの構成主義論が招く混乱　44
3　デューイの経験主義　51
4　関係論的な知識観にたつことの意味　57

第3章　博物館における知識論の問題——69
1　本章の課題——知識論への三つの視点　69
2　なぜいま博物館教育であるのか　72

3 博物館での学びの基礎的理論――デューイにおける経験の問題 81
4 知識はどこにあるのか――反表象主義の知識観と博物館展示 93

第Ⅱ部 博物館展示認識論

第4章 モノからコトへの展示と参加の論理――廣松渉の「モノ・コト論」とレイブ&ウエンガーの「正統的周辺参加論」から 111
1 本書の基本テーゼ 111
2 コトとしての知識 116
3 状況への参加としての学習 124
4 モノ・コト論と参加論からの示唆 131
第5章 パースのカテゴリー論からの展示論――せまる・ゆさぶる・意味づける 139
1 はじめに――展示の視点 139
2 パースのカテゴリー論 147
3 カテゴリーとその解釈事 168
4 まとめ――このカテゴリー・システムの要点 182
第6章 モノ展示再考――モノは語り得るか 189
1 モノの語りの問い直し 191
2 パースの記号論 191

3 三つの語り事例 199　4 三つの語りの展示への示唆 205
5 今後の課題 209

第Ⅲ部　博物館教育各論

第7章　非概念的「体験の海」としての博物館の意味――歴史学習の知識論的読み解きによって 215
1 言葉に意味はない 215　2「知識をもつ」とはなにか 217
3 歴史の知識とはなにか――子供自身による語りの可能性 226
4「体験の海」としての博物館の利用 234

第8章　子ども博物館の成立史の意味――社会とつながる文化的実践への参加としての学びのために 241
1 議論の方向 241　2 子ども博物館成立史 244
3 子ども博物館誕生までの思想状況 247　4 一九世紀末の第2次移民時代 253
5 子ども博物館の存在意義――隔離された学びからの解放 258

第9章　キットとワークショップ教材の構成原理とその役割 263

1 博物館教育の今日的課題 263
2 博物館と学校教育のかかわり 267
3 キットの種類と形態 271
4 キット開発の基本的原理問題――知識観と学習観の転換の必要性 301
5 キット開発の課題 311

第10章 博物館教育のこれから――正統的周辺参加論のその先へ 315
1 「周辺性」と「実践協働体」への誤解と博物館 315
2 周辺と実践協働体の意味 318
3 正統的周辺参加としての博物館教育 334

あとがき 341

第Ⅰ部　博物館教育認識論

第1章　構成主義教育論の誤謬

1　注目される構成主義

欧米の博物館教育で最近注目されている考え方に、「構成主義」あるいは「社会構成主義」といわれるものがある。本書は、これへの批判から議論を始めたい。この理論は、博物館の展示は、館で研究された正しい知識を伝えるためにあるのではなく、来館者が自らの経験に照らして、独自の知識を構成するためにあるのだ。だから展示の解釈は、来館者の自由であって、どのように解釈してもかまわないと主張する。しかしこの理論は、明らかな矛盾をはらんだ、教育に混乱をもたらすものである。この章では、このことを論証する。

批判というと相手をけなすことだと思う向きがあるが、そうではない。ここで構成主義なり社会構成主義を批判するのは、これらが一定の価値をもっているからに他ならない。価値がないものなら、批判はしない。

批判するのは、その価値を認め、さらにそこに内在する問題点を克服して、より正当な論を求めるからである。なおまた理論は、目の前の展示なり教育を、具体的にどうするかをのべるものではないことにも、注意が必要である。理論は、抽象的である。それは、なにかを構想したり振り返るときに、その考え方に影響してくる。それだけにかえって問題を起こしがちになる。こうした意味で、この構成主義を批判するのは、私たちの博物館教育への姿勢を正すためである。批判のために批判をするのではない。

さて、この構成主義理論は、一見すると「来館者中心主義」であり、好ましいようにみえる。これは、ハンズ・オン（Hand's on）に対しての、マインズ・オン（Mind's on）の理論としても語られている。従来の展示は、たとえ体験型であったとしても、「正しい知識」を一方的に教えることに変わりがなかったという。それに対してこの新しい教育理論は、来館者自らが独自に知識を構成するのであって、これまでのお仕着せの知識観とは違うとのべる。知識の正しさの規準は、その知識を構築する来館者の内部にある、外ではないと主張する。

だがこれは、旧態然とした古い知識観、個人主義的学習観にとらわれたものである。これは、次の三つの問題点をもつ考え方である。

① 知識論として決定的な誤りを抱えた展示による教育理論である。
② そのため、一見来館者中心の考え方のようでありながら、その実態は来館者を無視するものとなる。
③ 結果として博物館の使命を放棄する誤った考え方になる可能性が大きい。

本章では、これがなぜそうしたことになるのか、博物館教育でどのような問題を起こすのか、欧米の考え方の問題点を明らかにすることで、このことを論証する。この論証をおこなうには、まず「構成主義」についてのべなくてはならない。そこでまず、「構成主義」が博物館教育の中で注目されている実態を確認する。その上で、構成主義を唱える論者の議論が、どのように問題であるのかを検討する。

だが誤解のないように、あらかじめのべておかなくてはならない。筆者は来館者の解釈は絶対に既存の解釈に従わなくてはならないと主張したいのではない。そしてまたその逆に、どのような解釈でもかまわないと主張したいのでもない。筆者が主張したいのは、このどちらか一方が正しいのだという、「あれかこれか」の論は無益だということである。どんな展示解釈も、なんらかの拘束から自由になることなどありえない。そしてまた逆に、どれほど正しい知識であっても、それが来館者においてそのまま実現することも考えられない。どのような知識であっても、それを受け取る人によって、それぞれにデフォルメされるであろうし、ある場合には全く違ったものとなることもあるだろう。だが、そうだとしても、それで良いのだというのは、「あれかこれか」の論であって、無益なものである。筆者は、このことをのべたい。

2　構成主義の主張

「構成主義」とは、どういう考え方なのか。それをここで明らかにしたい。だがこの「構成主義」は、とてもやっかいで、論者によって全く正反対の意味になることもある。とりわけ教育の文脈で使われる時と、それ以外の分野、たとえば社会学・哲学・心理学などで使われる意味とは大きく異なる。というより、正反対の意味になる。そこで以下の議論は、あくまで教育にかかわる文脈においてのものであることを、最初に断っておきたい。欧米で注目され、最近の日本の博物館教育でも認知されるようになってきた「構成主義」は、従来の展示による教育との違いを、おおむね次のようにのべる。

これまでの展示による教育理論では、学芸員の研究成果を一方的に教育するために、展示があることが多かった。それに続くハンズ・オンは、ただありがたがって見るだけでなく、自分で試してみるという体験型をとりいれることで、この一方性を改善した。しかしそれとても、学芸員の研究成果を伝えることが、主な目的であることには変わりがない。それに対して「構成主義」は、むしろ来館者の主体的な知の構成をうながす。

その主張は、おおむねこうしたものである。その典型としては、最近日本でも紹介されたティム・コールトン（Tim Caulton）の『ハンズ・オンとこれからの博物館』がある。その一節を引用してみよう。

伝統的な学習法も発見的な学習法も、正しい知識というものが存在することを前提にしている点では同じです。これらの2つの学習法は、利用者が専門家のものの見方に到達するまでの方法が違うだけのことです。つまり、来館者が誰かに教えてもらうのか、それとも自分で試行錯誤のうえで発見するのかの違いです。ところが、このように学ぶべき知識自体を重視するよりも学ぶプロセス、特に利用者の関心やニーズを重視する方法があります。構成主義の考え方では、学習とは単に自分が知っていることに事実を付け加えていくのではなく、まわりの世界との相互作用を通じて自分のもつ情報や世界観を再構成していくことである、といっています。いいかえれば、人は世界と相互に作用するなかで自分で知識を構成していくのです。（コールトン、二〇〇〇、六二頁）

このように「構成主義」は、個人の知識が単に外から植え付けられるものではないという。それは、常にその個人の経験なり認知シェマに基づいて、「再構成」されるものであるというのである。こうしてみると、この考え方は十分に納得のいくものであるといえる。なぜなら、外からの情報は、聴覚刺激なり視覚刺激という、単なる物理的なものでしかないからである。それにもかかわらず、私たちの認識が変化するためには、主体的な関与が不可欠であることは容易に理解できる。その限りで、そこになんらかの私たち自身の主体的なかかわりがあって、「自分のもつ情報や世界観を再構成していく」ことは、十分に納得がいく。

しかしこの引用の最後、「いいかえれば、人は世界と相互に作用するなかで自分で知識を構成していくのです」には、少しひっかかる。そのひっかかりは、この相互作用する「世界」とは、どういうものだろうかという疑問である。もしこれが、例えば先人の知恵、発見がつまっている書物とかであるというのであれば、従来の学習となんら違うところがないことになる。そうではなくて、自分が経験する実体的な世界のことであるというのなら、それには少し以上に困惑することになる。それは、そのような方法で先人が作った文化を学べるのかという困惑である。実際のこの困惑は、この引用に続く次の文言によって裏打ちされることになる。

構成主義の考え方に基づく博物館は、個々の利用者が、それぞれの個人的、社会的、物的な文脈のなかで、自分で知識を構成すると考えています。したがって資料を展示する際には来館者への教育的配慮が優先され、ストーリーの内容や資料のもつ社会的・政治的・文化的・歴史的背景や性質だけが重要視されるのではありません。つまり、提示された資料の解釈の方法は一つではないのです。来館者は展示室のどこから入っても出てもかまいません。各展示はそれぞれ独立して機能するようにつくられているからです。ガードナーのいう多様な知性を刺激するために、さまざまな解釈の方法が導入されています。また来館者にとってなじみの深い概念やものとの関連性も重視します。というのも、提示されたものと自分がよく知っていることを関連づけることによって、来館者は自分が知っていることを再確認したり疑問をもち、その経験に意味を見出していくからです。

つまり、構成主義の考えに立つ博物館は、展示という物的な環境のなかで利用者の一人ひとりが個人的、社会的な相互作用を通じて知識を構成することを助けます。展示がその人にとってどんな意味をもつかは、それぞれの利用者の結論にゆだねられているのです。

（傍線筆者、コールトン、二〇〇〇、六一－六二頁）

このように続けられるコールトンの言葉は、一見するともっともなように見える。筆者が傍線を施した部分をみても、そこには特に違和感がない。しかしこの文言は、理論をのべているのだろうか、それとも姿勢をしめすスローガンなのだろうかと問うと、とたんにそのあたりがあいまいになってくる。もしスローガンにすぎないのならば、それはそれで結構なことといえるかもしれない。

しかし、理論問題であるというのなら話は別である。理論問題であるというのなら、私たちはここから、来館者の知識の構築を導く展示のための、具体的な示唆をえなくてはならない。はたして「構成主義」は、何かの新しい知識観と、それに基づく展示の理論を提供しているのだろうか。例えば、最初の傍線部を考えてみよう。「来館者への教育的配慮が優先され」ることは当然である。問題は、その優先の方法である。その方法としてのべられているのが、「ストーリーの内容や資料のもつ社会的・政治的・文化的・歴史的背景や性質だけが重要視されるのでは」ないという部分である。

　ということは、来館者の解釈、ストーリー、背景が優先されることになるのだろうか。それは、いわば来館者の勝手な解釈が許されることになるのか。もしそうならば、人類の叡智を伝えることは重要視されないのだろうか。もちろん、「いや、そうではない」というだろう。あくまで、「社会的・政治的・文化的・歴史的背景や性質だけが」であって、個人の勝手な解釈が許されるのではない。引用の最後の、「展示がその人にとってどんな意味をもつかは、それぞれの利用者の結論にゆだねられている」も、その範囲であって、それ以上のものではない、というかもしれない。

　しかしやはり不安は残る。「提示された資料の解釈の方法は一つではないのです」という時の「解釈の方法」とは、単なるテクニックのことをいっているのだろうか。そうだとすれば、この構成主義は、なんら特別なものではなくなる。なぜなら、人それぞれにものの見方が異なるのは、あまりにも当たり前だからである。たとえどんな展示であっても、そのことは暗黙に了解済みである。むしろそれを前提にしているからこそ、見る人によって、あまり揺れの幅が大きくない展示が求められてきた。

　この程度の考え方ならば、少なくても知識観そのものを転換させるものではない。そうではないというのなら、つまり正当な「解釈」そのものが一つではないというのなら、それでは展示の役目を果たせない理論だということになる。なぜなら、揺れ幅を超えて、全く違った解釈を許すものであるとすれば、それは展示としての意味を失うからである。古代の土器も、確かに凶器にもなりうる。そう解釈してもかまわないというのなら、話は別である。

筆者は、ここには、知識観の転換も、学習観の転換もみられないと考えている。これは、むしろ旧態然たる知識観と学習観に、強く縛られているにすぎない理論である。ではそれはどうしてなのか。次節でこのことを考えてみよう。

3　構成主義理論の問題点

「構成主義」は、コールトンのむしろ穏やかな物言いを超えて、より強く解釈者の独自性・自由性を主張する傾向がある。その代表は、多くの博物館関係の文献で引用・下敷きにされる、G・ハイン（Hein, G. E.）の論である。しかし、前節でみたように、それは展示の意味を失わせる危険な理論である。そればかりかこれは、決して新しい理論でもない。本節では、そのことを証明し、さらにこの証明の意義を明らかにしたい。そこでまずは、このハインの論を検討することからこの節の議論を始めよう。

ハインは、「構成主義」の重要な特徴として二つをあげる。一つは、学習者による状況への積極的な関与。もう一つは、知識の正統性が外的基準によるのではなく、学習者自身の内的なものによるという考え方である。以下、この部分のハインの論を引用してみよう。

構成主義者の学習は、二つの部分をもっている。第一に、学ぶためには、学習者の積極的な参加が必要とされる。したがって構成主義の教室や展示は、学びの様々な方法を提供する。身も心もつかい、世界と相互にかかわり、それを操作し、結論を導き出す、あるいはまた実地の試みをし、そして理解を深める。つまり、自分がかかわる現象を一般化する能力を高める。科学であろうと、他の分野のものであろうと、実地の試みは構成主義的な学習において不可欠である。実地の試みが演示と異なるのは、いろいろな結論がありうるし、**認められうる**というところにある。

第二に、構成主義の教育では、学習者が到達した結論は、外在的な規準に適合しているかどうかで正当づけられるのではない。学習者によって構築された事実の範囲内で学習者が「意味づけ」たかどうかによって正当づけられる。構成主義の考え方では、認識の正当性は、どんな学習者ないし学習集団ともかかわりなく存在しているような客観的な真理に適合しているかどうかではない。むしろ、それは行為の指針になりうる概念であるかどうか、そしておおむね安定した認識をあたえる概念であるかどうかによる。したがって、伝統的な教師ならば、学習者の間違いを問題にするかもしれないが、構成主義の教師からみれば、それは**素朴で個人的で個性的**な解釈以上のものではない。（ゴシック体原著斜字体、Hein, 1998, P. 34）

さて少し長い引用になったが、ここに「構成主義」の問題点が明瞭に示されている。その問題点は、引用の後半部分においてより明瞭にでている（ただし、前半部は問題がないということではない。実地とは何かという問題と、実地にやったからといって、何かが正当にわかるとは限らないという問題が前半部にある。いわゆる悪しき経験主義の問題である）。この引用の中でハインは、二つの主張をしている。

一つは、認識の正当性は、客観的な真理や外在的な規準に適合しているかどうかではなく、学習者自身ないしは学習グループで意味づけられているかどうかによる、という主張。

二つは、同じく認識の正当性は、行為の指針になりうるかどうかということと、それが安定しているかどうかによって計られる、という主張である。

さてこの二つとも、問題がある。問題はまず、最初の主張で、認識の正当性は「客観的な真理」や「外在的な規準」に適合しているかどうかではないとしている点である。「客観的」とは、間主観的ということでも同じである。つまり多くの人々によって合意される事態を「客観的な真理」という。この事情は、「外在的な規準」でも同じである。その「真理」なり「規準」は、今この世界にいる人々によって、了解されることで共有されている。なにかの「真理」や「規準」は、神様か仏様か、はたまた現象自体の発する神秘的な力によって決められるのではない。科学的真理と呼ばれるものであっても、それは私たち人類が作りだし、了解し合っているものにすぎない。私たちの経験と了解に基づかないで、なにかの「真理」や「規準」が、それ自体として存在しているのではない。

これをもっと日常の話、もっと小さな話に下ろしたとしても事情は変わらない。つまり、東京が日本の首都であること、近くにある大きな四角い建物がＮＴＴの交換局であること、そこの角を曲がると豆腐屋さんがあること、いま手をおいているのがパソコンのキーボードであること、などなどのありふれた事実とその知識とは、たとえそれが個人的な経験によるものであっても、なぜそういえるのかと問うと、私たちがそのように了解しているからであるとしかいいようが無くなる。しかもそのほとんど、おそらく99・9％以上の私たちの認識は、こうした間主観的な「客観」によって支えられているだろうということである。

こういうと、それでは私たちが合意しなくては、そこに山や川という自然もビルもないことになるのか。これらの実体的・物理的存在物は、私たちの共同幻想だというのかという疑問の声が聞こえてきそうである。もちろんそういうことではない。確かになにかの物体はあるかもしれない。私が死んでも、私の家の近くの海も山も、おそらくはNTTの交換局も消滅はしないだろう。しかし、なぜ私には、その物体が大きな岩ではなくNTTとわかるのか？　なぜ私は、近くで波打つ水が海だとわかるのか？

それは、「NTT」「海」という言葉を教えてもらい、「ほら、海だよ」と、小さい頃に親から語りかけてもらったからに他ならない。すなわち私たちが、日本語という「言葉」を使うということ自体が、すでに社会的で間主観的で客観的な了解の世界に住んでいることを意味しているのである。どの言葉がなにをさすのかは、社会的に恣意的に決められている。社会的な束縛・約束事によらずに、自然的・必然的にそのように決まっているのではない。

とすれば、私たちの認識において、たとえ小さい了解であったとしても、間主観的でない客観的でない、外在的な規準によらない認識など、ほとんどあり得ないことになる。すごく小さな単位、夫婦や親子の間だけで了解されている事実もあるだろう。そうであっても、事情は全く変わらない。老婆心で付け加えると、だからといってその人に解釈の自由がないというのではない。後にのべるが、だからこそ各人の解釈の自由が認められ尊重されるのである。

このように見てくると、ハインの文言に矛盾した言い方があることに気づく。それは、先の引用の「構成主義の考え方では、認識の正当性は、どんな学習者ないし学習集団ともかかわりなく存在しているような客観的な真理に適合しているかどうかではない」という部分である。もしハインが客観的真理を全面否定するのであれば、学習「集団」のかかわりで、その行為の指針になり、その「集団」内で安定した認識となるものを知識と認めることとそれは矛盾する。いうまでもなく、ハインの「構成主義」では、「集団」という間主観的な規準によって、あることがそれとして認められているからである。もちろん「学習集団」と「社会集団」は、違うと主張することはできる。となれば今度は、その違いを証明してもらわなくてはならない。だがこの議論は、おそらくいたちごっこになる。ハインが、一〇人程度で一〇歳くらいの来館者といえば、私は五〇代の市井の歴史好きの三人が作る来館者集団との違いを説明してくださいと迫ることになる。もちろん筆者は、どんな集団でも客観的真理に到達できると主張しているのではない。そうでなく、ここではハインの「客観的」という語使用を問題にしているのである。

ハインの問題点は、これだけで十分であるが、さらに問題を煮詰めると、第二の主張、「認識の正当性は、行為の指針になりうるかどうかということと、それが安定しているかどうかによって計られる」という主張にも難点がある。「行為の指針」、すなわち、ある知識がある人の行為の指針になるとは、どういうことだろうか。それは例えば、私がＳＵＩＣＡのようなＩＣカード乗車券を持っていて、それを使えば改札を通過できることを知っているという場合、その知識によって実際に私の行為が起こされ、かつ安定してその行為が遂行されるということだろうか。だとすれば、その行為を導く私の信念、私の知識は、どこの誰によって正当づけられているのか。

彼の第一の主張は、「客観的な真理や外在的な規準に適合」しているのではないのだから、残るは私自身によってということになる。それなら、SUICAなどのICカード乗車券を追加チャージもしないで、いつまでも私は電車に乗れるという信念をもったとして、その行為は成り立つのか。もちろんそのようなことは許されない。それが個人的な体験にもとづくことならばいざ知らず（実はこれもそうなのだが、百歩譲って）、私たちの行為は、多くの場合社会的な事態の中で生起する。私一人の宇宙の中で生起するのではない。

そうである限り、こうした社会的・間主観的・客観的な裏打ちがない私の独自の信念は、安定した行為を導くことはない。私の行為が私の信念によってのみで、安定した意味をもって遂行されるなどということは起こりようがない。いや、確かにそうしたことが起こらないとはいえないかもしれない。しかしそれは、随分と非社会的なものになるだろうことは想像に難くない。つまり追加チャージをしていないのに、私は信念として「いやしたはずだ」と駅員に主張しても聞き入れてはもらえない。

ここに従来の教育論、その継承としての博物館教育論の基本的な問題性をみることができる。従来の教育論では、理解の問題を個人的心理の問題と考えてきた。デカルト以後の近代の個人主義は、学習と知識の問題、その正当性の問題をあくまでも個人の内的な過程ととらえてきた。その典型が、一九世紀中頃からの個人主義的心理学の発達である。ブントから始まってソーンダイクを経てスキナーそしてピアジェと、心理学の発達は個人を対象にしてきた。

しかし知識の成立は、個人の問題として考えてばかりでは理解できない。難しい話ではない。行為に現れる私の信念は、社会的な制約に従わなくては失敗に終わるだろう。つまり前述したように、チャージしなくては電車には乗れない。こうしたように、私の知識は私の中だけで成立しているわけではない。社会との関係の中で成立しているのである。私の信念の正当性は、私の思いだけでは保証されない。私の信念は、社会的な承認の中でその正当性が保証される。そうでなくては、道路ひとつ安全に渡れない。

ここで改めて「知識」とは何かという問題を、ハインから離れて一般論で考えてみよう。よく「知識を持つ」という言い方をする。しかし本に書いてある知識は、いわばただの「インクのシミ」にすぎない。そのただの「インクのシミ」が、なぜに私たちの知識になるのか。この事態を「構成主義」の言い分でのべてみよう。彼らはいうだろう。それは、私たちが自分の頭の中にその意味を構築するからである。目の網膜に映ったインクのシミの濃淡が作りだすパターン、それを意味あるものとして認識するのは、個人の脳内でおこなわれる。だからこそ、知識は個性的で個人的なのであって、その正当性も個人の内部にある。これが、「構成主義」者の言い分である。

この言い分は、もっともであるかのように見える。では、その個人の脳内に入ってくる知識は、どうなるのか。それは、現代の脳科学が教えてくれるというだろう。つまり、脳内に入ってきた信号は、脳神経細胞・ニューロンのネットワークを作る。その刺激の種類や程度によって、それ以前に作られていたニューラル・ネットワークが変化をきたして、新たなニューラル・ネットワークのパターンを形成するという仕組みである。だからこそ、知識は一人一人によって異なるのだということになる。こうして、ここでも「構成主義」者の言い分は、正しいように見える。

だが、どうだろう。その脳内のニューラル・ネットワークのパターンは、なぜ「意味をもつ」のかという問に、この言い分は答えられるのだろうか。脳外の「インクのシミ」が、それ自体としては意味を持ち得ないのと同様に、脳内の「ニューラル・ネットワーク」にしても、それはやはり別の物理的パターンにすぎないのではないか。どちらも物理的には、ただのパターンにすぎないのではないか。

そう、ここまでくれば、誰でも気づく。そのニューラル・ネットワークの物理的パターンが意味を持つというのは、それが私たちの行動をコントロールするからである。簡単な例でいえば、進入禁止の交通規制標識をみて、私がそこに車を突っ込まないときには、私はその標識の意味を知っているといわれる。逆に、それを無視して入り込めば、私はその標識の意味を知らないといわれる。ということは、その私が標識の意味を知っているかどうかは、私の行為によって計られることになる。確かに「私の知識」といわれる権利をもつのは、そのニューラル・ネットワークが、私の行為をコントロールすることによるようにみえる。

このようにいえば、いかにもハインのいうことが正しいかのようにみえる。だがしかし、この場合の規準は、個人内にはない。私の意志にかかわらず、私はその道路に車を突っ込んではならない。そのようにすれば、正に外的な規準によって処罰される。すなわち、ある知識が正しいかどうか、そしてその知識に導かれた行為が正当であるかどうかは、やはり外的な規準によることになる。私の知識に意味を与えているのは、私自身ではなく、私のまわりを取り囲んでいる環境であり、社会的約束事であり、私が参加している共同体である。そうしたものとの関係によって、私の脳内に形成されたニューラル・ネットワークが生み出す私の行動に意味が与えられる。チャージしてあるＩＣカードをかざして改札を通る私の行動は、わかっている正当行為として意味づけられる。違うカードをかざして通ろうとする行為は、不当行為と意味づけられる。

「私の知識」は、確かに個人によって、それぞれ「ある程度個性的」でありうる。しかしそれは、あくまで「ある程度」にすぎない。私たちの「知識」といわれるものは、その大部分の正当性は、私たち一人一人の行為によっては与えられない。それが、正当であるかどうかは、私の外の世界によって決められる。個人が決めることではない。「正当性」とは、そうしたものである。こうした問題に対して古田智久は、「外在主義的知識論から社会化された認識論へ」と題する論文で次のようにのべる。

以上のことから、信頼性主義に代表される外在主義が放置していた問題、すなわち、〈信念保有者の外部で当該の信念が知識であるかどうかを判定するのは誰か〉という問題には、〈社会的に認定された知識は、社会に存在する（知識を生み出す）手続き、プロセス、制度、等々の所産であり、その社会のメンバーは、問題となる信念を、そのような（社会が保有する）知識と照合することによって、それが知識であるかどうかを判定する〉というように解答される。（古田、二〇〇三、一七一頁）

以上、ここで議論してきたことは、「構成主義」が、客観的知識を否定する限り、知識の正当性を得られる可能性が、限りなく低くなるという問題である。私たちが、この世界で安全に生きていけるのは、私の判断の多くを社会に依存しているからに他ならない。江戸時代の人が、タイムスリップして東京に現れたならば、とても安全に道を歩くことはできないに違いない。これはあまりにも自明のことである。

しかしなぜ、このように自明なことを「構成主義」は否定するのだろうか。おそらくそれは、従来の博物館が古色蒼然として、難解なキャプションを並べていたことに遠因があるのだろう。素人である市民にやさしくない、研究者共同体ばかりを向いた展示が、多くをしめていたからであるに違いない。そうしたことへの反省という意味では、この「構成主義」もそれなりの意義をもつかもしれない。しかし、だからといって、知識の客観的な正当性までをも否定してしまっては、本末転倒である。

4　構成主義を乗り越えて

いまみてきたように「構成主義」は、博物館展示の姿勢を市民にむけさせるという意味はあるかもしれない。しかしそれが行き過ぎると、本末転倒になる考え方であるといわざるを得ない。知識の正当性を観覧者に預けてしまっては、博物館が文化を継承し、市民に正しく伝えるという役割を失わせてしまうからである。

もちろんある事象をどのように解釈するかは、その解釈者に任せられることである。場合によっては、そのことで新たな解釈や観点が生まれるかもしれない。しかしそれが、「正当」であるかどうかは、私たちの議論の末に措定されることである。「あたらしい個性的な解釈を生みだすこと」は、尊重されるべきである。だがそれが正当であるかどうかは、それから先の議論によってである。尊重されることと、正当と認められることとは、カテゴリーの違う、土俵の違う話である。これを混同してはならない。

「鎌倉時代は、いつからか」という単純な問いも、いくつもの答えがありうる。従来の教科書ならば、建久三年（一一九二）かもしれない。しかし少し歴史を勉強した者なら、東国の守護地頭任命権を得た文治元年（一一八五）をあげるだろう。あるいは、朝廷から西国の支配権を奪い幕府による全国の武家支配を確立した承久の乱の承久三年（一二二一）をあげるかもしれない。ざっと数えても、鎌倉幕府の成立年は八通りあり、そもそも「鎌倉幕府」なる政治体制があったかどうかも、歴史学上まだ確定した話ではない。そして、さらにいえば、時代区分をはっきりとした年に求めること自体が、意味のないことだという考えもありうる。そのどれを「正当」とするかは、個人が決めることでも、もちろん個人の勝手・恣意に任せられることでもない。

ハイン等の主張する「構成主義」は、実はある分野、すなわち教育学の文脈でのみ語られる特殊なものである。「構成主義」という言葉は、多くの分野で様々な用語で語られてきた二〇世紀後半の大きな流れである。この言葉は、哲学・社会学・経済学・数学・科学論・芸術学・心理学（臨床・認知）・文学、そして教育学などで語られてきた。社会学でいえば、一九六六年のピーター・バーガー（Berger, P.）とトーマス・ルックマン（Luckmann, T.）の『現実の社会的構成─知識社会学論考』が、その最初のあたりとしてあげられるとすれば、その歴史はすでに四〇年に及ぶ。

「構成主義」「社会構成主義」とも、大きな視点でみれば、アリストテレスやプラトン以来の現象の実在論（実念論）と対立する一一世紀以来の唯名論、とりわけ一四世紀のオッカムに始まる流れにそってでてきたと考えられる。つまり、現象なり存在なり法則なりが、私たちの思惟とは関係なく存在していて、私たちはそれを正しく写し取ると考えるのか、そうしたものは、私たちの思惟の結果として措定されるのかという、立場の違いによっているとみられる。

よく知られているように、とりわけ物理学の世界では、一九世紀末を境に唯名論がその大勢を占めるようになった。すなわち、物理法則は自然界に存在する実体的なものではなく、あくまで今現在の私たちの知り得る範囲で措定された、蓋然的なモデルにすぎないとする唯名論が、ほぼその地位を確立した。「構成主義」は、こうした大きな流れを受けている。

しかしここに一つ誤解がある。現実が私たちの思惟の結果として構成されるといっても、物理的現実が私たちの思惟によってあったりなかったりするのではない。私たちが問いえる、問題にしうる現実は、私たちの思惟の結果として構成されるということである。そしてここでの議論においてさらに重要なのは、そうした構成は、主に言語をもちいることになるので、言語という社会化された道具を用いる限り、常に、そしてすでに社会化された構成になるということである。したがって、言語によって構成される、そうした現実の知は、当然社会なり場の状況なりという、個々の認識者から見れば外在する基準によってその正当性が保証されることになる。

しかしハイン等の構成主義は、いわゆる独我論としての危険性を内包している。彼らの言い分にそえば、この世界はある個人の認識によって、どうとでもなることになる。私が、「世界は消滅した」と考えたとすれば、世界が消滅することになるのだろうか。それでは、危険な精神疾患を患っている人になってしまう。彼らは、通常の哲学や社会学での議論とは正反対の議論をしている。彼らの知識観は、実在主義であり、認識論的にいえば「内在主義的基礎付け主義」であるように思われる。それはこれまでの知識の哲学とは相容れない不可思議な議論である。つまり、根拠がないのに正当だと叫んでいるようなものである。

そもそも哲学においては、知が外在したり内在したりするのではない。知の正当性の基準が外在したり内在したりするのである。そして、通常「構成主義」とは、知の基準が外在する場合をいう。誰かの信念は、他者が納得する意味での知識になるためには、つまりその人の信念がまぼろしや思いこみではなく、確かにそうだとの他者の納得をえられる信念すなわち知識になるためには、その正当性の基準が認識者にとって外部になくてはならない。それが近年の認識論の帰結である。

「構成主義」といわれる思想的潮流は、例えば千田有紀の言葉を借りれば次のような考え方である。

このような知識は、個々のひとびとの頭のなかに単独で存在しているのではない。日常生活において、あたかも「客観的事実」が存在するかのように感じられるのは、知識がひとびとの相互作用によって構築されつづけてきたからであり、また今もそうされ続けているという知識の社会性による。インクのシミのついた紙の束に対して「本」という言語的カテゴリーを与える過程は、そのカテゴリーの適切な使用が他の人によっても知られているか、または了解可能である限りにおいてのみ妥当する。そのときだけに、これは妄想として片づけられることなく、「本」という物質がこの世界に存在するという了解を許されている。（千田、二〇〇一、五－六頁、傍線筆者）

この千田の引用で重要なのは、「構成主義」においては、「知識は、個々のひとびとの頭のなかに単独で存在しているのではない」という一文である。これは「構成主義」の最も基本的スタンスである。しかしハイン等の「構成主義」は、認識者個々に知が構成されるという。従って彼らの「構成主義」は、哲学や社会学の見解とは逆の理解をしていることになる。

このようにみてくると、ハイン等の「構成主義」は、知識論的にみても、博物館の役割から見ても、到底容認できない、誤ったものであるといわざるをえない。しかしこのように誤った考え方が、なぜ多くの支持を得ているのか。その理由の確かな証拠を挙げることはできないものの、それは人々の「善意」によるのかもしれない。だがしかしこの「善意」は、おそらく人々のやさしさを裏切ることになる。なぜなら、ハイン等のいうことに従えば、それは来館者への知識の押しつけになるか、あるいは無責任な放任になるからである。「無責任な放任」については、すでにのべてきたので、これ以上議論する必要はないだろう。しかし、もう一つの「知識の押しつけ」については、少し議論が必要である。

ハイン等の主張は、これまでの博物館が正に「知識の押しつけ」になっていることへの批判としてなされている。にもかかわらずなぜ筆者は、そのハイン等の主張が「知識の押しつけ」になるというのか。すでにのべたように、彼らの知識観は、ある種の実在主義である。それも、その対象自身がある不思議な力をもっていて、認識者に直接働きかけることによって、知識が構成されるというものである。そうでなくては、これまで検討してきたように、全くの恣意的で独我論的な認識論になってしまうからである。

博物館がストーリーを用意して知識を伝達するのではなく、来館者自身が自身の経験に照らして「正当な知識」を構成すると、ハインらの構成主義は主張する。だが、独我論をさけるためには、その正当性がどこからか担保されなくてはならない。となれば、その正当性がどこからえられるのかという問いに対しては、3章でのべるような神からの啓示という神秘主義をとるか、その対象自体から直接にという他はなくなる。

とするならば、それは、博物館側が用意した展示物を通じて、私たち人間の関与なしに、直接に「知識を押しつける」ことになるのではないか。つまり、学習者の自由な解釈を「正当」と認めることは、その「自由」を奪い、神か展示物そのものからの「押し付け」を容認する他はなくなるのである。もちろん、どんな解釈でもいいんだ、私が思えばすべて正しいとなれば、それはもう議論の余地のないことである。そうではないと主張するならば、「構成主義」者は、あらためて次の二つの問いに明確に答えなくてはならない。

a　来館者によって構成される知識の正当性はどこから得られるのか。
b　博物館は、なにかのテーマにそった展示をしてはならないのか。

この二つの問いに答えられない限り、「構成主義」は、誤った、まやかしの理論であり、博物館の展示と教育に混乱を与えるものでしかないという、筆者の批判をかわすことはできないだろう。こういうとすぐに、では従来のストーリーをもった展示が良いのかと、早まった疑問をだされるかもしれない。

もちろんこの批判から、ではどのような展示が良いのかという問題への答えはすぐにはでてこない。それはまた別の議論である。この問題については、第2部に議論をゆずりたい。筆者はこの問題について、第2部の第4章で基礎的理論をのべる。それは、廣松渉の「モノ・コト論」に立って、博物館は「モノ」を展示しているのではなく、出来事としての「コト」を展示しているのだという論である。この論考において筆者は、さらにもう一つ、レイブ等の正統的周辺参加論の状況論的学習論に立って、そういう「コト」の状況の中に入り込んで、その一部となることによって、その状況が作りだす協働体に参加すること、それ自体が学ぶということであり、同時に知識を持つということであるという論を展開する。

以上、これまでのべてきたことの中心は、知識の「正当性」は、客観的に外から与えられるということであった。誤解のないように申し添えると、だからといって、来館者の個性的解釈や、ある程度の解釈幅など意味がないというのではない。展示と向き合ってそこに意味を見いだすには、来館者の参加がなくてはならない。そして学校と違う博物館には、その来館者の年齢がまちまちであるという独特の困難さがつきまとう。

この問題を乗り越えることは、あまりにも難しいとしても、この「正当性」が外から与えられるという事実において、私たちは幾分かの可能性を見いだすことができる。逆に「構成主義」の場合は、来館者個々人によって受け取りが異なるのであるから、私たちはなんの為す術も失うだろう。

〈引用・参考文献〉

Berger, P. & Luckmann, T. (1966). *The social construction of reality: A treatise in the sociology of knowledge*, Garden City, NY: Anchor Books.（山口節郎訳（二〇〇三）『現実の社会的構成：知識社会学論考』新曜社）

Caulton, T. (1998). *Hands-on exhibitions: managing interactive museums and science centers*, London; Routledge.（ティム・コールトン著、染川香澄・芦屋美奈子・井島真知・竹内有理・徳永喜昭共訳（二〇〇〇）『ハンズ・オンとこれからの博物館：インタラクティブ系博物館・科学館に学ぶ理念と経営』東海大学出版会）

古田智久（二〇〇五）「外在主義的知識論から社会化された認識論へ」日本大学精神文化研究所編『近現代知識論の動向とその21世紀的展望』九九－一四三頁

Hein. G. E. (1998). *Learning in the Museum*, London; Routledge.

小笠原喜康（二〇〇七・一）「モノ的展示の観察からコト的展示への参加へ―廣松渉の「モノ・コト論」とレイブ等の「状況化された学習論」を手がかりとして―」日本大学文理学部情報科学研究所『年次研究報告書』六、六二－六九頁

千田有紀（二〇〇一）「構築主義の系譜学」上野千鶴子編『構築主義とは何か』勁草書房、一－四一頁

第2章

知識の内・外論から関係論へ

―G・ハインの構成主義知識論を超えて

1　二項対立の構成主義

ハイン（George E. Hein）は、*Learning in the museum*（1998）（図2-1）の著者として本邦においても名高い。とりわけその構成主義論は、それまでの博物館の敷居を低くさせる、来館者中心の理論であるとの受けとめ方がされている。その知識論は、知識を内からと外からに分けて、内からの側にたつとする。すなわち、学習者の主体的な構成によって、知識が成立するという立場を重視する。たしかにこの観点は、博物館からの一方的な知識の押しつけではなく、来館者の自由な解釈が許されるという意味で望ましい考え方であるようにみえる。

しかしこうした内か外かといった二項対立的な議論は、博物館の展示と教育にとってあまり生産的ではな

図2-1 ***Learning in the Museum*** **の表紙**
ちなみに本書は、PDF 電子本でも購入できる。例えば、eBook Mall などで。

いように思われる。というのも、内から構成するといっても、ハインが推奨するように、まったく勝手に解釈して良いとは、おそらく来館者も含めて誰も望まないだろうからである。もちろん来館する誰でも、展示物の説明を学芸員と同じレベルで理解できるとは思っていない。言い方を換えると、誰でも自分なりに解釈する、あるいは自分なりにしか解釈できないことは了解している。その意味で、まったく外から知識が注入できるとも、されるとも思っていないだろう。

　とはいえハインのように、まったく誤った理解でもかまわないとまでいわれると、少なからず当惑する。そうしたあまりに際だった理論は、生産的ではないように思われる。そうしたことから見れば、ハインの論は、昔のように敷居を高くしているのではなくて、来館者にもっと近づこうとのスローガン程度の意味はあっても、それ以上の覚醒を私たちに示してはくれないものとしておくのが適当であるだろう。ここに深くコミットするのは、むしろその対立構造によって、無用の混乱と自己満足とをもたらすだけになることが懸念されるからである。

　では私たちは、どのような知識観にたつのが生産的だろうか。それには逆の意味でハインの知識観が参考になる。ハインのいう知識は、内・外の違いはあっても共に実体論的であった。それが、あまり生産的ではないことにつながった。実体論的に内と外で闘っても、社会的に見れば勝敗は明白である。社会的に正統性が保証されている、外からの知識になすすべもなく軍配が上がってしまう。となれば、来館者の目線でというハインの論の良いところも失われてしまう。そこで別の知識観は、実体論的ではない方向をとれば良いのではないかとの見通しを立てることができる。こうした逆説的な意味で、ハインの知識観は参考になる。ではそれは、ハインとは違うどのような知識観なのか。

それは、関係論的な知識観ではないだろうか。知識を関係論的に働き的（functional）なものととらえるなら、内と外といった対立構造ではない、実質的な見方にたつことができる。関係論的にとらえるとは、知識を世界とかかわる協働的活動ととらえることである。知識は多くの場合言葉で表現される。しかし、言葉は音声にしろ文字にしろ物理的記号体である。したがって記号体それ自身は、それ独自の普遍的な意味を持っているわけではない。つまり音声はただの空気振動であり、文字はインクのシミにすぎない。そのため、同じ言葉でも場面によっては全く違う意味になることも珍しくはない。言葉に意味を与えるのは、それを解釈する私たちだからである。それは展示においても同じである。展示も一つの記号体である。そして言葉と同じく、その記号の意味を解釈するのは、やはり私たちである。

すなわち来館者は、展示物やキャプションを自分なりに解釈することで、世界とのかかわりを形成する。展示やキャプションの解釈によって世界とかかわること、それが知識であるとすれば、来館者一人一人の知識は確かに異なる。とはいえ、それは全くの自由であるというのではない。そもそも展示物やキャプションという記号体を用いるその時点で、すでにそこには一定の社会的制約が課されている。

記号の解釈は人それぞれによって自由である。しかしそこには、一定の社会的枠組みが確かに存在する。他方、知識とはどこかにあったり無かったりする実体的なものではない。人それぞれの、世界へのかかわり方である。つまり私と環境（物理的環境のみならず他者や社会システムや文化を含む）との協働的活動である。確かに何かを学習すれば、個々人の頭の中にも、なんらかの状態が生まれる。だがその状態そのものが、知識なのではない。それによってある行為が、その場にふさわしく起こされたとき、そのとき私たちは「彼は知識を持っている」と表現する。

そうだとするならば、実体としての知識が、人の内にあるのか外にあるのかといった議論に拘泥するのは、生産的にならない。それよりも、展示物やキャプションが来館者にどのように解釈されるのか、言葉を換えれば、それらが来館者に実際にどのような解釈を働きかけるのか、その働きの次元で知識問題を考える方が、より実際的で生産的であるだろう。これが、関係概念、あるいはより詳しい表現をすれば、協働的活動概念で考えることの意味である。

以下このことを説明するために、まずハインのいう知識論とは、どういう問題のある主張なのかを確認してみよう。そしてそれが、J・デューイ(John Dewey, 1859–1952)の経験主義への大きな誤解、というよりデューイが最も嫌う「あれかこれか」論にたったものであることを確認したい。そしてその後で、改めて協働的活動概念の意味と、この概念で考えることの意義を考えてみよう

2　ハインの構成主義論が招く混乱

ハインの知識論には、数々の誤謬や思い込みがある。しかしそれらをいちいちあげ連ねても生産的ではな

い。そこでここでは、ハインの論を特徴づける構成主義といわれるものだけにしぼって、その問題性をみてみたい。それは一言でいえば、博物館の働きの否定になるという問題である。構成主義の特徴は、知識を実体的にとらえて、それが内において構成されるのか、それとも外から取り込まれるのかといった議論を展開するところにある。ハインはいう(ハインの引用は読者の便宜のために、すべて一九九八年の著作の訳本〈二〇一〇〉によるので、以下においては、その引用ページのみ表記する)。

知識に関する理論は、二つの極端な立場の間のどこかに位置づけられる。一方の立場として、「現実」の世界は、人間が持っている、いかなる考えとも独立して外側に存在すると主張する理論がいくつかある。この考え方は「実在論」と呼ばれている。(三〇頁)

知識に関する理論のもう一方の正反対の立場は、哲学者が「観念論」と呼んでいる立場である。この世界観に基づけば、知識は人びとの心の中にのみ存在するのであって、必ずしも何か「心の外にある」事物と対応しているわけではない。(三一頁)

このようにハインは、知識が現実の世界に縛られて構築されるのか、それとも現実世界にかかわらず、私の見方によって構築されるのかという内・外論をのべる。しかし今日、こうした単純な二分法が意味をもつだろうか。私たちは誰でも、外界の存在を疑ってはいないし、科学はそれを前提にして、その振る舞いや存在を明らかにする学問として成りたっている。私たち自身の心も、いつしかそうした科学的な見方をベースにして構築している。そもそも私が言葉を使うこと自体、既に一定の社会的なとらえ方を前提にしている。しかしその社会的な束縛の言葉を使うからこそ、私の「自由」な心が世界を構築できることも知っている。つまり社会的存在である「私」は、同じく社会的な道具である言葉や科学的知識を使うからこそ、この社会で生きられる私の「自由」を獲得できるのである。こうしてみれば、ハインのように単純な内・外といった分け方では、人の認識とそれによって世界とかかわる実際の知識の姿も、適切に言い表せないことがわかる。内と外とが、相互に交渉しながら世界とのかかわりとしての知識が構築されているのが実際である。

しかしハインは、最初にのべたように、内からの構成を重視する。たしかに、知識を外からそのまま心に焼きつけてはならない、学習者の理解の仕方を大切にすべきだといった、教育的な姿勢論なりスローガンのレベルでならば、こうした二分法もそれなりの役割をもつかもしれない。しかし次のようにまで主張されるとなると、それは行き過ぎになってしまうというより、私たちにとって混乱をもたらすものとなってしまう。

構成主義者の考える教育においては、学習者によって到達される結論が妥当であるかどうかは、結論が一般的に真実とされることと一致しているかどうかではなく、学習者が築いた現実の範囲内で彼らにとって「意味をなす」のかどうかで決まる。構成主義者が考える妥当性は、学習者や学習者の集団とは別にある客観的な事実との一致によるわけではない。むしろ妥当性は、人びとの行動（活用）を引き起こし、各々のアイディアが一貫性を持っているかで決まる。それゆえ、伝統的な教育者が学習者の誤まった概念（誤概念）について語る一方、構成主義者は素朴概念や個人が抱いている概念、私的な概念について語ることになる。（五四頁）

ここでのハインの論述の要点は、構成主義者の教育においては、学習者の結論が妥当であるかどうかは、「一般的に真実とされることと一致しているかどうかではなく」とか、「客観的な事実との一致」があるかどうかではないという点にある。それが学習者にとって「意味をなす」のかどうかであり、行動に反映され、かつ一貫性をもっているかどうかで決まることだ、というものである。だが、もしこの主張に従うならば、誰も安全に道路を渡れず、博物館もそのような人の入館を拒否しなくてはならなくなるだろう。なぜならその人は、社会の合理的なルールに従わず、自分の念いの一貫性に従う可能性があるからである。

なるほど確かに、人の心は自由でなくてはならない。誰かに無法に強制されたり、制限をうけてはならない。それは筆者も賛同する。だがしかし世界の認識は、果たしてなんの制約も無く自由になされるのだろうか。かくある「べき論」の問題としてではなく、実際に「ある論」として、私たちの認識は社会的拘束からまったく自由に成り立つのだろうか。もしあらゆる社会的拘束からの自由が認められたとして、それは学習者の生に自由をもたらすだろうか。

繰り返すまでもなく、私たちの認識は社会からまったく自由になることはできない。私たちが互いに理解できる言語を操ること自体が、そうした完全な自由を制限する。歴史博物館で現代の環境問題を理解することは可能だし、それが必要なこともあるだろう。しかしそれが可能であり必要であるからといって、「一般的に真実とされること」や、「客観的な事実」と一致しなくても良いことにはならない。むしろそうした事実と合致するからこそ、様々な解釈が可能になるのであって、その逆ではない。つまり一般的な真実や客観的な事実と一致していなくても良いのではなく、逆にそのような事実を尊重するからこそ、新たな意味ある解釈が可能になるのである。解釈は自由だが、解釈のための土俵は自由ではない。土俵がバラバラなら、コミュニケーションは成り立たない。

ハインは、「私的」ということについて誤解しているように思われる。彼の「私的」は、外界との交渉をもたないことを意味している。絶対に可能ではないとまではいえないが、私は社会との関係において「私」であり、社会の存在を前提にするからこそ「私」なのではないだろうか。もし仮に社会との交渉をもたない存在としての「私」がありうるとすれば、その人はドン・キホーテをはるかに凌駕する人になるだろう。「私的な概念」をもてる人物なのだから、痩せ馬ならぬ鉄馬（車）にまたがって、「私的概念保護法案賛成！」とシュプレヒコールをあげるかもしれない。いやこれとてもすでに、車を馬に見立てているのだから、十分に社会化されているのかもしれない。それはともかくこの人物は、愛すべき人ではあっても、おそらく一日たりとも生き延びることは難しいに違いない。しかしハインはいう。

構成主義の立場に立つ展示は、発見学習論に基づいたものと同様に、来館者に知識を構成する機会を提供するであろう。しかしながら、構成主義の展示の場合はさらに、来館者の結論について、それがキュレーターによって意図されたものと一致するかどうかとは関係なしに、その結論の妥当性を確認する何らかの方法を提供するであろう。（傍線筆者、五六頁）

だがしかし、「関係なしに」といい切っていいのだろうか。というより、そのようなことが果たして可能だろうか。歴史博物館であれば、その環境自体が来館者の解釈に一定の枠をはめている（図2-2）。そこは過去のことを現代の自分の視点で読み、過去から自分へとつながる自分なりの物語をつくる場所なのである。動物園は、動物たちの中に人間につながる生の営みを読み取る場所であり、一部の動物園のように動物の習性を利用して、来園者を驚かせ喜ばせるだけの場所ではない。

もちろん提供する情報に、一つの解釈しかもてない学芸員は、学校教育において教科書の中から一歩も出られないダメな教師と同じである。歴史の解釈はもちろん多様である。鎌倉幕府など存在しなかったとか、平泉こそ武士の最初の都であったといった解釈も十分に成り立つ。科学の解釈も決して一つではない。エネルギーという概念一つとっても、物理学者と他の分野の科学者とでは異なる。物理学での「重さ」は、日常生活でいっている重さとは異なる概念である。それを来館者に理解してもらうには、来館者自身の日常概念を出発点にした周到な問いかけが必要である。科学的概念でなくてはダメだとか、日常の誤った概念ではダメだというのではない。そうした「個人が抱いている概

図 2-2　宮崎県立西都原考古博物館の入口
300を超える古墳群の丘に位置する西都原考古博物館は、その独特のデザインと相まって、古墳の祭祀場にいざなわれるようだ。

念」をベースにして、それとの調整の中で博物館が提供する概念を解釈してもらおうとするのが、学芸員の仕事である。

ハインは、構成主義の博物館は、「さまざまな見方を提示する」「来館者の人生経験を活用するようなさまざまな活動や体験を通じて、彼らと資料（および考え方）を結びつける」（三五頁）というが、それは構成主義とは直接関係ないばかりか、構成主義にたつならば逆にならなくてはならないはずである。なぜなら彼のいう構成主義とは、一人一人の観念の世界を保証することなのだから、博物館はなにもしてはならない。そこには「展示」という概念も、歴史博物館とか美術館とか動物園といったくくりも持ち込んではならない。「構成主義者の考える教育においては、〔中略〕学習者が築いた現実の範囲内で彼らにとって『意味をなす』のかどうかで決まる」のだから、「さまざまな見方」や「さまざまな活動や体験」を提供してはならないのである。

もちろん筆者も、来館者の受け止めは大切にすべきだと考える。しかし、真実や事実との一致は不要であり、学芸員の意図とも一致する必要はないとまで主張されれば、それには当惑する他はない。来館者の自由は、なんらかの制限があることによって始めて保証される。言葉の意味理解が一人一人自由でいいのなら、コミュニケーションは成り立たなくなり、社会におけるその人の自由は保証されない。空港の案内表示がわからず、その人は飛行機に乗る事ができないことになる。それと同じで、展示の解釈がまったく自由であるならば、その人は社会生活を営んでいくことも難しい。美術館の中を自転車で走り回っても許されるべきであり、歴史博物館の土器を並べてボーリングをしても良いことになるからである。

構成主義が、運動論的スローガンであるならば、それはそれなりの意味があるに違いない。しかし理論として語られると問題がでてくる。教育においては、理論はより実践的だからである。教育は、多様な学習者を前にしての臨機応変が求められる活動である。そこで例えばワークショップをやる時に、より実践的にインタープリターを導くのが理論である。構成主義理論にたてば、インタープリターはなにをすべきなのか。一人一人の観念の世界を保証するために、何かの道具を来館者の前に並べて、ただ黙ってみつめているべきなのだろうか。来館者は、そのようなことを望んでやってくるのだろうか。

以上のようにハインの構成主義理論は、ずいぶんと極端な来館者中心主義である。だがそれは、無限定な「私的」世界の保障という悪しき観念論にすぎない。なぜこうした極端な議論がまことしやかに語られるのか。おそらくそれは、デューイの経験主義教育論への誤った理解にある。ハインは、彼の著書の冒頭でデューイの言葉を掲げて、依拠していることを表明する。だがその理解は、デューイの考え方とは正反対である。そこで次にデューイの経験主義が、いかにハインとは異なるものであるかをみてみよう。

3 デューイの経験主義

デューイ（図2-3）の経験主義は、博物館からの知識の伝達を排し、展示の意味を来館者の経験によって自由に構成する理論、と解釈される傾向が近年みられる。しかしそれは誤解である。デューイは、知識の伝達を排したのではない。彼が排したのは、学習者の経験に結びつかない伝達であって、知識の伝達そのものではない。彼は当時の進歩主義・経験主義の教育が、知識の伝達を軽視する傾向にあったことをくり返し

図 2-3　John Dewey (1859-1952)
アメリカの哲学者。Peirce, C. S, James, W. らと共に、プラグマティズムの思想を創り広めた。心の哲学における機能主義に先鞭をつけると共に、現代につながる多くの哲学的な問題の端緒を開いた。

批判している。

しかしハインは、デューイの *Experience and Education*（『経験と教育』）の考え方にたっているといいながら、このことを理解していない。ハインは、デューイを全く誤解しているのではない。ある部分は正しく理解しつつ、ある部分を特に際立たせることで、読者に誤ったメッセージを伝えているのである。ハインは、冒頭のあたりで左記のように正しい解釈をしている。

> デューイは教育にとって経験がきわめて重要であることを強く主張した人物であるが、経験のすべてが教育的になるとは限らないと確信していた。〔中略〕経験は、単に「生き生きとしていて、鮮明で、『興味をかきたてる』」だけでは十分ではない。経験が教育的なものとなるためには、きっちりと系統立てられる必要がある。／来館者が自分の博物館体験から学び、成長できるようにするため、われわれは博物館における経験というものを十分に理解して、来館者の経験を方向づけていく必要がある。われわれは、来館者自身が自らの博物館体験にどのような意味を見出しているのか、正しく認識する必要がある。
>
> （傍線筆者、八－九頁）

このようにのべるハインのデューイ認識は正しい。博物館は、来館者が館の中で経験することが「教育的なものとなるためには、きっちりと系統立てられる必要」があり、「来館者の経験を方向づけていく必要」がある。デューイはこのことについて、次のようにのべていた。

そこで、経験がどのような方向をとっているのかを知ることが、教育者の仕事となる。教育者が、未成熟な者が経験するうえでの条件を組織するのに力を貸さないようでは、その教育者のもつすぐれた洞察力を投げ捨ててしまうことになる。（デューイ、一九三八、五二−五三頁）

このことを正しく受け取るならば、学芸員の責任は大きくなる。来館者の経験の方向性・系統性を明確にとらえなくてはならないからである。しかしここだけを取り出せば、これを個人の「内的」方向性・系統性ととらえることも可能であるかもしれない。学芸員はそれを補佐するのだ、と。だがしかし、デューイはこのすぐ後で、次のように続ける。

要するに、われわれは生まれてから死ぬまで、人と事物の世界に生きているが、その世界の大部分はすでに為されてしまったものであるがゆえに存在しており、また以前からの人間の活動から伝えられてきたものである。この事実が無視されると、経験はあたかも個人の身体と精神の内部でのみ進行するものであるかのように取り扱われることになる。経験は真空のなかで生起するものではない。言うまでも

ないことである。経験を引き起こす源は、個人の外にある。（傍線筆者、デューイ、一九三八、五五－五六頁）

だがこうしたデューイの考え方は、ハインには理解されていない。ハインは、こうしたデューイの言説を脇において、次のような無限定な経験の強調をおこなう。

今日では、学びとは学習者が環境に積極的にかかわる過程だと見なされている。この学習に関する概念は、教育にとって（書物に含まれる情報を体系化することよりもむしろ）経験の方をより重要なものだと見なしている。〔中略〕コメニウス（Comenius）の著作も（Piaget 1967）、ジョン・デューイの哲学も、ピアジェ（Piaget）の発達心理学もいずれも経験から学ぶことの重要性を認めているにもかかわらず、われわれの社会はまだこの原理を十分には受け入れていない。（傍線筆者、一五頁）

ハインのこうした物言い（傍線部）は、デューイの最も否定するものである。デューイは、こういうのを「あれかこれかの議論」として『経験と教育』において一貫して反対する。『経験と教育』は、そうした議論を排するために書かれたといっても過言ではない（図2－4）。デューイは、伝統的教育か進歩主義の教育かという議論を、「主義」による「あれかこれか」の教育論として排する。そうした主義主張に偏ると、「結局は知らず知らずのうちに、他の『主義』によって支配されることになるからである」（デューイ、一九三八、九頁）。だがそれは、伝統的教育も経験主義教育もという折衷主義ではない。それは、学習者の現在の経験に過去の知識を結びつけ、かつ将来の経験につなげるという意味での経験主義である。過去の先人の知識が、現在の学習者の経験に基づいて再構成されるとき、それが将来において出会うであろう問題に対処できる力を育てると考えるのが、デューイの経験主義教育論である。デューイはいう。

> 教育は現在の経験から引き出されるべきであり、学習者には現在と将来の問題を処理しうる能力をつけさせるべきであるという健全な考え方が、しばしば進歩主義的学校ではおおいに過去を無視することができるのだ、という考え方に変換させられてきた。もし現在が過去から切り離すことができるというなら、前述したように過去を無視するという結論は、確かに正常なものであると言えよう。過去に達成されたものこそ、現在を理解するための自由が保障される唯一の手段を提供するものである。〔中略〕換言すれば、学習の目的は将来にあって、そのための直接の材料は現在の経験にあるという健全な原理は、現在の経験が、いわば後方にさかのぼり伸びている程度に応じてのみ、有効にはたらくことができ

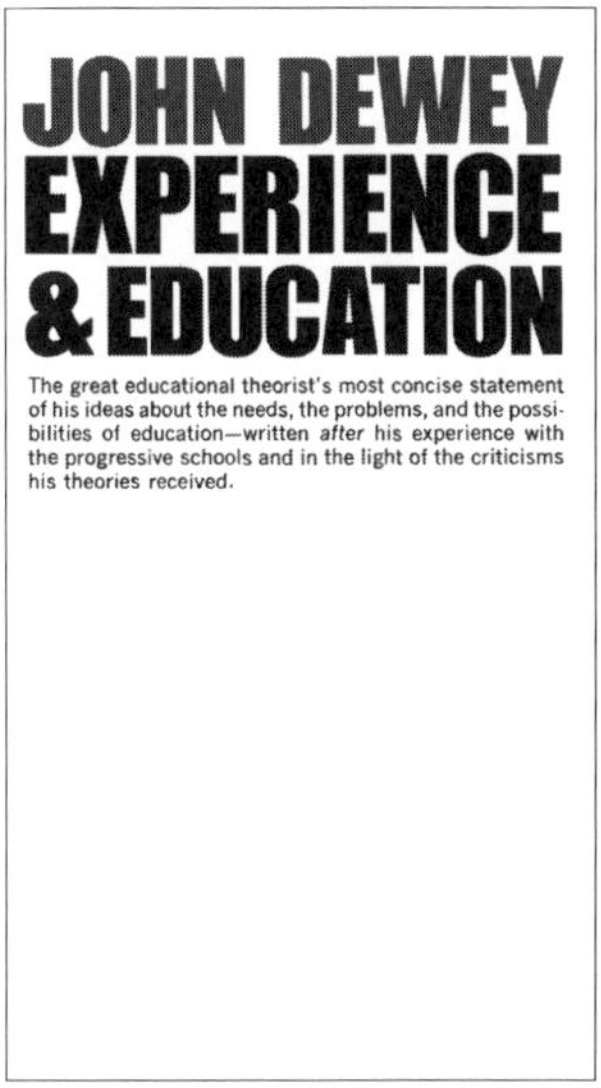

図 2-4　*Experience & Education* の表紙

この本はデューイ晩年 79 才の 1938 年の著作だが、今でも刊行されている。大きさは、日本の新書判より少し長めで、91 ページの小冊子。デューイの初期は、児童中心主義的な色彩があって、ハインのような誤解が拡がったが、この本は全編それへの弁明という内容。ハインの論は、この本からのみであるが、ここには初期の児童中心主義の論調はまったくみられないのだが…。

るのである。経験はまた、それが過去に拡大されていく程度だけしか、将来に拡大することができないのである。（傍線筆者、デューイ、一九三八、一二三－一二四頁）

すなわち、進歩主義を標榜する学校、つまり学習者中心主義を唱える人々は、しばしば「あれかこれか」の主義主張にこり固まって、過去の文化遺産を無視しようとする。しかし現在の経験がより豊かなものになり将来につながるものになるためには、その分過去に経験が拡大されなくてはならない。過去に学ばずに現在の経験ばかりに頼るべきだという論は、不健全な原理にたっているというのが、『経験と教育』の主張の中心である。

もちろんデューイは、過去の知識をともかく教え込めばいいのだといっているのではない。彼は、経験の「連続性」と「相互作用」という原理をのべる。「連続性の原理」とは、すべての知識は学習者の経験に結びつけられ、再構成されなくてはならないとする原理である。もう一方の「相互作用の原理」とは、環境に働きかけ、それからの反作用を受けることによって、意味ある経験がなされるという原理である。この二つの原理にたってなされるのが、デューイの考える進歩主義の学校である。そしてこうした学校において最も重視されるのは、教師の役割である。デューイはのべる。

ここで、教師の職分と任務について、いささかふれておくことが適当であると思う。経験の発達が相互作用から生じるという原理は、教育が本質的に社会過程であることを意味する。この性質は、個々の生徒たちが共同体集団の形成にかかわる程度に応じて実現される。教師がこの種の集団とは無縁であるとして排除されるとなると、それはばかげた話であるという他はない。教師というものは、共同体集団のなかで最も成熟した成員であるので、その共同体生活そのものである相互作用と相互伝達の行為について、教師ならではの特別の責任をもっている。成熟したおとなとしての教師には個人としての自由はあってはならないとしながら、他方、子どもたちは個人としての自由をもつことが尊重されなければならないという考え方は、あまりにばかげており、反駁する気にもなれない。（傍線筆者、デューイ、一九三八、九二 - 九三頁）

したがってハインのように、知識の体系化を嫌って子どもの自由を一方的に尊重する議論、そしてそれゆえに教師の計画や準備による「教える」ことを排除しようとする考え方は、デューイが最も批判する考え方であり、真逆であるといわざるをえない。それは、博物館と学芸員の役割と責任を否定する考え方に他ならない。そこでハインの理論からでてくるこうした問題をさけて、より実質的な展示と教育のあり方を考えるために、関係論的な知識観に立つとはどういうことであるのかを最後に考えてみよう。

4　関係論的な知識観にたつことの意味

(1) 実体的・個人主義的知識観からの脱却

さてこれまで、ハインの構成主義論の問題点をみてきた。ハインの問題点は、端的にいえば極端な来館者中心主義に立っていることにつきる。それは、デューイの論に立っているといいながら、彼が一番避けようとしていた「あれかこれか」の論であった。

ではなぜハインは、そうした極論に走ってしまったのだろうか。そこには近年の博物館の事情もあるだろうけれど、知識論からみれば、それは二つの観点に立っているからである。一つは、すでにのべてきたように知識を実体的にとらえていることである。そしてもう一つは、そうした実体としての知識が個人の中に内在する、と個人主義的にとらえていることである。ハインは、知識の獲得過程を外からか内からかという対立軸で考えようとする。だがどちらにしても、知識といわれるものが個人内において実現されるなにかであると、とらえていることには違いがない。

だがこうした実体的・個人主義的知識観は、今日のコンピューターとネットの社会と、まったく実態的に相容れない。そればかりか、皮肉なことに自由なはずの人間をコンピューターとネットに対して、ひどく脆弱で隷属的な地位におとしめることになる。なぜなら実体としての知識ならば、コンピューターとネットは

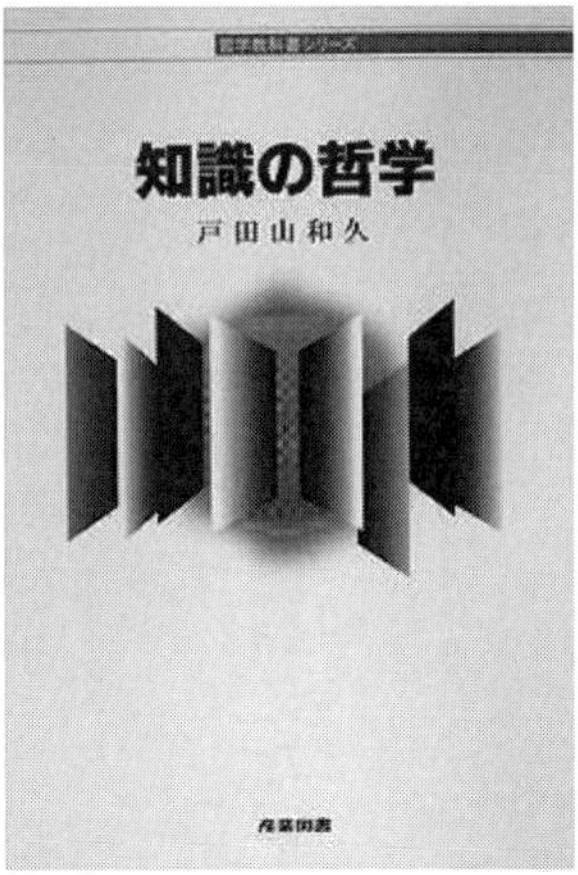

図 2-5　戸田山和久『知識の哲学』の表紙

知識論の変化の流れについては、戸田山和久の『知識の哲学』が最も参考になるだろう。同書は、極めて平易に古来からの知識観が今日までにどのように変わってきたのかを段階を追って解き明かしてくれる。そしてさらに、これからこの問題をどのように考えていくべきかの方向性も示してくれる。本書は、今あるものの中で最良の書である。本章も同書に多くを負っている。

私たち人間をはるかにしのぐからである。となれば、もうじきやってくるロボットと人工知能の時代では、さらにひどい状態に追い込まれるのは、想像するまでもないことになる。はたして人間はその程度のものにすぎないのだろうか。

少し議論が飛躍しているようだが、博物館の問題として考える時、この実体的・個人主義的知識観の立場は、やはり同じような事態にさらされる。というのも知識を実体的・個人主義的にとらえる限り、一人一人の来館者は、やはり博物館という知識の宝庫とその学芸員には到底及ばないからである。となれば皮肉な事に、来館者中心だといくら叫んでも、そのスローガンとは裏腹に、一人一人は、やはり彼らに隷属するほかはなくなる。

だが関係論的にとらえるならば、そうした懸念を少しは乗りこえることができるかもしれない。というのも今日の知識論は関係論的であり、ハインのそれとは正反対だからである。では関係論的な知識観とはなにか。それは、知識を個人の頭の中のなにかではなく、社会的関係も含めた様々な外的環境との協働的活動としてとらえることである。このことを理解するには、少し認識論の近年の傾向についての説明が必要である。

知識は古来「正当化された真なる信念」とされてきた。つまり、ただそう思っているだけではだめで、きちんとした根拠をもった信念（念〈おも〉い）でなくてはならない。したがって、誰かが自分の中でただ納得しているだけでは、その信念は知識とはみなされない。それは、「正当化された真なるもの」でなくてはならない。つまりその納得が正しい（真）という正当化の根拠をもっていなくてはならない。しかもそれをその信念をもっている本人が、きちんと説明できなくてはならないというわけである。ところがこの一世紀半くらいの間、とりわけ二〇世紀の後半から、知識についてのこの考え方が大きく変わってきた（図2-5）。

それは相互に関係するものの、大きく括れば三つある。それは、脱正当化主義と脱個人主義、そして脱信念主義である。

⑵ 知識論における三つの脱主義

最初の脱正当化主義は、正当化がいらないのではという転換である。つまり正当化された真なるものを心でつかむといっても、私たちが確実だといえるものなど、直接経験できる極狭い範囲の事でしかない（実はそれすらも本当は危うい）。わたしたちが知識といっているものの大半は、自分で確かめたものではなく、本やなにかからのまた聞き的なものである。だがそれでも十分間に合っている。

鎌倉時代が本当にあったかどうかはわからないが、教科書に書いてあるし、だれでもそのようにいっているのだから、自分で証拠をあげられなくても、知っているといっていいのではないか。そもそも知識というものは、それによって世界とうまくかかわるための一種の道具のようなものである。だからそのかかわり方に問題がないならば、それで十分ではないか。あることが正しいかどうかは、論理的に決まるというより、社会習慣的に決まっていることがほとんどである。鎌倉時代がいつから始まったかといった、変わりやすい知識は言うに及ばず、水の沸点は一〇〇℃であるといった自然科学の知識なども、決して論理的に明晰に決まるわけではない。ならばそんな正当化などに、いつまでもこだわらなくてもよいのではないかということになる。

＊鎌倉時代の始まりは、これまで建久三年（一一九二）とされていたが、近年文治元年（一一八五）が

有力視されるようになった。しかし他にもいくつも有力な説がある上、そもそも始まりを決めるということ自体、あまり意味がないともいえる。時代の概念は、年表上の視覚的なものに縛られて始まりの年号があるのが当然視されやすい。しかし学問的には、年号よりも研究的議論の土台を提供する事の意味の方が大きい。

＊水の沸点は、今は九九・九七四℃である。しかしそれは、実験的・論理的に一意に決まるのではない。様々な計測結果の上と下を除いた平均によって決めるという、科学者集団の合意に基づく。この問題は、科学の世界ではしばしば起こる。計測の精度が上がったり、計測基準値が変動すると、国際的な機関によって様々な計測値の加重平均をとる「異種間統合」によって決められる。こうした規準は、これが「絶対正しい」として決められるのではない。あくまで暫定的合意による（参考文献の出口論文を参照されたい）。

確かに考えてみれば、脳みそは神経組織である。ただの物理的装置である。なのにどうしてその脳みそが、正しいとか間違っているといった真偽判断をできるのか。もちろん真偽判断とはいっても、なにか絶対的なものではなくて、より強められた脳神経回路の電気的反応でしかないかもしれない。とはいえどうしてそれが、外的世界での行為を正しく導けるのか。となって気づかれたのは、真偽は頭の中だけでは決まらないのだということである。それは、外界やその行為にかかわる大勢の人々との協働作業である、実際的行為においてて意味をもつのではないか、となって次の脱個人主義がでてくる。

次の脱個人主義は、ほとんどの知識の正当性は、実際には個人では証明できないという脱正当化主義の現実を反映している。今日の巨大科学の世界では、その中心的科学者ですら、ほんの一部の専門のことしか証明できないのが普通である。筆者の知人は、超伝導の計測の専門家である。だが他にも、材料開発の専門家、理論の専門家、実験の専門家といろいろに分かれているという。そしてその誰もがすべてを知っているわけでもなく、かつその誰かが欠けても、その知識が機能しなくなるという。

そこで知識とは、こうしたように私たちの社会がつくりあげた、集合的な認識といったほうがよいのではないか、と考えられるようになってきた。日常的なことでも、私たちの知識は多くの人に支えられている。ナビを頼りにどこかに車で行くという場合でも、その背後には膨大な人々のかかわりがある。そのどの人が欠けても、私たちの行為は成功しないに違いない。

これまでの知識という概念は、そうした集合的な活動が記録され文字にモノ化されることで、その文字記述自体が物象化されて、「知識」とされるようになったものである。ナビなどの装置は、その集合的活動の一部がバッテリー化されたものである。私たちはしばしばそのことを忘れて、いかにも自分自身の力で大きな行為をなしているかのように錯覚する。ハインらの構成主義者が、来館者自身によって内から知識を構成できると夢想するのは、こうした錯覚に基づく。博物館のモノは、ただの土塊や紙片ではない。それ自体が、人間の集合的認識活動の一部なのである。

そして最後の脱信念主義は、脱正当化主義と脱個人主義の二つの帰結としてでてくる。私たちは、知識を自分の頭の中の問題だと考えることに慣らされてきた。信念というと哲学的だが、頭の中に念（おも）っていることといえばよりわかりやすい。知識とは自分の頭で念っていることと考えるのは、ごく自然ではある。だが、ただ頭の中で念っているだけでは、たとえそれが命題の形をとったものであっても、それが他の命題となんらかのかかわりをもたなくては、なんの意味ももたないことは明らかである。一つの言葉や命題だけで、なにかの意味ある知識であるというのなら、オウムも知識をもっていることになるからである。となると、脱個人主義のところでのべたように、私の信念（念い）は、外の世界の様々な信念の固まり（ナビのシステムなど）と結びついて意味をもっていることになる。

たとえば、箱根の「星の王子様ミュージアム」に車で行こうとする場合、ネットでホームページを探し、電話番号を調べて、それをナビの検索のところで入力してルートを決定する。そして運転を始めてからは、ナビの地図と目の前の実際の交差点の名前や道路名、あるいは様々なランドマークとを照合しながら運転をする。こうして私の運転は、膨大な知識バッテリーと結びつく事で、意味のある行為となる。となれば、私の知識は、私の信念ばかりで成り立っているのではないことになる。私の信念は、私の中だけでは何ほどの意味ももたない。この問題について戸田山和久は、次のようにのべる。

> こんなふうにして、知識がどこにあるのかがますます謎めいてくる。おそらく信念という心の状態は、かりにそのようなものがあるとしても、知識を実現する一つの仕方にすぎないと位置づけるべきだろう。このように知識をいったん個人の心に宿る信念と切り離してしまえば、集団的知識というアイディアを採用して、知識の個人主義に最後のさようならを言うことも簡単にできるはずだ。（傍点原著、戸田山、二〇〇二、二三六頁）

図 2-6 Austin, J. L.
(John Langshaw Austin, 1911 -1960) は、その著 *How to do things with words* (1962) において、言語行為を文字通りの情報を伝える発話行為、それによって約束・脅しなどの行為をおこなう発話内行為、発話者の意図しない行為を起こさせる発話媒介行為にわける。「愛してるよ」の発話で、愛情を伝えることもあれば、結婚の約束を誓う場合もあれば、相手に恐怖の念を起こす場合もある。

(3) 実体論をこえるために知識をどのようにとらえたらよいのか

このように知識とは、なんらかの行為において意味をもつそうした関係的な概念であって、なにかそれ自体として個人の中にあったりなかったりする、実体的なものではないと考えられるようになってきた。逆にいえば、そうした行為における役割が違えば、言葉なり文字面では同じでも、その意味が違ってくることになる。つまり、同じく「東京は、日本の首都である」という命題でも、それをどのような場面でどのように使うか（他の命題と連動させるなど）によって、その人の認識状態に違いがでてくるというわけである。

私たちは、何かの命題を前にするとき、それがもつとされる一般的意味、いわゆる辞書的な意味が正統で、誰でもがその意味を授受できると暗黙裏に思っている。だが実際は、どういう場面でその命題をどのようにのべるかによって、その文言がもつ働きが異なってしまう。オースティン（Austin, J. L.）が言語行為論でのべるように（図2-6キャプション参照）、言語行為は発話行為ばかりで働くのではない。むしろその発話よって行為される発話内行為の意味や、発話者の意図を超えた発話媒介行為の意味を担うのである。多くの場合は、言表の意味がそのままで伝わることなど考えにくい。こうして、ここで少なくても二つの変数を考えなくてはならないことが明らかとなってくる。

すなわち一方では、展示とそのキャプションが来館者に与える意味が、発話内行為や発話媒介行為の問題として、様々でありうるという変数を考えなくてはならない。そしてもう一方では、来館者の展示物へのかかわりによっても、意味が様々でありうるという変数を考えなくてはならない。となると博物館では、何かの言葉や展示物を単に陳列するだけではすまないことになる。それが、来館者にどのような意味を生んでいるのかを考えなくてはならない。つまり、ただ単に何かを説明するだけではすまない。言葉や展示物の意味は、場面に大きく依存する。展示物の周囲やそこまでのアプローチも、解釈にかかわってくることになる。しかもその言葉の意味なり展示の意味なりをわかってもらうには、その人なりのかかわりをしてもらわなくてはならない。来館者の展示の意味解釈は、こうしたように複雑な変数の絡み合いであるに違いない。

しかもさらに、脱個人主義の問題もある。前述したように、私たちの実際の知識は、たくさんの人々との集合的活動である。道路一つ歩くのにも、様々な標識やスマホの地図を片手に歩く。その背後では、そうした装置や記号などに姿を変えた、膨大な人々のかかわりが私たちの行動を支えている。知識というのが行為において意味をもつのなら、その行為はそうしたたくさんの目に見えない人々との支え合いで意味をもっているはずである。

私たちの知識は、こうした多くの人々、その中にはすでに亡くなっている人々も含んで成り立っている。そうした歴史と文化に、社会的に支えられて私の知識がある。これが、いうところの社会構成主義という概念である。こうしてみると博物館は、その権化ともいえる。私の知識は、外の世界での私のかかわりにおいて、多くの人々との協働作業において実現される。知識とは、言語で表現されるスタティックななにかではなく、周囲とのかかわりの中でその都度実現されるアクティブなものである。そのように考えれば、来館者の積極的かかわりも、そして学芸員のかかわりも、共に意味をもつことになる。筆者は、ハインの「あれかこれか」の議論を超えて、共にかかわる協働の知をめざしたい。

本章を締めるにあたって、改めて論点をいいなおせば、ハインの知識論とそれに立つところの構成主義は、こうした知識の本性を見誤った、かなり乱暴な来館者中心主義であるといわざるをえない。その論に忠実に従うならば、学芸員はもちろん、博物館そのものも意味を失う。しかし、だからといって博物館の学芸員は、その知をただ陳列してよいということにはならない。いくつもの変数を考量しながら、来館者と展示物とのかかわりを生み出し、一人一人の解釈をサポートしなくてはならない。展示と教育とは、なにかのスタティックな知識を陳列することではなく、来館者とともに協働で構築する世界へのかかわりに他ならない。

誤解のないようにつけ加えると、筆者はハインのような既成の知識にとらわれないより自由な知の構築を全面的に否定するつもりはない。博物館の中でも、美術館のワークショップでそうした活動をすることは可能であるし必要でもあるだろう。また他の館種でも、そうしたとらわれのない発想が、おもしろい発見につながることもあるかもしれない。しかしそれは、来館者にすべてをまかせて、学芸員が一切かかわらないことで実現できるのではない。その逆で、積極的に協働的にかかわることで実現できることである。

このことはあまりに当たり前であるのに、ハインは少しデューイのいうところの「あれかこれか」の論に入り込んでしまったようである。私たちは、来館者中心であることが極めて難しいことであるのを再認識し、その難しさを引き受ける他はない。なにかが本当にわかることは、理論的にいって不可能である。それは、難しいということではなく、そもそも「本当にわかる」という事自体が、あり得ない概念だということである。

つまり知識とは、私たちと環境と社会との関係で、私たちの世界へのかかわりを導く働きであるとすれば、それはそれぞれの人において様々でありうる。私たちは、それが文字化されるがために、だれにでも同じ知識があり、それの正しいわかり方もあるのだと夢想しているにすぎない。そうだとすれば、その困難さにめげずに、学芸員としての自分のかかわりを通じて、来館者のかかわりを助ける、あるいは自分と来館者とが協働でその都度、新たな知をつくりあげる、そうした仕事を引き受けなくてはならない。それこそが構成主義であって、それが博物館教育の本来のあり方なのではないだろうか。

博物館教育とは、この相互関係的・集合的な協働による世界へのかかわりを、より目にみえる形で実現する博物館というシステムの働きである。私たちが、博物館に入る時、なにかワクワクするのは、学校の教科書によるのとは違う、そうした協働への期待があるからなのではないだろうか。

〈引用参考文献〉

オースティン・J（一九七八）『言語と行為』坂本百大訳、大修館書店（Austin, J. L.（1962）. *How to Do Things with Words*, Harvard University Press）

出口康夫（二〇〇八）「活動実在論の擁護―光速度の測定に即して―」中才敏郎・美濃正編著『知識と実在―心と世界についての分析哲学―』世界思想社、四‐四六頁

デューイ・J（二〇〇四）『経験と教育』市村尚久訳、講談社、（Dewey, J.（1938）. *Experience and Education*, The Macmillian.）

戸田山和久（二〇〇二）『知識の哲学』産業図書
ハイン・G（二〇一〇）『博物館で学ぶ』鷹野光行監訳、同成社（Hein, G.（1998）. *Learning in the museum*, NY: New York, Routledge）

第3章

博物館における知識論の問題

1　本章の課題――知識論への三つの視点

前の二つの章では、博物館教育論における構成主義の批判をおこなってきた。構成主義は、博物館の姿勢を市民に向かわせる点では評価できるものの、その極端な「あれかこれか」論は、現場に混乱をもたらすことを確認した。その際この確認には、知識への問い直しが伏線としてあった。そこでこの章では、改めてこれからの博物館における知識論のあり方を問い直したい。問い直すといっても、答えを出すというより、前の二つの章を振り返って、そこでの議論の補足をおこないたい。そこでまず、前二つの章の議論の要点を確認しておこう。

まず第1章では、構成主義の問題点を議論した。構成主義は、来館者の解釈の自由を保証する理論とされるが、それはかえって妨げることになると論じた。というのも、解釈の無限定の自由を認めてしまっては、その人は社会の中で孤立してしまうからである。私たちが社会的道具としての言語を使う限り、純粋に私的な解釈による私的な概念はありえない。その解釈の大部分は、社会的制約を受けており、だからこそ社会における個々の自由が獲得される。

構成主義者が、こうした無限定の自由という誤った論を立てるのは、その知識観が個人主義的だからである。これまでの知識観は、知識や学習を個人の内部での出来事と、心理主義的にとらえてきた。そこに個人の自由という近代的自我の独立論を絡ませて、知識は外から押し付けられるものではなく、個人個人が自由に再構成すべきものだと主張したわけである。こうして構成主義は、悪い意味でのデカルト的独我論に陥ってしまった。そうなると、来館者の解釈の自由を尊重するどころか、かえって物自体からの知識の押し付けを容認することとなってしまう。こうしたことを第1章ではのべた。

第2章では、第1章に続いて構成主義についてさらに踏み込んで、これを抜け出す方途を議論した。ここでは、G・ハインの極端な個人主義的構成主義を批判することで、知識の実体論から抜け出して、協働的活動概念でとらえることの博物館での意味を考えた。ハイン等の構成主義は、個人主義的な知識観である。それは、とりもなおさず、知識を個人の中に溜め込まれる実体ととらえることである。だがそうしたとらえ方は、ハインが構成主義の理論的根拠として示す、デューイの理論とは相容れない正反対のものである。

デューイは、経験は個人の中でだけ進行する知識状態ではなく、外部との相互交渉によって構成される協働的なものであることを強調する。それは、経験という知識を実体的にとらえるのではなく、社会との相互交渉という協働的な働き的なものととらえることである。こうした考え方は、デューイを嚆矢として現代ではますます強くなっている。博物館は、キュレーターと来館者とが、モノを媒介にして世界と協働の知を構築するアクティブな活動の施設である。こうした意味で、知識を協働的活動概念ととらえることは、博物館においてこそふさわしい。第2章では、こうしたことを論じてきた。

しかしながら、長く親しんできた実体論的な知識観から抜け出すのは、いうほど簡単ではない。現実に知が働く場では、明らかに関係論的な協働的活動概念で知識をとらえているにもかかわらず、本と文字とに表現された知識に親しんできた私たちは、なかなか容易には実体論的な知識観から抜け出せない。

そこで本章では、構成主義への批判を超えて、この実体論的知識観から抜け出すには、どういう問題を考えなくてはならないか、これからの博物館の知識論的なあり方を議論してみたい。なぜこうした知識観に今立たなくてはならないのか、それを本章では、社会の変化の面と、デューイの経験論の意味と、知識観の変遷という三つの観点から議論する。

最初に議論するのは、現代がすでにポスト産業資本主義時代に入っているという現実である。この社会では、物語を自分で書かなくてはならない。知識が、個人主義的に保有して済ませられるものではなく、自然と社会を含み込んだ世界全体との関係の中にあるとすれば、その関係の中に自分をどう位置づけるのか、その物語は自分で書かなくてはならない。とすればそれは、これまでの学校では実現できないのではないか。

だが関係づけるといっても、経験はやはり個人的で内的なものであるというかもしれない。そこで次に、改めてデューイの経験論を確認してみたい。デューイの経験論は、いうところの体験論ではない。むしろ、実験主義・反省的思考主義であって、単に自分でなにかを体験すればよいというのではない。そうではなく、世界との相互交渉によって、常に問い直し再構成しなくてはならない。とすれば、博物館のハンズ・オン展示は、あらためて問い直さなくてはならない。果たして、そうした相互交渉による再構成を保証しているのだろうか。

とはいえ、前述したように、私たちは容易に実体論的な知識観から抜け出せない。世界との関係の中で自分の立ち位置をとらえ、その関係性を不断に再構築していくといっても、全てが文字や映像といったなんらかの記号で表現されるという現実の中では、知識がそれ自体として存在していて、それを保持するというイメージにすぐに引き戻されてしまう。それでは、博物館での知の構築など不経済で特殊なものであるという観念から抜け出ることはできない。そこでこの第1部の最後のこの3章の最後に、改めて知識問題を「反表象主義の知識観」として考えてみたい。

知識は、記号などのなんらかの形で表象することができると考える限り、私たちの博物館の教育はその存在意義を失う。それならば、明らかに学校の方が効率がいいからである。まだ十分に解明されているわけではないが、これからの議論のために、この章の最後として、これまでの知識観をおおまかに振り返って、私たちの博物館がこれからどういった知識の問題を問わなくてはならないのかについて考えたい。

2　なぜいま博物館教育であるのか

(1) 博物館教育への視点──「ポスト産業資本主義」時代の人間像

本節では、博物館教育が今日どのような意義を、今のそしてこれからの教育においてもっているのかについて考えてみたい。あらかじめ結論をのべておくと、博物館での学びは、これからの社会において望まれるものである。しかしそれは、学校での学びとは本質的に異なるものである。私たちは、そのことをよく認識しておくべきである。したがって博物館の学びを、学校教育と同一視したり、追従したり、単に補助するものとしてはならない。学校教育とは一線を画して、博物館独自の役割を大切にしていくべきではないか。というのが、本節での基本的スタンスである。

さて、この問題を考えるには、いまの学校システム「近代学校」が、なぜどのような人間を必要としたのか、そしてこれからの社会は、なぜどのような人間を必要とするのかを理解しなくてはならない。「近代学校」という場合、「近代」とはいつか、それはいつ頃からいつ頃までかと、疑問を呈する向きがあるかもしれない。しかしここで筆者が「近代」というのは、そうした明確な時間的順序をさしてのことではない。

ここで「近代」という場合には、封建制社会の後をうけた資本主義の時代をさして使うことにする。それも岩井克人にならって、「産業資本主義」の時代をさすことにする。この時代では、人間を資本によって交換可能な有形資産とみる。つまり工場の一部とみなす。そこでこの時代では、当然のことながら人間に交換可能な均質性が求められる。工場の歯車が摩滅して取り替える時に、形状が違っていたり耐久性に違いがあっては取り替えられない。

岩井は、その著『会社はこれからどうなるのか』（平凡社、二〇〇三）において、資本主義を歴史的に三つに分ける。それは、「商業資本主義」「産業資本主義」「ポスト産業資本主義」の三つである。岩井は、これから本格化する「ポスト産業資本主義」の時代には、差異的な情報が利潤を生み出すという。この時代が、「情報資本主義時代」とか「知識産業時代」といわれるゆえんである。他とは違う差異的情報を生み出す企業が、利潤をあげることになる。では、そうした情報を生み出す能力をもつ人間を、どのようにして作り上げるのか。交換不可能な人間、個性ある人間をどうすれば生み出すことができるのか。それを果たす場所、システムが博物館ではないか、というのが筆者の仮説であり提案である。

近代学校は、その特徴として時間割と教科書をもつシステムである。このシステムは、基本的に画一化された均質の人間を産み出すことを目的としている。ここでは、同じ情報を持ち、求めに応じて再生することが求められる。しかし、「ポスト産業資本主義」時代では、差異的情報を生み出す能力が求められる。ではどうするか。筆者は、差異的情報を生み出す能力の開発には、「こだわり人間」の育成が必要だろうと考えている。知識の多さや再生スピードにではなく、一点にこだわりつづける人間が必要ではないか。ではなぜそういえるのか。以下、まず岩井のいう資本主義の三分類から見ていこう。

岩井は資本主義を歴史的に三つに分ける。それは、「商業資本主義」「産業資本主義」「ポスト産業資本主義」の三つである。ただし「資本主義」それ自体は、古来からその原則は変わらない。それは、「差異性が利潤を生む」という原則である。

「商業資本主義」では、地理的に離れている生産地から消費地に商人が品物を運び、安く買って高く売るという活動をおこなうことによって利潤をあげる。この場合の「差異性」とは、ある品物の地域間の値段の違いである。シルクロード交易に代表されるように、あるいは大航海時代に代表されるように、この形態はもっとも基本的で古い形の資本主義といえる。そしてもちろんこれは今日でもおこなわれている。

しかし一八世紀になると、産業革命によって新たな資本主義の時代を迎える。それが、「産業資本主義」時代である。この時代は、資本を工場という有形な資産に投じて、製品を作り出し利潤をあげる。ではここでの「差異性」とは何か。それは、単に良い工場をもっているかいないかではない。この「産業資本主義」での「差異性」とは、農村と都市という地域格差が生み出す労働者の賃金格差である。つまり大量の農村人口を抱えている場合には、都市に移動してくる労働者を安く雇い、製品を作らせて売ることによって利潤をあげられる。だがこの農村人口がなくなり、都市生活者の賃金が高くなると、この「産業資本主義」は成り立たなくなる。今の日本がこの状態である。隣の韓国や、さらにその隣の中国は、こうして日本を追い上げる。それは、かつて日本がアメリカを追い上げた構造と同じである。

こうしてアメリカは、一九六〇年代までに、日本では一九七〇年代までに「産業資本主義」時代が終わりを告げ、次の時代、すなわち「ポスト産業資本主義」の時代へと移行していく。この「ポスト産業資本主義」は、他に「知識産業主義」とか「情報産業主義」ともいわれるように、「情報」が資産となる時代である。この時代は、「差異性」のある価値ある情報を生み出すことができるかどうかによって、利潤をあげられるかどうかが決まる。では、その情報を生み出すのはなにか。それは人間である。そうした意味で、人間こそが資産の時代がこの「ポスト産業資本主義」の時代ということになる。

こうした時代では、そうした差異的情報を生み出すことのできる個性的な人間が求められる。ではどうしたら、そのような差異的情報を生み出すことのできる人間を育てることができるのか。どうしたら、ビル・ゲイツやスピルバーグや宮崎駿を出現させることができるのか。今、世界各国でこうした取り組みが本格化してきている。もっとも日本では、「ゆとり教育」の挫折で足踏みした感があるが。だがこのような人間を学校という近代システムの中で育成することは、本来難しい面がある。それはなぜか。そして、博物館はこの問題にどのようにかかわるのか。次項ではこの問題を考えてみよう。

(2) 「近代学校」の特徴と環境の変質

今の学校システム、それは近代を支えるシステムとして発展した。しかしそれは、すでに時代に一部合わなくなっている。それはなぜかという問題を考えるには、まずこれからの「ポスト産業資本主義」が、どのような人間を求めているのかを理解しなくてはならないだろう。

そこでまず、岩井のいう資本主義の三つの種類で求められる人間像を整理しておこう。「商業資本主義」の時代では、不屈の精神と身体をもった人間が求められた。シルクロードにしても、地中海貿易にしても、長い貿易路を生き抜く力が求められたし、船の遭難や海賊による略奪で、一挙に資産を失うこともあったからである。実際、イタリアやイギリスの紳士教育論と呼ばれるものは、そうした論調である。一番有名なのは、ロックの教育論であるが、そこでは不屈の心身を育てるために、お風呂は一年中沐浴で、帽子も靴下も手袋もつけさせない、厳しい身体教育が語られる。

この時代は大変長いのだが、その次にきた「産業資本主義」の時代は、最初にのべたように均質で個性のない人間が求められた。個性があっては、部品として使えない。そこでは、大量の一定水準の労働者が必要とされるので、ベル・ランカスター法などのマスプロ教育の方法が導入される。この時代では、内容的には、技術開発と工場生産の高度化に伴い、また産業革命に象徴されるように、科学や数学が重視されることになる。また一方では、「商業資本主義」の時代では、市場倫理の必要から個人の信用が重視されたのに対して、この時代では国民国家の出現に伴い、歴史や地理の教育が重視され共同体倫理の涵養が求められる。

いずれにしても、近代が市民社会の成立とともに個人が重視されるといいながらも、教育の現実は、それとは逆に個性を無視してきたように思われる。これは、基本的に現在でも変わっていない。しかし、「ポスト産業資本主義」の時代の到来は、産業の必要から改めて本格的に個性が必要になってきている。しかもここには、もう一つ重要な側面がある。それは、「情報」というのがすぐに複製されやすいという性質からくる。新しい差異性のある情報は、このインターネット社会では、すぐに流布しコピーされる。そのため、以前のように新しい発明をすれば、しばらくは安泰という具合にはいかなくなっている。

確かに、著作権の保護や特許というものもある。だが、これとても安泰ではない。なぜならこれをあまり強くすると文化が止まってしまうので、ある程度は緩くしなくてはならないからである。そしてまた、たとえ特許であっても、複数のものを少しずつ変えて特許に抵触しないで同じような製品を作り上げることが可能である。実際、日本のコピー機材メーカーは、そうしてゼロックスを追い落とした。ゲーム機でも同じであるし、おそらくマイクロソフトでも安泰ではいられない。リナックスの登場とデルやヒューレット・パッカードのOSへの採用の動きは、数年後にはゲイツの帝国を崩壊させかねない。こうした事態は、巷の論調のように、一部の個性的な人間だけが必要で、後はいらないという論の見直しをせまる。この問題は、後に譲るとして、なぜ現在の学校システムが時代に合わなくなっているのかを考えるために、ここで近代学校の特徴を考えておこう。

現在の私たちのイメージの中にある学校、それはどのような特徴をもっているのか。筆者はそれは、「時間割」と「教科書」によって特徴づけられるのではないかという仮説をもっている。学校学習では、学習者の興味が物理的な時間によって制限される。どんなに興味があって引き続き学んでいたくても、時間がくればそこまでである。逆に、どんなにつまらなくても、その時間が終わるまで机にとどまっていなくてはならない。教科書もまた同様に、学習者の興味を制限する。どんなにそこの問題を掘り下げたくても、あるいはそこから離れて発展したくても、それは許されない。

例えば、産業革命の単元で、それの発展と気候変動との関係を掘り下げたくても、あるいは蒸気機関の話からエネルギー概念の成立に興味をもっても、それは基本的に許されない。学校は、基本的にこの二つの物理的道具によって学習を制約して、決まったレール（カリキュラム）の上を走らせるシステムである。それは確かに現代の文明を作り上げたし、産業革命のそして産業資本主義の要請に応えるものである。そうした意味で、このシステムが将来とも、無くなるとも必要のないものとも思われない。しかし、時代はもう少し違ったシステムの出現も望んでいるのではないだろうか。

それはどういう意味で、どういうシステムなのかと考えるために、少し視点を変えて、人々が知識とどのように向き合ってきたのかを考えてみたい。人々は、様々な形で知識を求めてきたのではないか。その昔、明治の頃から戦後まで、学校は地域の文化情報センターであった。教員は、都会の知識を運んでくる、あるいは村落共同体の中に外部からやってくる、村の長老とは異質の知識の体現者であった。しかし戦後の急速な都市化が進展するあたりから、学校と教師はその地位を追われることになる。テレビの普及は、中央の情報を学校と教員の頭越しに、野山を越えて直接にもたらした。

他方、高度成長に支えられて2LDKの近代的アパートに住み始めた都市住民を中心に、人々は百科事典を買い求める。小津安二郎の映画が見せる、ちゃぶ台の世界の次に人々がみたものは、オードリーヘップバーンの映画マイ・フェア・レディー（一九六四）に登場するヨーロッパの書斎である。それが豊かさの象徴となった。それは、大塚英志の言葉を借りれば、村落共同体を失った日本人があこがれたもう一つの「物語」でもあった。

それはまた、「知識」へのあこがれであるとともに、一つの物語の消費だったろう。百科事典があれば、自分はいつでも全ての知にアクセスできる。もう村の長老に聞くことも、因習に囚われることも、学校の先生を敬うこともいらない。自分自身が、いつでも知の体現者になれるというイメージを人々は消費した。こうして、高等学校への進学がほぼ全入を迎え、大学進学が人々の最大関心事となるこの頃から、学校は地域の文化情報センターどころか、旧式の機能不全のシステムと人々からみられるようになる。

こうした時代の後に出現したインターネットは瞬く間に社会に拡がり、村の長老も学校の先生も百科事典も過去の彼方に押しやってしまった。もはや、必要なのは指一本のキータッチだけである。私たちは様々な形の村落共同体の物理的制約から自由になり、時空を越えて世界の人々と結びついたり、あらゆる知識を手中に収めることができるようになった。では、これで知識への欲求を満たせたといえるのだろうか。

インターネットの爆発的普及は、確かに人々の欲求、露出・のぞき見・匿名的参加という欲求を満たしてくれてはいる。しかしそうした欲求が満たされれば満たされるほど、ある種の不安に駆られるようになった。こうした不安を東浩紀は、「郵便的不安」と表現する。

七〇年代以降の日本社会は、社会を一つにまとめあげる「大きな物語」を失い、急速に断片化していっています。通常「ポストモダン化」と呼ばれるその断片化は、いまでもますます進行している。いまや同世代でさえ共通の話題がないし、たがいのコミュニケーションはかつてなく難しい。〔中略〕僕が「郵便的」と名づけた状態は、まさに、そういった断片化した社会において、情報の受け手が曝される感覚

に呼応していると考えています。(東、二〇〇二、五四頁)

「大きな物語」の消滅は、人々を常に不安にさらす。自分がどこへいくのか見えないからである。手紙を書いても宛名を書けない。郵便箱を開けると、宛先も差出人もない手紙が入っている。急速に断片化する社会の中で、人々は同じ趣味のオタクの集団に身をおくか、引きこもるか、ロールプレイングゲームやディズニーランドに用意された物語を、一時的に消費するかという状態にさらされている。

インターネットが普及するまでは、それでもまだあまりその不安に気づかなくてもよかった。オウム真理教が問題を起こしても、あれは特殊な奇人集団だといっていればよかったし、よくわからない若者を「宇宙人」といっていればよかった。しかしインターネットは、自分自身が実は断片化していて孤立化していることを、私たちの肌身に感じさせてくれている。キーボードを盛んにたたいて、様々な情報にアクセスし、いながらにして注文を出し、カードで決済をして、宅配業者から受け取る。すると、そこに孤独・孤立だけの世界が生み出される。

こうして、その昔の村落共同体が崩壊した後に出現した、「会社」という新たな村落共同体も崩壊し、今私たちは新たに自ら自分の「物語」を書く必要に迫られている。行き着く港を求めて、さまよい続ける現代の人々。日本国家という亡霊に再びすがるのか、宗教にすがるのか、オタクになるのか、引きこもるのか。

断片化した自分の存在の不安を解消するのに、安直に他人の書く物語にすがるのではなく、自分を掘り下げることで、その自己存在を見いだしていく。そうした必要に迫られている現代、博物館での学びは、この「自分物語」を書く場所になるべきではないだろうか。それを学校に求めるのは無理だろう。本来、個々バラバラな掘り下げを認めて成り立つシステムではないからである。もし学校がそれをしたいのなら、近代学校であることをやめなくてはならない。

以上、本節では、今日のそしてこれからの社会において、博物館での学びがなぜ求められているのかを考えてきた。それは、「自分物語」を書くことが求められているからではないか、というのが筆者の結論である。では、その「自分物語」を書くには、博物館の学びが、どのようなものでなくてはならないのだろうか。学校教育ではないということは、単なる記号ばかりによるのではないことは明らかである。ではそれは、いわゆる「モノに触れる学び」なのだろうか。もちろんそうである。しかし、「モノに触れる学び」とは何か。次節では、この問題を考えてみたい。

3　博物館での学びの基礎的理論―デューイにおける経験の問題

(1)「モノに触れる学び」とJ・デューイ

博物館の学びは、「モノに触れる学び」といわれる。これは、近代学校が、「教科書」という形の記号化された知識の学びであることと対比される。その代表が、「ハンズ・オン展示」といわれるものである。そこで、本節では、このハンズ・オン展示の理論的な背景であるといわれる、デューイの経験の問題を採りあげて、博物館での学びの意味を考えてみたい。

ハンズ・オン展示は、日本では「参加型展示」とか「体験型展示」と訳されることが多い。そしてその意味の背景には、アメリカのデューイの有名な言葉であるとされる〝Learning by doing〟があるというのも、またよく流布された知見である。たとえば、大阪の「キッズプラザ大阪」のガイドブックには次のように記されている。

In Learning by Doing（体験によって学ぶ）がキッズプラザ大阪の基本姿勢です。こどもたちが自由に遊び、体験し、ふれあい、自ら発見し、学ぶことができるようにとの目的で、この本でご紹介する多くの施設で構成されています。（大阪教育振興公社、一九九七、一二頁）

だがしかし、ここに少し興味深い事実がある。それは、この〝Learning by doing〟という言葉を、当のデューイはほとんど使っていないという事実である。彼の著作の中で、唯一といって良いほどにこの言葉を使っているのは、一九一五年の〝Schools of To-morrow〟の中である。しかもその使い方も、決して重要なコンセプトとしては使っていない。とするならば、Learning by doingという考え方を背景にもつと見られているハンズ・オンの考え方は、デューイの教育思想とは無縁のものなのだろうか。

本節はしかし、ハンズ・オンがデューイと関係のない思想である、ということを明らかにしたいというのではない。思想史的興味からすれば、そのあたりを明らかにすることも必要かもしれない。しかしここでは、それを問うことはやめたい。私たちの当面の問題には、あまり寄与するとは思われないからである。ではこの小節では何を問おうとするのか。この小節の目的は〝Learning by doing〟をその理論的・思想的な背景にもつとされる、それゆえにデューイの考え方を背景にもつとされがちであるハンズ・オンの考え方が、ともすれば陥りがちな、ある誤りに注意を喚起することである。

デューイの考え方からすれば、手放しで"Learning by doing"を強調するとは、少し考えにくい。何かを行為したからといって、それで「経験した」ということにはならないからである。何かの実際的な行為が、「経験した」といえるには、ある条件が必要である。逆にいえば、その条件を満たす行為であるならば、それは「経験」と呼ばれる資格を持つことになる。ではデューイにおいて「経験」とは何であろうか。そしてその考え方は、ハンズ・オンの考え方にどんな注意を喚起し、何を教えるのだろうか。このことを考えるために、以下、まず彼のいう「経験」とは何なのかの問題から見てみよう。

(2)「経験」とは何か

デューイは、「経験論の経験的概観」(An Empirical Survey of Empiricisms. 1935) という論文の中で、三つの経験概念ということを述べることで、プラグマティズムの「経験」の意味を明らかにしようとする。その三つとは次のものである。

a 古代ギリシャで形成され一七世紀まで続いた、実践の中で積み重ねられた経験。

b 一八・一九の二世紀に特有のジョン・ロックに代表される感覚的経験。

c 実験と反省によるプラグマティズムの経験。

a. ギリシャ的経験論

この場合の「経験」とは、個人および社会において蓄積された知識をさす。それは実践的なもので、「いつもそうだから」という、これまでうまくいっていることを根拠とする知識である。日常的な行為から得られる知識は、おおむねこうした「経験的知識」である。徒弟制度の知識はその典型とみなされる。

ギリシャの古代から今日まで続く日常的な意味での、「『経験』は、実際に役に立つ、どうしたらいいかというかなり頼りになる知識を与えてはくれる。しかしそれは、その出来事の原因や理由についてのどんな洞察にも影響を与えないし、それに基づくものでもない」(Dewey, 1935, p. 70) とみなされてきた。それゆえプラトン・アリストテレス以来、「経験」の正しさは単に偶然的なものにすぎないとされ、理性と対立する侮蔑的な意味合いをもたされてきた。「経験」に対していわれるその侮蔑の意味あいには、次の三つがある。

① 経験的知識(信念と臆見)は学問と対立する。
② 理性的な思考の自由な性格と対立する、実践に依存的な限定された性格をもつ。
③ 経験が司る感覚と身体の動きは、現象の面に限られるのに対し、理性はその内在的な本質からして究極の実在に近いと考える(錯覚の例)。

古来、哲学において「知識」というのは、確実にその正しさが証明できるものでなくてはならなかった。臆見とか偏見とか錯覚というものは、「知識」とはみなされないものだったのである。こういえば、なかなかに難しそうであるが、思いこみによる知識とか錯覚による知識とかは、だれでも正しい知識とはみなさないであろう。

日本人に馴染みの深い例でいえば、野口英世の黄熱病の例が挙げられるだろう。結局彼は、不幸にも自分の過ちを正せないままに、黄熱病の犠牲になった。だが医学の世界では、このようなことはむしろ一般的ですらあるといわれる。正しい診断を下し、明確な処方ができる病気は二割にも達しないとすらいわれる。しかしそれでも、とりあえず病気が快方に向かえば、それで良しとすることが実は大半なのだというのである。実際、今日においてもこの辺の事情は大きく変わってはいないだろう。経験的には確からしく過不足なく十分問題解決には役だってはいても、必ずしも正しいとはいえないことは沢山ある。そこで古来より、次のようにいわれてきたとデューイはいう。

結局のところ経験は、普遍的で必然的な真理を作り出すことはできない。すなわち経験は、世間一般で通用しているもの、つまりは日常的で慣習的なものを越えることができない。真の存在というものは、不変的で恒久的なものとみなされており、その存在の必然性が証明されたもの事なのであるから、経験的な「知識」などというものは、変化するもの、偶然的なものにすぎない。(Dewey, 1935, p. 75)

プラトンやアリストテレスの時代や中世までは、「経験」とはそうしたものであった。「経験」によって知っている知識は、決して確実なものではなく、うつろいやすく個々の具体的な状況に縛られやすい、いわば「その場限り」のものでしかなかった。それは、ちょっとした変化にもだまされやすく、しかも個人的な感覚に根ざしたものに過ぎず、とても信頼に足りるものではなかった。そうした意味で侮蔑的に扱われてきたのである。

では絶対確実で具体的状況から自由な真の知は、どのようにして得られるのか。だまされやすい感覚によることができないとするならば、それは何に依拠して確実性が得られるのか。ここでいわゆる「理性」が持ち出されてくる。本質を見抜く判断力、最終的に知識がその正しさを保証されるところのものは、人にのみ許されている「理性」なのだというのである。これが古典的認識論の基本的前提である。

こういえば、いかにも古くさく面倒な感じがするが、しかし今日の私たちも、こうした絶対的な規準に寄りかかる傾向から逃れてはいないだろう。何かの議論の折りに、しばしば「それは理性の命ずるところによるのだ」と結論づけることは、さほどめずらしいことではない。

b. ジョン・ロックの感覚的経験論

しかしF・ベーコン（1561-1626）等は、それまで理性的な真理とされたものを、人を縛る陳腐なものと考えるようになり、その反対に「経験」を新鮮で個性的なものと考えるようになってきた。そうした気運を受けて、J・ロック（1632-1704）は感覚による観察を通して形成される観念のみが、信頼できるものととらえ、それを「経験」とした。感覚的経験は、外から与えられる強制的なものであるので、逃れられない単純観念を形成する。それに対し「理性」は私たちが作りだしたものに過ぎないので、観察によって照合しない限り疑わしいものであると考えた。

これは実は、教育の可能性を強調することになった。プラトン以来の人間観は、人間に本来的に上下の差があるとするものであった。だが、外から内的な観念も道徳も作られるということは、要するにその外の環境を調節するならば、いかような人間でも形成できるということになる。これを具体的に学校という形で考えたのがコメニウスである。

J・A・コメニウス（1592-1670）は、近代学校の基本的なスタイルを考え出した人である。彼は、今では誰でも当たりまえと思っている、同一年齢・同一学年、同一時期入学・卒業、同一教科書を使い、全員同じ教育目標にそって、計画的に一斉に教授するという、近代学校のマスプロ教育の考え方を打ち出した。こういった一斉教育が可能であるのは、あらゆる知識が外から入ってくる（投入説）という考え方を前提にしているからである。外の世界を目を曇らせずに、つまり感覚を鈍らせずにきちんと観察するならば、誰でもあらゆる知識を完全に身につけることができる、と考えたわけである。

確かにこの考え方は、普遍的な教育可能性を準備したと同時に、その後の自然科学の勃興を用意した。しかしこの考え方は、経験的な観察に密接にかかわっている当の自然科学が、どうして生まれてくるのかを説明できないというイロニーを持っている。なぜなら自然科学は、単に観察からだけ生まれてくるのではないからである。むしろその観察を越えた仮説を立てて、実験をおこない証明をしていくという、一連の高度な思考の結果として生まれてくる。とすれば、感覚主義からは、これと最も密接にかかわっているはずの当の自然科学の営みを説明できないことになるとして、次のようにデューイは批判する。

自然科学には、明らかな一つの特徴がある。感覚主義は、そのことを説明できないし、それを可能にすることもできない。それとは、実験のことである。なぜなら全ての実験は、統制された活動であって、観念とか思考によってコントロールされるものだからである。いわゆる物理学をみてみればわかるとおり、そこには思考によって高度に洗練された、綿密な計画をみることができる。それは、感覚はおろか、どんな観察をもってしても得られるようなものではない。したがって、科学的実験や理論構築における理論とか仮説として働くこうした思考は、感覚のコピーでもなければ、過去の経験なり過去の観察から導き出されるものでもない。それは、直接の感覚や観察からは到底導き出し得ないような、とらわれのない創造力に富む性質をもっているように思われる。（Dewey, 1935, p. 82）

こうしてデューイは、こうした感覚的経験主義を越える思想としての、プラグマティズムにおける「経験」に議論を進める。

c．プラグマティズムの経験論

プラグマティズムにとっての「経験」とは、昔のように過去の知見の集積というのでもなく、ロックのように外部から感覚を通じて一方的に与えられるものでもない。「全ての経験は、生物とその生物が生きている世界のある部分との相互作用の結果」（Dewey, 1934, p. 50）であり、「経験」は二重構造をもっているとされる。

第一次経験は、経験するものと経験されるものとが不可分に結びついたものである。対象に働きかけるとき、その対象からのリアクションを受ける。その時、行為と対象とは不可分である。こうした生物体と外界との相互作用による一つの統一体が、第一次経験あるいは「一重たるづめ経験」と呼ばれる。

第二次経験は、そうした第一次経験を反省的にふり返り分析的に認識されるものをさしていう。それゆえそれは「反省的経験」といわれる。そうした反省的経験は、他のものと連関した意味をもつことによって、第一次経験の意味を豊富にする。こうした意味で、「経験」は「二重たるづめ経験」とも呼ばれる。

直接にさっと触れた場合の対象は、まさにまだ無垢のままであるだろう。すなわちただ硬かったり、色がついていたり、臭いがあったりするだけであるだろう。しかし、二次的経験による対象、すなわち反省によって獲得され精錬された対象が、その無垢のままの対象をとらえるための方法として用いられるならば、その無垢のままの対象の諸特徴は、個々ばらばらであることをやめるだろう。すなわちそれらは、その対象全体とのかかわりの中で意味を与えられるだろう。そしてほかの自然につらなっていき、そのかかわっていると見られる物事がもっている意味を帯びるようになる。（Dewey, 1925, p. 16）

ここで重要なのは、こうした反省的な経験は、それ自体が思考であり実験的なものだということである。「別の言葉で言えば、思考とは自分の行為とその行為の結果との特別な結びつきを発見するために、つまりそれらが連続していることを発見するために、意図的に努力することである」（Dewey, 1916, p. 152）。この特殊な結合を発見することを反省的思考あるいは実験的思考といい、これによって得られるものを反省的経験あるいは実験的経験という。

したがって、「経験」するとは、単になにかを為すことではなく、反省的に実験的に思考することで、個々の対象が全体の中での関連をもつことを発見することに他ならない。それが「経験から学ぶ」ということである。したがって「経験」とは、学ぶことであり反省することであり実験することである。これがデューイのいうところの「経験」である。それは決して単に何かを為すことではない。

(3)「為すことによって学ぶ」の意味

「為すことによって学ぶ」という場合、なにか行動的なことをすれば学ぶことである、と考える誤解が一般にある。学ぶことが為すことによって代用されると考える明らかな間違いである。それが明らかに間違いであることは、前述のことから理解できるだろう。

単に為すだけではなにも産まれない。単に為すのは悪しき経験主義であって、そこに反省も実験もそしてそれゆえに探求がなくては、それはプラグマティズムのいう「経験」ではなく、もちろん「為すことによって学ぶ」ではない。なぜなら「為す」ことは、対象と相互交渉をして、かつその意味を反省的に実験的に発見することでなくてはならないからである。デューイの著作集 *The Middle Works Vol. 7* の Introduction (mw. 7. xxiii) で、編者のR・ロス (Ralph Ross) はこのことを以下のように述べる。

デューイは、これまで誤解されてきた。人々は彼の有名な「為すことによって学ぶ」を思考のかわりに行為を用いることと考えてきた。それに対して彼は、理論と実践の密接な関係のことを考えていて、学習は知る過程であるのだから、たとえ実践であったとしてもそれが知的なものになりうるとすれば、仮説検証のための実験が知識をもたらす実践、すなわち思考実験なのであると考えていた。同様にデューイは、意味の重要性とか抽象的な思考の力を過小評価していると誤解されてきた。しかし意味は、彼の経験の概念と学習の理論の基礎であった。

デューイがのべるのは、反省的に、すなわち実験的に思考することが「経験」することだというものである。為すことが「経験」となるのには条件が必要である。それはくり返しになるが、反省的思考であり実験的思考である。だから「為すこと」だけで終わってしまったのでは、それは「経験」にならず、もちろん学習にはならない。

こうしたことを考えてみれば、ハンズ・オンということの思想的背景としてデューイを担ぎ出すには、注意が必要である。単に触らせる参加させるというだけでは、デューイの真意を曲げることになるからである。それが「経験」となり「為すことによって学ぶ」ことになるには、疑問をもち、どうなるか予想を立てて触り、それからのリアクションを受け、その意味を考えるという一連の実験的思考がなされなくてはならない。ではそれはどうしたら可能かという問題は、デューイにおいてもオープンな問いのままであるように思われる。

学びにおいて「経験」は重要である。しかしその「経験」は、何かを為す・行為するだけでは成立しない。デューイにおいて「経験」とは、実験的に探求することで初めて成立することだからである。デューイにおいて「経験」は「実験的探求」と同義である。学びにおいて重要なのは、社会を反映した実験室としての学校という環境の中で、知を実験的に探求する行為と結びつけることである。そうして初めて、以前の「経験」が再構成されることになる。

こうして私たちは、博物館の中での「経験」すなわちハンズ・オン「経験」を、どのようにすれば子どもたちに達成させることができるのかという、振り出しの問題に立ち返る事になる。タッチ・スルー的にボタンを押して何かが動くような展示では、なんらハンズ・オンにならないという問題を突きつけられる。そうでなくては、「為すことによって学ぶ」が、「学ぶことによって為す」という実践的な知の形成とならないからである。

ただ単に為すことによっては何も学ばれない。しかし何らかの意味での為すことなくしても何も学ばれない。ではそれはどうすればいいのか。それには、それぞれの知の性格を問わなくてはならない。というより知の持ち方を問わなくてはならない。行為知・命題知・道徳知、そしてそれぞれの学問の知、それらの個人の中での知のあり方、そういった問題を問わないでは、ハンズ・オン展示は一歩も歩み出す事はできない。

デューイという巨大な思想家の中心思想をかなり足早に見てきたので、あまりにまだ不十分であるかもしれない。しかしここから得られる教訓はあるだろう。それは、ハンズ・オン展示を単なる手段・方法にしてはいけないということである。「体験」が、真の「経験」になることを目ざした展示でなくてはならない。そうしたことを目ざした方法としてのハンズ・オンでなくてはならないのであって、これだけを、ハンズ・オンだけを手法として一人歩きさせてはならない。

さて、本節では、「モノに触れる学び」について、単に「触れる」だけでは、決して経験にも、もちろん体験にもならないことをみてきた。それは、反省的思考であり実験的思考でなくてはならない。だがしかし、そうした反省的思考なり実験的思考でなくてはならないことを了解したとしても、それでもなお、それがどうして博物館でなくてはならないのかという問題が突きつけられる。もし優秀な教科書があり、そこに十分な反省的な問いや実験的な問いがあれば、なにも博物館である必要もモノに触れる必要もないのではないか。モノに触れることは、やはり非効率であって、記号におきかえて学ぶことが人間の学びとして、人の知のあり方として当然であるし、それで必要かつ十分ではないか、という疑問がだされるだろう。

ここには、厳然とした知識観がある。すなわち知識は何らかの形で抽象化できるし、それを記号の形で所持できるという思想がある。しかし、近年こうした考え方が見直されるようになってきた。すなわち「反表象主義」とか、「構成主義」といわれる知識観である。この知識観は、なぜ博物館でなくてはならないのかということに、有力な根拠を与えてくれると思われる。そこで最後に、私たちの博物館教育の意義をより明確に確認するために、次節でこの問題を考えてみたい。

4　知識はどこにあるのか――反表象主義の知識観と博物館展示

(1)　知識観の新たな動き

一人一人が持っている知識に個人差があることは、誰でもが知っている疑いようのない事実である。個人が持っている知識分野が違うこと、そしてなにより、持っている知識の量に多い少ないがあることは、ありふれたことがらである。だから私たちは、「知識」というものは何か「モノ」のようなものであると信じている。それも、「情報量」とか「bit」という言葉に示されるように、単位化できるもののように感じている。

一方、「Museum」は「Muse（知の女神）」を語源としていることは良く知られている。だからミュージアムは「知の館」である。日本ではこれを「博物館」と訳したわけであるが、「博物」は「広く物事を知っている」ことを意味するので、やはりこれも「知の館」を意味していることになる。

では博物館の来館者は、この「知の館」を訪れて、どのようにしてここから「知識」を持ち帰っていくのだろうか。昨今はどんどん変わってきているが、これまでは「写真を撮ってはいけない」「触ってはいけない」といってきたのだから、来館者はこれまでこの館から知識をどうやって持ち帰っていたのか。警備員の監視の目を盗んで、こっそりと口にほおばったのか、ポケットに忍ばせたのか。知識の団子は、ちゃんと飲み込めたのだろうか。しかしもちろん、監視員にみとがめられても何も怖くはない。だって何も展示物から取り去らなかったのだから。私たちのしたことは、目のレンズをよく拭いて、展示物の像を目から取り入れて、私たちの脳髄にしっかりと焼きつけただけなのだから。

私たちは、「知識をどこに持っているのか？」と尋ねられると、「もちろん、私の頭の中にさ」と答えることにいささかのためらいも感じない。長い間私たちはそうしてきたし、それを微塵も疑ってはこなかった。少しばかりの注意力と興味さえ持ち合わせているならば、誰でも各々の脳みそのどこかに、それなりに知識を蓄えることができる。知識はたしかに団子のようなものではないけれど、脳みその何らかの変化として蓄えられるし、個人差はあるものの、必要ならいつでもその証拠をおみせできる。そう私たちは考えてきた。

しかし近年、こうした知識観が問い直されるようになってきた。知識というものは、個人の頭の中に「持たれて」いたり「蓄えられて」いたりするのではないというのである。知識は、個人の中に持たれていて必要に応じて取り出されるようなものではなく、周りの環境とのかかわりの中でその都度「立ち現れ」「再構築」されるものなのだ、知識を持っているというのは、そうした何某かの状況の中で、それにふさわしい形でその都度「再構築」できる傾向性を持っている状態なのだという。

従来は、知識は頭の中に何らかの形で表現された表象なり記号であり、考えるというのは、それを操作して組み立て直すことであると考えられてきた。そこでは、知識とその再生と、それを使っての思考とは、それぞれに違う行為であった。こういうのを「表象主義」という。今風に言えば、知識とは脳細胞ニューロンから伸びる神経索のつながり、ニューロンネットワークの変化に他ならない。知識の取り出しは、その変化したネットワークに電流が流れ、それにしたがったなんらかのアウトプットを、外部に行動として表すことである。新しいことを考えるとは、ある程度そのネットワークに従いながらも、さらにその神経索を伸ばして、ネットワークを作り直すことだというわけである。

ただしここでいう「表象」という言葉には、注釈が必要だろう。この言葉は、いろいろに用いられるし、極めて難しい概念だからである。ここでいう「表象」とは、頭に浮かぶ映像的イメージとか内言ではなく、その背後でうごめく観念のようなものである。コンピューターのアナロジーでいえば、イメージや内言は、ディスプレーに映し出される映像のようなもと考えられる。だが、ここでいう「表象」というのは、それを生み出すCPU（中央演算処理装置）の中で処理される機械言語のようなものである。脳というCPUが「表象」という記号を処理して思考がおこなわれる。そういった考え方が、「表象主義」である。

しかしこうした考え方は、今さまざまな立場から乗り越えられようとしている。知識というのは、そうした個人の内部に閉じこめられたものではない。知識も思考も、人的・社会的・物的外部環境とのかかわりの中でその都度再構成されるようなもので、そうした意味で個々人の内部に閉じこめられて持たれているようなものではないという。これはいったいどういうことなのか。これまでの私たちの普通の感覚が通用しないのか。

しかしながら、もしかすると博物館関係者は、「いやいやそんなこと、私たちは、ずっと以前から知っていたさ」というかもしれない。博物館は、さまざまなモノを展示して刺激を発信し、この来館者の脳内の変化を直接に生じさせることを業務としてきた。芸術作品や国宝に接することは、それだけで人々に感動を与えることができる。だからそういった考え方は、当然なのだというかもしれない。

はてさてどうなのだろう。知識が個々人の頭の中になく、いわば外にあるというのは、常識では理解できない考え方なのか。はたまた博物館では、それは常識なのか。とすれば、近年大流行のハンズ・オンは、そうした考え方とどのようにかかわるのか。本節では、「知識はどこにあるのか」という古来からのベーシックな問いへの新たな視点を検討することで、知識論の近年のこの傾向から、私たちの博物館教育がどのような示唆をえることができるのかを考えてみたい。

あらかじめ見通しをのべておけば、博物館での学びが単にモノに直接触れることだとか、体験することだとするならば、この新しい知識論はそれの問い直しを迫ることになるだろう。私たちはすでに、そうした考え方に通じる教育プログラムを試みてきている。しかし、まだそのことを意識的にはおこなっていない。そしてまた、そうした考え方をより意識的におこなうための基礎的な研究も、残念ながら全くまだ不十分なままであるだろう。本節では、こういったことの見直しにつながる基礎的な問題を検討しよう。

(2) 知識獲得観の変遷

ここで問題にしようとするのは、哲学の世界で「反表象主義」と呼ばれる、ある理論的な立場にくることができる、近年の知識論の傾向についてである。これは最近では、「社会的構成主義」と呼ばれたり、あるいは「状況論的学習論」と呼ばれたり「アフォーダンス」とも呼ばれたりする。もちろんこれらは同じではないが、総じて一つの大きな流れになっている。しかしこの「反表象主義」というのは、いかにもいかめしく少し以上に耳慣れない言葉である。そこでこの立場の意味を理解するために、これが知識論の中でどんな位置にいるのかを、無理を承知できわめて大雑把に整理してみよう。

私たちは知識をどのようにして身につけるのだろうか。もちろんそんなことは知っている。多くの場合、本を読むことで新たな知識を獲得する。もちろん今であれば、テレビやインターネットも大きな情報源である。そんなことは、言うまでもない当たり前のことだと私たちは考えている。しかしこの考え方は、決して知識獲得の方法の全てを言い当ててはいない。というのもこうした考え方は、人類の歴史の中では比較的新しい考え方だからである。こうした考え方、すなわち、本や何かに記号の形で表現されたデータを外部から自分の内部に取り入れるという考え方は、本が安く手に入るようになった一六・一七世紀あたり以降に成立した考え方である。

それ以前、というより今でももちろんある考え方は、外部から取り入れるというよりも、自分の内部に生み出されるというものである。その代表は、「神秘主義」といわれるものである（荒俣、一九八八）。これは、修行して神や仏の声をきくというやり方で、古くからあるし、今でも案外変わらず普通にそこそこに顔を出す。聖書の言葉をひたすら唱えたり、お経を何万遍となく唱えるというのは、それを覚えるというのではなく、唱えているうちに神や仏の啓示が、自らの中に直接示されることで身につけるという考え方である。

芸人の世界とか徒弟制度の職人の世界での、親方のそばで雑用をする内に、自らの中に知識を発酵させてつかみ取るというのも、こうした考え方の延長である。そういうといかにも昔の考え方のようであるけれど、案外今でも「現場主義」の中に根強く残っている。「教わるもんじゃなく、自分でつかみとるもんだよ」という言い方や、「大学なんかで教えられるもんじゃないよ」などという言い方がされるのは、こうした考え方が依然として根強いことの現れである。

これに対して、いわゆる「本」などで外部から知識を取り入れるという、今では全く当たり前の考え方は、前述したようにかなり新しい。この考え方を強く打ち出したのは、教育学の世界では著名な、本章の第3節(2)でもでてきたコメニウスである。彼はその『大教授学』の中で、当時浸透した印刷技術になぞらえて、教授用図書は活字であり、生徒は印刷用紙であり、教師はインクであるという。コメニウスは、目を曇らせさえしなければ、知識は外から入ってきて子どもの脳髄に焼き付けられるという投入説を主張している。

コメニウスは一七世紀の人物であるが、この考え方も決して古いものではない。現代の学校教育は、基本的にこの考え方に立っているし、私たちの問題である博物館での学びも、実はこの考え方に淵源がある。というのも直接モノに触れて学ぶという直感主義の考え方は、まさにこのコメニウス主義だからである。興味深いのは、『大教授学』が初めて英語に訳されて世に知られるようになったのは、一八五九年のことであるが、この年には博物館に関係するいくつかのことが偶然重なる。この年は子ども博物館の設立に深くかかわりあると思われる、実物教授運動が当時の教育博物館に影響されて始められた年でもあり、かつまた子ども博物館の創立に直接的に影響を与えたと思われる、デューイが誕生した年でもあるという偶然の一致である（詳しくは、第8章を参照されたい）。

それはともかく、こうした考え方は、思考や知識というものを記号なり表象の記憶と操作とみなす、現代のAI・人工知能論がよって立つ「表象主義」の基本とみなされている。そこでコメニウスは、人工知能の元祖と目されている。ここでは、人間の知識は記号の形で頭の外に取り出すことができるし、取り出されたその記号を見れば、また誰かの頭の中にその知識をそのまま実現・再現できるとみなす。それはまた、貨幣のように価値を変えずに外化され単位化できるし、人と人との間で容易に交換できるので、「交換可能主義」ともいわれる。現在、知識の獲得に関して多くの人が思い描くのは、基本的にこの考え方である。これによって知識は、「持つ」のイメージで、単位として量の多寡がいえるものとなる。

しかし近年これに疑問が唱えられるようになってきた。それは、目や耳などの感覚器官を通じて入ってきた知識が、そのまま脳髄に焼き付けられるというのはおかしいのではないかという疑問である。どんな知識でも個々人の先有知識の影響を受けるのだから、そのまま溜め込まれるのではなく、個々人の中で新たに構築され直すのではないかというのがその主張で、これは一般に「構成主義」といわれる。この代表は、ピアジェである。ピアジェは、あらかじめ個々人が持つ知識とあらたに遭遇する外部の知識との間で、同化と調整をおこない知識を構成するという考え方をとる。

少し先を急ぐと、この「構成主義」の個人主義的な傾向に対して、その逆の立場で最近強くなってきたのが「社会構成主義」という主張である。そしてこの「社会構成主義」の主張をさらに強めたものが、ギブソンの「アフォーダンス」という考え方である。また最初にのべた「状況論的学習論」も、これとは少し立場を異にするものの、同様の系列に属する。

この「社会構成主義」は、一般にビゴツキーがその代表にあげられるが、これは広く多くの分野でいわば常識化している現代の考え方である。とりわけ科学理論の世界では、クーンのパラダイム論の形でよく知られるようになった。クーンのパラダイム論は、偉大な科学的発見が単に英雄的科学者一人によって産み出されるのではないことを私たちに教えてくれた。相互に影響しあう科学者集団が、そうした発見の土壌を用意し、その集団内のいわば当然の帰結として、偉大な発見が登場する。そこでいわゆる「同時発見の原理」は、こうしたコンセプトで説明可能となる。

科学的発見が、決して単に個人内においてのみおこなわれるのではなく、少なくても一定の科学者集団という社会の影響下でなされるという事態は、近年さらに強まっている。現代の科学は、ますます巨大化しており、実際に共同でおこなわなくてはならなくなっている。この事態は、単に集団内で互いに影響しあうのではなく、事実上の分業体制でなくては、新たな科学的発見に到達できないところにまで至っている。

このことは、知識論的にみれば、新たな段階に入ったことを意味する。つまり単なる共同ではなく分業であるということは、知識がすでに個人内にとどまっているのではないことの、大きな例証になるからである。個々の科学者が持っている知識は不完全でしかなく、完全な知識は個人ではなく集団全体において分け持たれているわけである。したがって、知識はどこにあるのかと問われれば、自分を指さして「ここに」というわけにはいかず、「私たちの中に」といわざるを得なくなるからである。

「状況論的学習論」は、この「私たちの中に」をさらに「この辺に」と言わざるを得なくなる知識状態について道を開く。すなわち、単に人間集団の分業制という持ち合いの関係性の中に知識を措定することから、物的環境そのものとのかかわり合いの中へと、さらに拡大するからである。しかもその知識は、決まった環境との相互交渉の決まった形式として固定的に存在しているのではなく、その都度ある程度可変的に再構築されるという。そのため、エスノメソドロジカルな研究が必要とされることになるわけである（上野、一九九九）。

「アフォーダンス」論は、ここからさらに、周りの物的環境自体から知識が与えられるという立場をとる。人間の知識は、誰それの脳みその活動の結果としてあるのではなくて、むしろ環境から先験的に与えられるものだというのである。そこではもはや、人の意志すら疑問視される、徹底した唯物的実在論の立場がとられる（佐々木・三嶋、二〇〇一：中島、一九九七）。こうして現代の知識論は、個人の中から飛び出し、集団の中へと踏み入り、さらには環境世界の中へとその位置を移すこととなった。

もちろんこうした変遷は、筆者のいわば強引なまとめ方であることを、改めてことわっておかなくてはならない。その上で改めて図式的にその変遷をまとめてみると、それは次のような順序として表現できるだろう。すなわち「知識」論は、個人内から外の環境とのかかわり合いの中へと、知識を位置づける変遷をたどってきている。なお、知識の基礎づけを個人の内部に求めるか、外部に認めるかで、内在主義と外在主義がわかれる。

外在主義 ←→ 内在主義

個別に脳内に産み出されるという「神秘主義」

← 外部から取り込むことも、取り出して誰かに受け渡すこともできるという「交換可能主義」

← 外部との相互交渉の結果として脳内に個性的に再構成されるという「構成主義」

← 知識はある集団の中で産み出され、その共同構成体として、その成員間に間主観的に構成されるという「社会構成主義」

← その共同構成は、共同体の構成員との交渉からだけではなく、物的環境との交渉からも産み出され、しかもそれは個々の状況の中で、新たに構成され直すとする「状況論的学習論」

人の知識はもっぱら外部環境自体の中に埋め込まれているのであって、人の意志もそこから与えられるとする「アフォーダンス論」

以上、これまでの知識観のこうした変遷をみてくると、少しうんざりするかもしれない。そしてまたこうしたことは、学者の言葉遊びにみえるかもしれない。しかしこうした考え方の変遷というものは、決して理論の世界のことではない。よく誤解されるのだけれど、理論というのは誰か偉い学者が思いつくものではなく、人々の考え方の変化によっていわば用意されるものである。こうした考え方をとるのが、まさに社会構成主義である。

(3) 反表象主義の知識観と博物館教育

筆者は、この第4節の主題に「知識はどこにあるのか」という文言を用いた。しかし考えてみれば、こうした問いの文言自体に、すでに問題が内包されている。というのも、「知識はどこにあるのか」というこの問い方は、すでに知識をいわば実体論的にとらえているからである。この問い自体、知識をどこそこかに「ある」もの、なんらかの形式で存在するものということを前提にしている問いである。知識というものは、どこかにあったりなかったりするような「モノ」なのか、ということこそが問われなくてはならない問いであるはずなのに、あらかじめ「あるもの」として「どこにあるのか」という問いを立てている。そこに問題があった。
この「反表象主義」の立場は、この問い方自体を問い直す。考えるというのは、頭の中でだけでおこなわれるのではないというのである。その知識の存在を内から外に求める過程を歩んできた。⑵でみたように知識の獲得観の変遷は、その知識観は、思考活動そのものを外に認めようとする。しかし、今日の「社会構成主義」や「状況論的学習論」そして「アフォーダンス」の知識観は、思考活動そのものを外に認めようとする。それまでの知識観は、神秘主義や交換可能主義そして構成主義においても、知識の源泉については内・外の違いはあっても、思考活動は基本的に内でおこなわれるものとの立場に立っていた。しかし、この「反表象主義」となると、それすらも外ないしは外の関係性の中に認めようとする。

思考活動は、頭の中に産み出されるなんらかの表象（記号・representation）を操作することによっておこなわれる、と考えるのが従来からの「表象主義」と呼ばれるものである。少し古くは、というより今でも多くの人は、計算機のアナロジーで思考を考えているだろう。これを「古典的計算主義」というが、頭の中にそうした計算回路があって、記憶の回路から呼び出されたデータが、その回路で操作されて思考がおこなわれると考えている人が、今でも大半かもしれない。

最近では大脳の話が一般にも興味がもたれるようになって、ニューロンとかニューラルネットワークとかシナプスなどという言葉も一般化された。おかげで、記憶や思考も、そうした脳神経回路の構築でおこなわれるとするイメージも定着するようになった。そのため記憶や思考も、そうした回路上に後天的に作られる「重み付け」といわれる形での何らかの布置のなかでおこなわれることであって、明確な計算回路やハードディスクが最初から備わっているのではないという「コネクショニズム」という考え方もいわれるようになった。

しかしこれらはどちらにしても、基本的にそうした記憶なり計算なりが、個々人の頭の中でおこなわれるとする点では共通している。「反表象主義」は、そうしたいわば個人の内部に閉じこめられた思考に疑問を呈する。確かにこれは、一見すると奇妙な感じがする。しかし素直にそうした場合の行為を振り返ってみると、たとえば計算をすると場面を実際に見てみると、この疑問は案外にうなずける。たとえば3桁の数同士をかけ算するということを考えてみると、このことが具体的にイメージできる。

こういった計算をするときに、頭の中でやっていることは何かといえば、それはものすごく単純な4×7

357
×244

（し・しち・にじゅうはち）と唱えているくらいのものである。計算そのものは紙の上でなされているのであって、コンピューターCPUのように、頭の中の計算回路で計算しているわけではないことがわかる（信原、二〇〇〇）。

私たちが頭の中でやっていることは、案外にこうした簡単なことに過ぎないのかもしれない。出される結果がとうてい他の動物ではまねできないようなことなので、いかにも頭の中で複雑で高度な処理をしているように錯覚しているだけで、実際のところは案外単純なことの積み重ねをしているのかもしれない。もちろんだからといって人間が他の動物と比べて劣っているというのではない。人間の特性は、まさにこうして思考を外部に移しておこなえるところにあることはいうまでもない。

こういうと、こうした計算を頭の中に像としてイメージしてやることもあるし、ソロバンの盤面を描いておこなうこともあるのだから、その場合はやはり頭の中で計算しているのではないかという疑問が出されるかもしれない。しかしそうした場合であっても、事態は同じである。というのもその場合であっても、頭の中に先天的にコンピューターのＩＣチップのような計算回路があって、その回路を働かせて計算を処理しているわけではないからである。

ともかくこうした例にみられるように、私たちの思考が、外の世界との連係プレイでおこなわれているのだということであれば、これはまさに博物館教育の考え方ではないかということになるのだろうか。こうして、もし反表象主義の考え方の方が私たちの実際の知識の構築に近いとすれば、「モノに触れて学ぶ」という博物館での学びこそが、より望ましい方向であるという確信を私たちに与えてくれることになるのか。

確かに一つの確信を私たち与えてくれるといえるかもしれない。しかし同時に忘れてはならないことがある。それは、社会構成主義であろうと状況論的学習論であろうと、はたまたアフォーダンスであろうとも、それが知識論の基礎的な考え方の主義である限り、これらがこれだけで独自に何を教材として取り上げるべきであるかの問題にも、かつまたどのような方法で学ぶべきかの方策に対しても、決して具体的に指示するものではないという厳しい現実があるということである。

実際のモノとの相互交渉によることなくしては、知識は構築されないのだということがいえるとしても、ではそれは具体的にどうすることなのか。ただ実際に手を触れれば良いなどとは誰も思わないだろう。前節で検討したように、「体験が必要だ」といっても、それだけを言っているのでは、なにも言っていることにならない。それはひどい場合には、それ以上の思考停止を促しかねない。それでは、悪しき経験主義、はい回る経験主義の再来となってしまう。

もちろんこうした知識論は、だから全く意味がないのではない。ではそれは、どのような意味をもちうるのか。それは、こうした「知識論」は、私たちが具体的な問題を考案するための研究を進める方向性を示してくるだろうということである。しかしそれは同時に「示す」にとどまる。それを実現できるかどうかは、あくまで開かれた未知の世界のままである。

これまで「知識」は、多くは文字記号の形で表現可能な、そこにあったりなかったりするものであった。こうした考え方を、「博物館の神話」と表現した人がいた（Quine, 1969）。博物館では、モノが並べられ、それに銘板が付けられている。知識とは、博物館のように頭の中にあって、それに名前がついているようなものではない、というのである。そういう知識観に立つ限りでは、博物館よりも学校の方が、学びとしてふさわしいだろう。博物館でわざわざ、個人の探求などという非効率的な学びを実践する必要もない。しかしこの新しい知識観に立とうとすれば、改めて展示しようとする知識のあり方が問われなくてはならないことになる。

ある展示内容にかかわる知識は、人やモノそしておそらくは歴史をも含めたかかわりの中で、どのように組み立てられているのかを問わないではいられないだろう。ある科学的知識は、どのような科学者の営みから産み出されてきたのか。ある歴史的なモノは、その当時どのような行為を人々にさせていたのか。そもそも美術作品に「知識」はあるのだろうか。圧倒的な力をもった作品の「知識」とはなんなのだろうか。

筆者は、あらためて問わないではいられない。「知識とはなんなのか」と。もちろん哲学的に知識の概念を問おうというのではない。もう一段下に降りて、私たちにとって、個々それぞれのより具体的な知識とはどういうものなのかを問わなくてはならない。安山岩についての知識とは何か。田中正造についての知識とはなにか。黒田清輝の「裸婦習作」についての知識とはなにか。どうすることが、知識といえるのか。

このように考えていくと、筆者には何もわかってはいないのではないかという思いにとらわれる。知識を従来のように記号化して学習者の前に陳列するだけでは、その知のあり方にふさわしく学ばせたことにはならないとすれば、私たちは、改めてどのような知識をどのような状況でどのように学ぶのが、最もその知を学ぶのにふさわしいことであるのか、といった当たり前の、しかしこれまであまり問われなかった問題を考えていかなくてはならない。こうして私たちは、再び振り出しにもどることになる。博物館教育への道は未知のままで、今ここから始まるのである。

〈引用・参考文献〉

荒俣宏（一九八八）「薔薇十字と英知の交換可能主義」甘利俊一他『哲学 vol.Ⅱ―四「AIの哲学：回路・汎智学・脳梁」（四）、六三－六九頁　哲学書房

東浩紀（二〇〇二）『郵便的不安たち#』朝日文庫

Dewey, J. (1915). Schools of To-morrow. *The Middle Works of John Dewey 1899–1924*, Volume 7.

Dewey, J. (1916). Democracy and Education. *The Middle Works of John Dewey 1899–1924*, Volume 9.

Dewey, J. (1925). Experience and nature. *The Later Works of John Dewey 1925–1953*, Volume 1.

Dewey, J. (1934). Art as Experience. *The Later Works of John Dewey 1925–1953*, Volume 10.

Dewey, J. (1935). An Empirical Survey of Empiricisms. *The Later Works of John Dewey 1925–1953*, Volume 11.

ギブソン・J・J（1985）『生態学的視覚論：ヒトの知覚世界を探る』古崎敬他共訳　サイエンス社

岩井克人（二〇〇三）『会社はこれからどうなるのか』平凡社

河川情報センター（一九九八・九）『博物館の教育的利用に関する調査報告』

国立民族学博物館・民族学研究開発センター（二〇〇〇）『民博学習キット（仮称）と総合学習における国立民族学博物館の活用の可能性について』

コメニウス（一九六二）『大教授学一・二（世界教育学選集二五）』鈴木秀勇訳　明治図書
クーン・トーマス（一九七一）『科学革命の構造』中山茂訳　みすず書房
中島英司（一九九七）「生態学的アプローチと現代唯物論の知覚論―ギブソンの視覚理論の評価を中心に―」梅林誠爾・河野勝彦編『心と認識―実在論的パースペクティブ―』昭和堂　第一章、一‐四七頁
信原幸弘（二〇〇〇）『考える脳・考えない脳―心と知識の哲学―』（講談社現代新書1525）講談社
大阪教育振興公社（一九九七）『子どものための博物館　キッズプラザ大阪』小学館
大塚英志（二〇〇一）『定本 物語消費論』角川文庫
上野直樹（一九九九）『仕事の中での学習―状況論的アプローチ―』東京大学出版会
Quine, W. V. (1969). *Onological Relativity & other Essays*, NY: New York. Columbia University Press.
佐々木正人・三嶋博之編訳（二〇〇一）『アフォーダンスの構想―知覚研究の生態心理学的デザイン―』東京大学出版会
樽創・田口公則・大島光春（他）（二〇〇一・三）「博物館と学校の連携の限界と展望―中間機関設置モデルの提示―」博物館学雑誌二六（二）、一‐一〇
寺島洋子（二〇〇一・五）「学校とミュージアムの連携による教育プログラム」『博物館研究』三六（五）、三〇‐三五頁

第Ⅱ部　博物館展示認識論

第4章

モノからコトへの展示と参加の論理
――廣松渉の「モノ・コト論」とレイブ&ウエンガーの「正統的周辺参加論」から

1　本書の基本テーゼ

博物館は、モノではなくコトを展示して、それがつくる協働体への参加を誘う機関である。これが本書の全体を貫く中心的コンセプトである。そこでこの第4章では、このコンセプトを理解していただくために、博物館の展示物が来館者に直接語りかけるという、基本的な考え方と、その展示物に触れて学ぶという概念を問い直したい。これはいうまでもなく、棚橋の『眼に訴へる教育機関』(一九三〇)以来の博物館教育の基本テーゼの問い直しである。いわば博物館の博物館たるゆえんの根本である。

しかしながら、この章の目的は、棚橋の思想を否定することではない。「眼に訴へる」という思想は、博物館の教育の根本原理である。このことは、次の第5章において「せまる」展示の問題として確認される。

とはいえ、博物館の展示物が、自ら直接なにかを来館者に語りかけ、その語りが来館者個人の脳髄に知識を溜め込んでいくというのは、アニミズム的な意味でのことではない。それはあくまで象徴的な意味でのことである。とすれば、それはどういう意味なのか。本書第Ⅱ部の最初のこの章では、これまであまりに当然視されてきた、このテーゼに挑戦してみたい。「いやそれは、モノではなくコトの話なのだ。溜め込むのではない、かかわらせるのだ」と。だがもちろんこれは、モノなどなくても構わないとか、モノに意味はないということではない。すなわち博物館の展示物が訴えているのは、「モノ」それ自体ではなく、モノがその意味をまとって立ち現れる「コト」なのだということである。これは、この章のみならず、本書全体の基本テーゼである。

博物館では、様々なモノを展示している。そしてその展示には、それぞれそのモノの名前や説明が付されている。他にも、少し詳しい説明パネルやシートが用意されていることも多い。来館者は、そのモノを観察し、説明を読み、その展示物がどういうモノであるのかを理解する。動物園や美術館も含めた博物館とは、具体的なモノを通じて様々な知識を提供するところである、と私たちは了解してきた。それがまた、記号を中心におこなわれる学校学習との違いであるとも了解してきた。

しかし、モノを展示して知識を提供しているだけでは、記号を中心とした学校学習と、さほどの違いもない。というのも、共に記号を中心に知識を提供していることには、ほとんど変わりがないからである。学校学習が批判されるのは、知識が生きて働いている状況から切り離されていることによる。状況から切り離されて、主に文字という記号に移し替えられて学ばれるために、「文部省唱歌、校門を出ず《イ》」のような知識になってしまうといわれてきた。だが、記号化されるという意味では、博物館も同じである。

展示されているモノは、確かに文字記号ではない。しかし縄文式土器とか鹿の剥製とかは、すでにそれが働いていた、生きていた状況から離されている。確かに動物園の動物は生きている。美術館の絵画などの作品は、それそのものであるように見える。だが動物園の動物は、それが生きている環境から切り離されている。美術館の絵画も、そこに集められた時点で、その場独特のものに変えられている。有名な作品であればあるほど、展覧会場では記号化されていることも少なくない。「印象派の代表」といった具合に。そうした意味では、それは実物であっても、それ自体が記号化されている。そうであるならば、その知識は博物館の「バリヤー（入退出ゲート）を出《イ》ず」になってしまっているのではないか。

ではどのように考えるべきなのか。知識を学校の「校門」と博物館の「バリヤー」をでるものにするためには、どのようにすべきなのか。筆者は、この課題に応えるために、「知識のコト化」のコンセプトに立った展示開発を試みるべきであると提案したい。筆者は、この提案を廣松渉の「モノ・コト論」とレイブとウエンガーの「状況化された学習論」に立っておこないたい。

私たちの意識に立ち現れてくるもろもろの世界が、モノによって構成されているのではなく、コトによっていることを廣松は教えてくれる。確かにそこになにがしかのモノはあるのだが、私たちがそれをコトとして認識するのだという。たとえば、鉛筆というモノが確かに筆者の目の前にある。しかしそれは、何かのモノではなく、鉛筆と呼ばれ、何かを紙に書くコトの問題として私たちの前に立ち現れる。そうでなければそれは、ただの木片ですらないだろう。そして廣松は、何かがわかるとは、モノとしてわかるのではなく、コトとしてわかることだと主張する。コトとしての知識がモノととらえられることで、状況から切り離され個々にそれ自体として存立するという物象化がおこる。このコトのモノ化・物象化が、知識は個々に離存する記号の形で個人の内部に貯め込めるという比喩、すなわち知識を「持つ」という観念をひきおこす。

レイブとウエンガーの状況化された学習論は、学ぶということが個人内に閉じこめられた行為ではないことを教えてくれる。それはある種の実践協働体に参加することである。知識は、廣松と同様にそれぞれ独立して存立するモノ的なものではなく、なんらかの実践につながっているコトの問題であるとみなされている。知るとは、そうした実践になんらかの形で参加することにほかならない。これが状況化された学習論の考え方である。それは、学習を外界の知識を取り入れる、個人の内的過程としてきたことへのアンチテーゼである。学習を個人の内的心理過程とすることから転換して、協働体における役割の深化に置き直す。

レイブとウエンガーの状況化された学習論は、廣松の論と、いわばコインの表裏である。レイブ等は、知識が働いている場に参加することが「学ぶ」ことであるとする。場から学ぶのではない。場に参加すること、それ自体が学ぶことだとする。私たちは、近代教育が普及する中で、学ぶという行為がそれ自体として存立していると信じ込んできた。だがそれは、廣松的にいえば、学ぶという行為を物象化していることになる。そこで実際に起こっている「学ぶ」とは、ある状況にふさわしくかかわることの別名であると考えられる。知識を実体的にではなく、機能的なコトの問題ととらえる廣松の思想は、学びを参加ととらえるレイブ等の学習観と同じく、共にかかわりの問題と考えるコインの表裏である。本書は、廣松とレイブ等の知識論・学習論を手がかりにして、このような視点で博物館の展示と教育に対して新たな提案をしようとするものである。

そこで本書第Ⅱ部の最初のこの章では、今のべたコインの表裏である全体を貫く二つの基本の論理を議論したい。その一つは、知識をなにかあるモノとするのではなく、コトの問題としてとらえる考え方である。

そしてもう一つは、学習を心理主義的に個人の内的な過程としてとらえるのではなく、協働体への参加のプロセスそのものととらえる考え方である。これらの議論は、本書を通じて幾度となくでてくる。しかし第Ⅰ部で議論された構成主義は、むしろこれに近いと思われるかもしれない。知識をコトの問題としてとらえることは、その都度その場でコトを再構成することだからである。

だが注意深い読者ならば、それと構成主義とは異なるものであることに気づくだろう。展示を自由に解釈してよいという彼らの主張は、かえってモノとしての知識を個人主義的に摂取するのが学習なのだととらえているのである。なぜなら自由に解釈できるというのは、その展示物をそれ自体として周りから切り離しているからである。

しかし博物館の展示物は、そこに置かれた時点で、一定の文化的装いをまとっている。動物園の動物も、美術館の作品も、すべて私たちの文化・社会とのかかわりの中にある。もちろん知識は、その時点その時点で再構成されるものである。だがそれは、どのようにも再構成してもよいのではない。そのモノは、文化的装いをまとったメディアとしてそこにある。だからといって、解釈の自由が全くないとか、メディアとしてのモノの解釈は決まっているのだというのではない。程度はどうであれ、私たちの解釈は、言語を使っておこなわれる限りにおいて、すでに社会化されている。私たちの自由は、だからこそ保障されるのであって、無限定な自由は逆に私たちを不自由にする。筆者ののべたいのは、この問題である。

さて、それはともかく、まずは廣松による議論をたどってみよう。博物館の展示は、モノとしての知識を具現化して提供しているのではなく、コトとしての私たちのかかわりを誘っているのである。本章は、廣松とレイブ等の知識論・学習論を手がかりにして、このような視点で博物館展示の新たな提案をしようとするものである。

2　コトとしての知識

私たちは、普段、知識というものの性格を考えることなく、何某かの知識が「ある」と思っている。それも、何かの知識は、それ自体としてある、自存していると暗黙のうちに了解している。それは、文脈から切り離されて、それぞれが、いわばそれ自体としてディスクリートに自存している。だから知っているとは、そうした個々バラバラに存在する知識を、頭の中に貯め込むことだと思っている。そこで、知識をたくさん貯め込むことは、少ないよりもよいことだとされる。たとえば、「鎌倉幕府は、一一九二年に始まった」という知識は、これ自体として意味をもって存在していると考えている。

だがしかし、少し反省的にとらえると、命題がそれ自体の意味を他とはかかわりをもたずに、独自にもっているとはそのまま首肯できない。命題は、ある場合には全く違った意味をもつことがあるからである。つまり場面によって全く異なった働きをしてしまうことがある。たとえば、以前やっていたスバル自動車の宣伝は、その典型を示している（図4-1）。初代のスバル・ミニと新しいスバル・ミニR1とが次のように画面で対話する。

図 4-1　スバル・ミニ CM

《スバル・ミニR1　CM（二〇〇四・一二）》
新スバル・ミニR1「へー、先輩は、一九五八年生まれなんだあ」
初代スバル・ミニ「いろいろあったなー、一九五八年と言えば…」
新スバル・ミニR1「カマクラ・バクフ」
初代スバル・ミニ「て、バクフなの、なんなのよ俺は。馬なのかよー」

この対話では、年号が合い言葉のようになっている。それは、何年でもよい。一一九二年でも一六五六年でも、一九五八年でも、ともかく四桁の年号であれば、それはすべて「カマクラ・バクフ」という反応を引き出す符号となる。こうした場合、だれもこの人（この場合は新スバル・ミニR1）が、鎌倉幕府の始まりの年号を知っていることをここで表明しているとはいわないだろう。だが逆にいえば、知識の正統な働きがここに出ているともいえるのではないだろうか。ここに示されているのは、ある一つの知識は、その文脈によって全く違った意味を担ってしまうという事態である。

廣松は、私たちが感覚的な経験知も、判断文で示される命題知も、個々バラバラにされ、それ自体として存在するという意味で、知識が物象化・「モノ」化しているという。知識はそうしたように個々バラバラにディスクリートされているのではなく、ある場・状況における関係的な「コト」の問題としてあり、それが第一義的であるにもかかわらず、いつの間にか「モノ」の方が第一義的になってしまうという。廣松はいう。

日常的意識の如実相《にょじつそう》においては、直截的《ちょくさいてき》な与件は〝事物〟ではなくして、却《かえ》って〝事態〟である。(括弧内省略)。(コレハ)雪ダ!(コノ雪ハ)白イ! ひいては、雪ハ白イということ、さらには、コレハ二等辺三角形デアルこと、内角ノ和ガ二直角デアルこと、このような事態(括弧内省略)こそが直截な与件である。「事態」の認識は判断的措定《そてい》に俟《ま》つとしても、対象的に現前する事態こそが日常的意識場面における原的な対象的与件である。/この提題に対しては、早速に異論が予想される。論者たちは、〝事物〟がまず存在するからこそ〝事態〟も存立しうるのだと主張する。事物が第一義的に存在するのでなければ、〝事態〟は宙に浮いてしまうというわけである。(傍点原著、廣松、一九七九、一九六-七頁)

※廣松の論述に用いられる用語や漢字は、極めて古めかしく難解である。これは、論理を厳密にするために、彼があえておこなっている作法である。しかしその論理は明晰なので、少し我慢して読んでもらいたい。なお以下の廣松の引用では、読者の理解を考え、廣松自身がおこなっているルビの他に筆者によるルビもそえることとする。

私たちは、「〝事物〟がまず存在するからこそ〝事態〟も存立しうるのだと」確かに思っている。「車」というモノがあるから、「車が走るコト」という事象がうまれる。なにもそれは感覚的な物体に限らない。森羅万象、私たちの想念が作り出した、地獄や天国、神や妖精にいたるまで、少なくてもおよそ名詞化できる場合は、モノとして私たちは取り扱う。それは「鎌倉幕府」でも同じである。「鎌倉幕府」は、ある意味感覚的・映像的なもの(武士や頼朝などの像)を伴いながら想念されるモノとしてとらえられる。と、このように思っている。…だがそれは、本当だろうか。

ところで、あることが正しく認識されるとは、どのような事態なのか。例えば、犬が狼ではなくイヌとしてとらえられるのは、どうしてなのか。このように問えば、人は誰でも、それはあれこれの犬を観て、その特徴を抽象して「イヌ」一般を取り出し、それを新たな犬に適用して云々と答えるのではないだろうか。しかし全ての犬を観ていないのに、なぜイヌ一般なるものが抽象化できるのか。それに対してこれまでしばしば唱えられてきたのが、いわゆる本質直観説である。私たちの経験によらないア・プリオリ（先験的）なイヌという本質が犬の中にあって、私たちの中にはそれを直観する力があるので、犬とそうでないものとを区別できるようになるという構成である。

だがしかし、実際上それは不可能なのではないだろうか。つまり実際に動物園に出かけて狼をみても、それはたいして犬とは違わない。写真で見るあの精悍な顔つき目つきの狼は、動物写真家の努力と技術のたまものであって、その辺を徘徊していても恐らくは見分けがつかない。もし首輪をつけてリードにつながれたならば、誰も狼とは思わないだろう。となれば、私たちの経験によらない「イヌ」という本質などはないことになる。第一、もしも「本質」というものが犬にあり、わたしたちはその「イヌの本質」なるものを「直観」によって見抜くことができるとするならば、どんな学習も不要になってしまうという都合の悪いことに追い込まれる。なぜならそうしたア・プリオリな本質は、私たちの学習経験に依存しないからである。では、私たちはどのようにして犬と狼とを見分けるのか。

現実的にいえば、わたしたちにそれを見分けることは難しい。イヌとオオカミは、種としてはほとんど違いがなく、イヌは、せいぜいオオカミの亜種だと考えられているからである。オオカミが人間に飼いならされて、現在のイエイヌになったというわけである。見えからだけでは、私たちが区別つかないのも当然で

図 4-2　どちらがオオカミ？

ある（図4-2）。

では私たちは、なぜ区別できると思っているのか。それは、そのように区別することを、どこかで学んでいるからに違いない。私たちは、町の中にリードで人とつながって歩いている四つ脚の動物を「イヌ」と呼ぶコトを学んでいるのであって、自らが抽象作業をしてそう認識判断しているのではない。私たちは、人に教えられ、ある与件をすでに、そのあるモノとして認識する。問われればあたかも自分がそう認識したかのように答える。だが多くの場合の実際は、「我思うに」ではなく、「我々思うに」である。そこには、共同主観的な認識構成がある。

犬が私たちの前に現れるとき、それはすでに私たちの文化の中で「イヌ」として立ち現れるのであって、そうした文化的装いをまとわない純粋にこれから抽象の対象となるべき与件「犬」として現れるのではない。廣松が「このような事態（括弧内省略）こそが直截な与件である。『事態』の認識は判断的措定に俟つとしても、対象的に現前する事態こそが日常的意識場面における原的な対象的与件である」とのべるのは、こうした事態である。

しかし私たちは、「犬」一般というモノがあると思っている。なにがしか変わらないモノがあると考えている。あどけなく可愛い（？）幼児であった私が、年をとりどんなにその容貌を変えても、「小笠原」という個人の存在はそのままでありつづける、自己同一的な或るモノがあると考えがちである。しかし廣松はいう。

しかし、それが果たして一連の述定を通じて、それ自身としては同一の或るもの、と言われうるであろうか？　われわれは日常、実体的に自己同一的な或るものを想定し、それがしかじかの視角（関係）においては牛であり、しかじかの視角（関係）においては家畜であり、……etc. etc. という仕方で処理することに狎《な》れている。そこでは、「関係」や〝属性〟は外的で偶有的なものとして処理され、もっぱら実体なるものが重視される。（傍点原著、廣松、一九七九、三六頁）

ここで重要なのは、「しかじかの視角（関係）において」という文言である。この意味は、あるモノ（実体）は、必ず一定の私たちの視角、あるいは私たちとの関係において問題にされるということである。その目の前の動物が、牛であり、家畜でありという事態は、私たちとの関係においてあるのであって、そうした関係を抜きにして、それ自体として牛であったり家畜であったりするのではない。それ(牛といわれる物体)は、最初から牛であるコト、家畜であるコト、生物であるコト「として」私たちの目の前に立ち現れる。それは決して、これから属性によって仕分けられるモノとして眼前に現れるのではない。そこで廣松は、次のように結論づける。

第一次的に存在する「関係」態が〝つかみ〟において現前化するのはまずは「こと」としてである。というよりもむしろ、「こと」というのは、第一次的存在性における「関係」の現相的な即自対自態An-und-für-sich-Seinなのであり、この「こと」の契機が被述定的な提示態として対他的に自存化されることにおいていわゆる「もの」が形象化gestaltenされ、ひいては〝実体〟がhypostasierenされるのである。(廣松、一九七九、三九頁)

※訳注 hypostasierenは、ドイツ語では実体化するという意味であるが、ここでは「現前化する」といった意味であろう。

さてこのようにみてくると、私たちはあることに気づかされる。それは最初の例、「鎌倉幕府の開幕」の知識に戻ると、この場合の知識とは何かという問題である。私たちが、「イイクニ・ツクロウ・カマクラバクフ」と唱えて暗記したあの知識は、どういう「関係」の相においてであるのか。おそらくそれは、「問われたらそのように升目を埋めるコト」、「一一九二に◯をするコト」、「そのように唱えるコト」としての関係の相においてである。だからこそ、最初にあげた「スバル・ミニR1」のCMのような事態が生まれるのではないだろうか。あそこでは、四つの数字による年号「一九五八年と言えば」＝「カマクラ・バクフ」と唱えるコトの関係の相を逆手にとっていたのである。

実際、私たちが知っているところの知識は、こうした関係性を全て引きずっている。多くの場合の知識は、常識とか教養と呼ばれる関係性の中でのものである。オオカミがイヌではないこと、パリがフランスの首都であること、紫式部がアメリカ人ではないこと、などなどは、それが他者から問われたときに、相づちを求められたときに、恥ずかしい思いをしないための、常識人であること、教養人であること、大学入学資格をもっていることとの表明、他者との関係性の中での表明としてである。

もちろんだからこそ私たちは、その知識へのふさわしいかかわり方を模索してきた。鎌倉時代を理解することはどういう視角・関係をもつことなのか、それを問うてきた。しかしそれにもかかわらず実際のところは、「イイクニ・ツクロウ・カマクラバクフ」が一人歩きしてしまい、これ自体が実体化・自存化してしまったことも事実である。そこでは、鎌倉時代の始まりには諸説があることや、年号はとりあえずの指標に過ぎないことや、ましてや現代の自分につながる大きな転換点であるという関係性も、いつしか問われることもなくなってしまった。

もちろん全ての知識において、「相づち」以上の関係性を構築することは無理である。そしてそれは、実際的でもなければ、その必要もない。しばしばこうした「相づち」としてのかかわりをもつだけの知識は批判の対象とされる。だが実際上、日本の受験制度・テストの形式が、暗記に基づくこうした単純表出を求めているのだから、こうした知の持ち方は、一つの「ふさわしいかかわり方」であるといえるかもしれない。とはいえ、知識というモノが自存するのではなく、関係性のコトの事態相にあることを理解することの意味は小さくない。私たちの教育が、どういうかかわりを作り出していたのかを反省させるからである。それはもちろん、現状の学校学習への単純な批判ではない。

そしてそれとともに、もう一つの重要なことがある。それは、知識を持つということが、実体的なモノを貯め込むことではなく、かかわりの構築であるとすれば、「学習」概念のとらえ方にも大きくその変更をせまられることである。このことをより鮮明に示してくれるのが、次に問うレイブとウエンガーの「状況化された学習」論である。

3　状況への参加としての学習

J・レイブとE・ウエンガー（Lave, Jean. & Wenger, Etienne）は、一九九一年に*Situated learning: Legitimate peripheral participation*『状況に埋め込まれた学習―正統的周辺参加』（注1）という本を出して、学習概念の大きな転回を提唱した。レイブ等のこの研究は、徒弟制の中での学習の観察から生み出されたものである。しかしこのレイブ等の研究は、徒弟制という特殊な場面での知識とその学習の話に限定されるものではない。徒弟制を研究対象としたのは、彼女らの考える新たな知識と学習の概念が見えやすいからである。では、それはどのような学習観か。レイブ等は、次のようにのべる（以下の引用は、すべて右の同書からであるので、ページ数のみの表記とする）。

伝統的な見方での学習は、知識を学習者の中に内化させる過程であるとしてきた。たとえそれが、いわゆる「発見」であろうと、他者から「伝えられたもの」であろうと、あるいはまた他者との「インタラクションによって経験されたもの」であろうとも、ともかくも内化の過程であるとみてきたのである。しかしこうした見方、学習を内化とする見方は、学習者と、世界と、これらの関係の本質についての探求を全くなおざりにするばかりではない。それは、こうした見方がよくいきわたっていることを示している。すなわちこの「内化」という見方は、内側と外側という明瞭な二分法の上に成り立っている。知識というものは、脳内の問題であり、それゆえ個人を分析の単位とすることに疑問の余地はないという考え方を当然視するのである。しかもそればかりではなく、こうした内化の見方は、いとも簡単に、与えられたものの吸収、すなわち学習を伝達と同化の問題とみなすことに何の疑問もはさまないのである。(p. 47)

学習を内化とみるのとは対照的に、実践の協働体への漸進的参加とみることは、世界の中で生きる人間全体を問うことである。参加という観点から学習を理解すると、これが進化し、関係を連続的に組み直す様態に目をむけることになる。もちろんこれは、一人一人の人間と、彼らの行為と世界とが関係しあっているという、社会的実践理論の典型と一致するものである。(p. 49-50)

要するに社会的実践の理論は、行為者と世界とが、そして活動、意味、認識、学習、あるいは知ることとが、相互依存的に関係しあっていることを強調する。〔中略〕この見方はまた、学ぶことや考えること、そして知ることが、活動する人々の関係性の中にあることを主張する。その活動は、社会的に文化的に構造化された世界の中にあり、かつその世界と共にあり、かつまたその世界から立ち現れてくる。(p. 50-51)

ここでのべられているようにレイブ等は、学習を個人の内部において生起するものとは考えていない。個人内部での変容などないというのではない。それは、学習という概念の問題である。学習という概念を、これまでのように個人的変容の問題ととらえずに、社会の中での相互関係性の問題としてとらえようとする。相互依存的に関係しあっている場・状況の中に参加すること、それ自体を学習とみなす。知識は、その場にあるというよりも、その場・状況と学習者がかかわることで、その都度再構成される。したがって、その場・状況に入り、その一部となることが学ぶということになる。このことには、知識に対する大きな変更もかかわってくる。レイブ等は、こうのべる。

まず第一にいうべきなのは、いわゆるいうところの普遍的な知識というものであっても、特定の場面でのみその効力をもつということである。普遍性は、しばしば脱文脈化された抽象的な記号によって表現される。しかし抽象的な記号は、実践的な状況において具体化されない限り意味をもたない。〔中略〕こうした意味で、あらゆる『抽象の力』は、人々の生活の中に、そしてそれを可能にする文化の中で完全に状況化されている。(p. 33-34)

このことは、極めて重要な意味をもつ。というのも私たちはこれまで、知識というのは状況に依存しない普遍的な意味をもつものだと、信じて疑ってこなかったからである。だからこそ、学校や博物館での学習が意味をもつことになる。そうでないとしたら、知識を表現する媒体（文字や映像や実物）が一般的・普遍的な意味をもたないとしたら、記号を使って学ぶことなど不可能である。学校の教科書はいうにおよばず、本章の最初にのべたように、たとえ実物を展示する博物館でも、それらが記号であることには変わりがない。だからこの問題は、学校はもちろんのこと博物館でも、その存立の意義にかかわる重大な問題となる。

だがそれは、確かに考え直さなくてはならないかもしれない。私たちが信じている一般知、あるいは普遍的な知識には、確かにそれに使われる記号がもつ辞書的意味がある。だが実際の場面では、必ずしもその記号の一般的・普遍的な意味が実現されるとは限らない。というよりむしろ、その知識の正当な意味が実現される方が珍しいかもしれない。本章の第2節の最初にあげた、スバル・ミニR1のCMがそのことを雄弁に語っている。

だとすれば、これはかなり由々しき問題である。学校にしろ博物館にしろ、だれにでも共通する普遍的な意味をもつ知識を伝えてはいないのだとすれば、それは深刻な問題であるに違いないからである。ではこの問題をどう考えるべきなのか。この問題は、本書全体を通じて議論していく問題になるはずである。第Ⅰ部で展開された構成主義批判、そして第Ⅲ部で展開される、これからの博物館の姿への問い、そのすべてにおいてこの問題は問われる。

しかしレイブ等のこうした学習論に対するこれまでの一部のとらえ方には、三つの誤解がある。一つは、知がそうした状況に埋め込まれているので、そこに参加することで学習者が知識を獲得するという誤解である。そしてもう一つは、実践協働体を極めて狭く解釈してしまい、それを学級における教師と生徒とのかかわり合いに矮小化してしまう誤解である。博物館的には、展示物と一人ないしせいぜい数人の協働体になる。さらに第三の誤解は、状況学習論は、学校的な学習へのアンチテーゼであるという誤解である。

しかしそれは、これまで私たちが当然のごとくに前提にしてきた個人内的変化としての学習観の大きな転換であり、そうした思想的な概念問題である。したがって、埋め込まれた知識を掘り出してくるのでも、単に学級内でのコミュニケーションだけで済まされることでもない（注2）。またたとえ学校学習であろうとも、この概念で説明できなくてはならない。

すでにのべたように、彼らは学習を個人的営為とはみなしていない。知識は「獲得」されるものではなく、その場・状況とのかかわりでその都度再構成される協働的かかわりそのものである。したがって状況化された学習論は、正しい学習方法のあり方といった具合に、けっして簡単に方法論化させることはできない。レイブ等もそのことを「したがって正統的周辺参加は、それ自体一つの教育形態ではないし、いわんや教授学的方略なり教授技術ではないということを私たちは強調しておかなくてはならない」（p. 40）という。

いままで文字記号の形で表現されるのがあたり前すぎたので、私たちは知識の実態を見過ごしていた。知識は、むしろ環境・状況の中に埋め込まれている。というより、環境・状況と学習者とがセットになって構成される活動そのものが実際的知識の姿である。学習者がそこに入ると、その環境・状況が変化する。つまり学習者も組み込んだ形で変化する。学習者もその環境・状況の中で変化する。こうして他者も自分も含み込んだ形で環境・状況が変化する。学習とは、そうした相互作用的変化であって、単純に学習者だけが変化するのではない。だから知識は、常に再構成である。だがそれは、構成主義者のいうように、全く自由な再構成ではない。あらかじめ構成されている環境・状況に、ある程度以上にしばられている。だからこそ社会が維持され、かつ変化していく。レイブ等の学習観は、そうしたダイナミックな営みの概念である。「実践協働体」という概念も、決して親方と弟子という徒弟制度に限定されるものでも、ましてや生徒と教師の学びの協働体などという特定の狭い場をいっているのではない。レイブ等はいう。

協働体という用語は、必ずしも同じ場所にいることを意味しない。輪郭のはっきりした識別可能な集団でもなければ、社会的にはっきりとした境界をもつものでもない。それは参加者が、自分たちが何をしているのか、そして自分たちの生き方と協働体にとって、それがどんな意味をもつのかについて、理解を共有している活動システムへの参加を含意している。(p. 98)

しかしその反面、学校という特殊な協働体は、どのような正統的周辺参加を生みだしているのだろうか。レイブ等の「協働体」概念はこのようなものであるが、学校という場は、あきらかな境界線をもった協働体である。博物館も学校ほどではないにしても、非常に特殊な場であることには違いがない。確かに来館者は、不特定多数ではあるものの、バリヤーを入った瞬間から、しばしば揶揄されてきた「禁止の館」のおとなしい遵法精神にあふれた紳士・淑女と変化させられる。レイブ等は、あまりにも特殊なシステムであるので、意図的に学校学習の問題には当面立ち入らないと表明している。したがってあまり多くは語っていない。しかし次の文言が、より明確に学校という協働体の性格を表現している。

例えば、ほとんどの高等学校には、物理学の学習に多くの時間をかけている生徒たちがいる。これは、再生産過程にあるどんな実践協働体なのだろうか。おそらく、生徒たちは、高等学校それ自体の再生産に参加しているだけではないだろうか。(p. 99)

これは次のようなことをのべているのではないだろうか。高等学校という実践協働体は、学校という閉じられた空間・関係性においてのみ通用する活動をしている協働体である。そのためそこに参加する生徒たちは、学校化された活動の場に参加し、そこでの特有の活動の一翼を担い、そのシステムを維持する存在となっていくとのべているものと思われる。レイブ等は、この文脈の中で、それは物理学を研究する協働体とはあまりにもかけ離れた協働体であるとのべる。

とはいえ、そのような特殊な協働体であっても、実際に学校は一つの協働体であり、ある意味閉じられてはいない。確かにそれは、物理学研究者の協働体ではない。しかしそれは、ディスクリートされた記号の再生を主とする学校知を正統と考える私たちの社会、あるいはより明確に大学入試システムに向かって開かれている。それは、少なくても大学入試を重要な生産活動としている、わたしたちの学校化された協働体の再生産に正統に参加しているといえるのではないか。実際の状況は、学校化されているこの私たちの社会で、この協働体にふさわしくしかじかの命題を唱える、例えば「イイクニ・ツクロウ・カマクラバクフ」と唱えることで、学校化社会協働体の再生産に参加しているということができるであろう(もちろんそのこと自体を問題にすることは可能である。しかし、レイブ等の議論は、ある実践協働体の再生産をそれ自体として善し悪しするものではない)。

では、以上のように、廣松のいうようにコトとしてとらえ、レイブ等のいうように学習を協働体への参加ととらえると、わたしたちは、そこからどのような示唆をえることができるだろうか。

4　モノ・コト論と参加論からの示唆

これまで博物館では、モノを展示して、それを来館者に観察させてきた。博物館が他の教育機関と異なるのは、モノに直接ふれることで促される学習の機会を提供することである、と考えてきたからである。そしてそこでの学習とは、そうしたモノに込められたモノとしての知識を個人内に取り込んで貯め込むというコンセプトであった。しかしそれは誤解であって、本当は「コト」を展示してきたのではないだろうか。そしてそこでの学習も、その知識が働く場・状況に参加することとかかわることと考えるべきではないか。そのように考えた方が、館員が展示を考えるときに、より役立つのではないか。本章の最後に、このことを少し具体的な事例で考えてみたい。

モノを通じてコトを展示し、そのコトを通じての協働体を形成しようと誘いかけるのが博物館の使命であるとすれば、そこで最も重視されるのは、それがどういう性格の協働体かということである。たとえば歴史博物館で土器を展示することを考えてみよう。あの展示は、土器を通じてどういうコトを展示し、どういう性格の協働体を作ろうとしているのか。これまでの議論にたてばそれは、学芸員という研究者が、「〜式土器」と呼称し分類する学問的営為というコトを展示し、考古学という実践協働体への参加を促しているとみることができる。

ここでの実践協働体は、考古学に携わる人々でつくられる協働体である。「～式土器」というキャプションは、そうした考古学に強い関心と基礎知識をもつ集団が使用する、ジャーゴンあるいは専門用語とみられる。そのジャーゴンを使用することのできる来館者は、そのように呼称する土器の形から、さらにその時代の前期なり後期なりの特徴を読み解き、その出土した地方が、どのような勢力下にあったのか、どのような交易の関係にあったのかを読み解くことができるかもしれない。そうした意味でこのような展示は、考古学に造詣の深い来館者に向かって、その協働体への参加と維持、そして再生産を誘っているとみることができる。

しかし考古学にあまり興味のない来館者にとっては、なにやら難しそうで、容易には覚えられない呼称である。そのためそうした場合には、畏敬の念をもつように参加させられていると解釈できる。よく遺跡が発見されると、大勢の人々が押しかけるが、その場合は、そうした遺跡の考古学的な意義を考えるかかわりをするわけではない。むしろそうした新しく・珍しく・学問的意義があると専門家集団がアピールしているコトを見せられる、ある意味での祭りに参加していることになる。だからこそ博物館は、そうした一般の人々にとってこれまで、なにやら古色蒼然たる敷居の高い、ハレの場所と映っていたのではないか。

とはいえしかし筆者は、そうした従来の展示を批判したいのではない。そうではなく、ある展示はなにを来館者に働きかけているのか、それを解釈する方法論を考えたいのである。従来の展示も、考古学に強い興味をもち、ある程度以上にそうした土器の用語に慣れているような来館者には、十分に意味のある参加を促すものである。そしてそれはもちろん、一つの重要な展示の考え方である。

問われるべきは、その展示が、どのような来館者にどのようなかかわりをもってもらおうとして企画されたのかである。どれかの展示方法を来館者の属性とは独立に、良いとか悪いとか単純に評価すべきではない。必要なのは、どのような人に、どのようなかかわりを、どのような実践参加を求めようとしているのか、それを展示企画者が明晰に意識しているかどうかである。簡単にいえば、どっちを向いて語ろうとしているのか、そのことが問われなくてはならない。

もし歴史博物館における展示が、例えば考古学者協働体への参加をうながすものでないとすれば、どのような展示方法が考えられるのか。ここで事例をあげよう。左・上段の写真（図4‐3）は、朝霞市博物館の展示例である。そして下段の写真（図4‐4）は、八戸市立博物館の展示である。

図 4-3　朝霞市博物館の土器展示

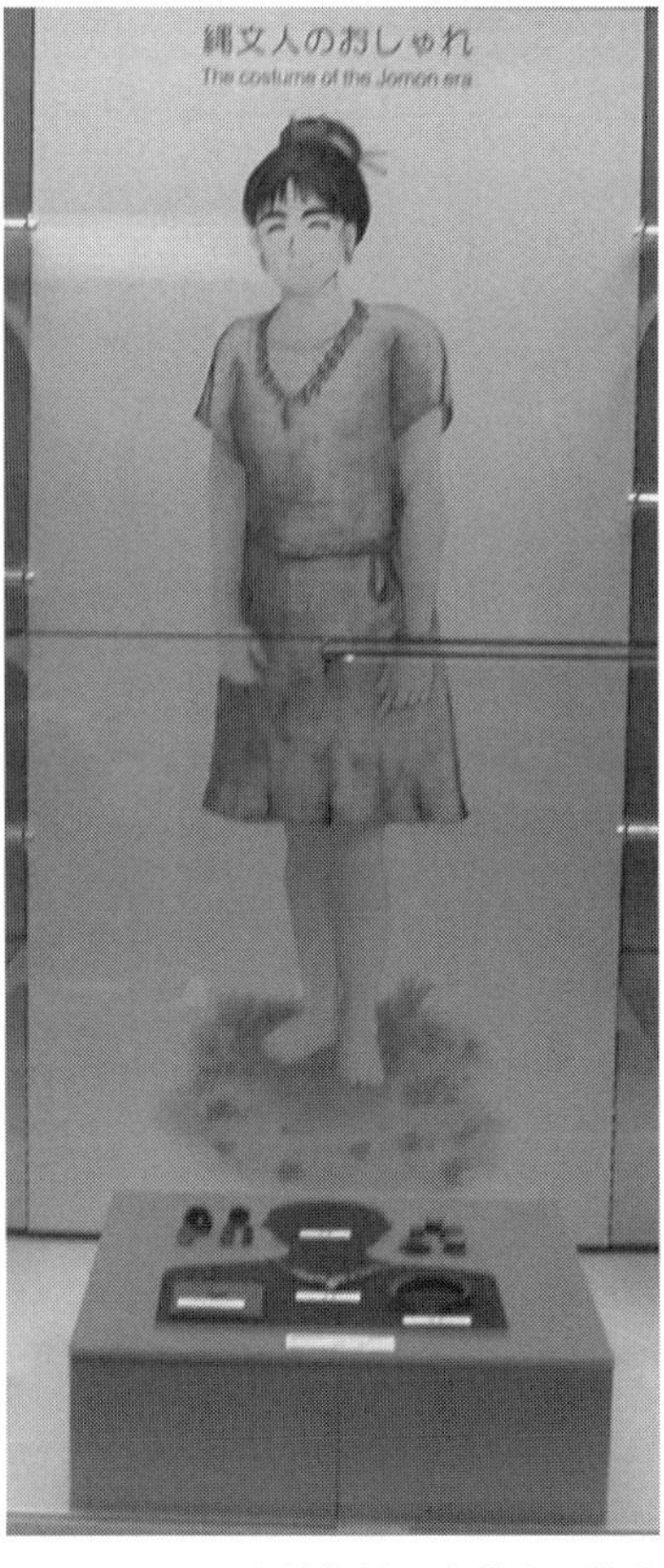

図 4-4　八戸市博物館の古代人の装身具展示

これらは、コトとしての展示の一例である。上段の展示は、土器の脇に現代の鍋やヤカンを置くことで、土器の使用を示している。下段の写真は、様々な装身具を単に並べるだけではなく、「縄文人のおしゃれ」と題する絵につけさせて、実際の使用の状況を生み出している。ここでは、「浅鉢型・深鉢型土器」というモノや、「勾玉や耳飾り」というモノを展示しているのではない。「やかんや鍋として使用していた」コト、「このように身につけておしゃれをしていた」コトを展示しているのである。そしてこのコトを通じて、古代の人々と現代の人々との類似性を示すことで、その地域社会協働体への参加をうながしているとみることはできないだろうか。

図4-5の一連の写真は、琵琶湖博物館の四〇年前の「農村の暮らしと自然」という展示室のものである。ここで開館当時、とてもおもしろいことが起こった。この農家は、実際の民家を博物館内に移築したものである。三番目の「お便所」の写真は、母屋の外にある。その展示は、照明の効果もあってか、まことにリアルである。ここで起こったおもしろいこととは、お年寄りの来館者が、何人もこのトイレに入って用をたそうとしたということである。慌てた館側では、便器をふさぎ、この便器はつかえないという表示をその前におくという騒ぎになったという。いまでもつい入ってしまうことがあるらしい。

この事件は、この展示が非常に成功していて、かつある意味失敗していることを示している。なぜなら展示の神髄は、それをそれと意識しないままに、それに誘われてそれが意図するコトに参加させることだからである。「コト展示への参加」というこの章の主題のコンセプトは、この展示において典型的にみることができる。しかし実際の便所として使用するというこの事態は、もし昔の人々の暮らしの理解をうながすのが意図であったとすれば、その意味では失敗といえるかもしれない。それは、学芸員の意図をこえていたからである。

このように考えてくれば、展示を企画するときに重要なのは、どのような実践協働体を念頭において計画をたてるのかであることが理解される。どのような実践協働体を、どのような状況化された知を、どのような状況化された学習、どのような参加を構想するのか、そのことに展示の正否がかかっているといえるのではないか。そしてもちろんこれは、単に博物館だけにとどまることではない。学校教育においても同じだろう。私たちは、知識をそして学習を、それ自体として独立したモノと考えるのではなく、そこに参加する学習者も含めた、実践協働体として構想していくことで、初めてより良い展示、よりよい知のあり方、よりよい学習のあり方を生み出していくことができるのではないだろうか。

図 4-5　琵琶湖博物館の民家展示

最後に、こうした考え方から示唆される重要なある観点をのべておきたい。それは、「内容と方法の不分離」

という問題である。一般に私たちは、教育内容と教育方法とを分離して考える傾向がある。しかしこのように、知識がコトの問題、すなわちある場にかかわって初めてその意味をなすものであるとすれば、そして学習とは知識を現前化するかかわりを遂行するために、その知識が働いている場に参加することであるとすれば、そのかかわり方のあり様によって、知識のあり様も変わってくることになる。となれば、ここに内容と方法の分離はあり得ない。

自転車の乗り方を、実際に自転車に乗らずして学ぶことは考えにくいのと同様に、ある知識が「イイクニ・ツクロウ・カマクラバクフ」と唱える方法で学ばれた場合は、正に「イイクニ・ツクロウ・カマクラバクフ」という響きとしてテストに反応する、コトの知識としてあることになる。それは、九九を唱えることができても、九九の意味なり乗算の意味を知っているとはいえないのと同様である。「ニニンガ・シ」と唱えるコトを学んでいるのであって、2×2＝4となるその理由を学んでいるわけではない。

このように考えてくると、この知識のコトの問題と参加としての学習の問題は、教育学的に大きな拡がりをもつ問題となってくることが予想される。どのような方法で学ぶかということが、どのような知識を学ぶかということに直結しているとすれば、方法と内容を切り離して、それぞれに学問的独自性を確保しようとする現在の営みは、大きな徒労の積み重ねとなるだろうからである。

〔注　釈〕

1、この本の訳者・佐伯は、“situated”を「状況に埋め込まれた」と訳す。しかしこの訳には、まだ「学習」ということが独立してあるようなニュアンスがある。実際、訳者の佐伯はそのようにとらえている。佐伯は、「訳者あとがき」で、「正統的周辺参加論の立場が従来の多くの教育論とかなりはっきり異なる点の一つは、学習を教育とは独立の営みとみなしたことであろう。もちろん、学習者の周辺に多くの場合教師がいたり、教室があったり、他の生徒がいたりする。しかし、学習はまさしく学習者自身の営みであって、教師や教室や教材が学習を『もたらしている』とか『方向付けている』のではない。こんなことは当たり前のことだ」(佐伯訳、1993, p. 185)とのべる。

しかしこの解釈は、レイブ等のいう学習論とは全く違う正反対とすらいえるものである。「学習はまさに学習者自身の営み」ではない。まさに「教師や教室や教材が」、学習をまさに「もたらし」「方向付けている」。そうした意味では、「状況に埋め込まれた」というよりも、「状況化された学習」と訳す方が、学習の独立性が薄まるように思える。

また佐伯は、“Legitimate peripheral participation”を語順通りに「正統的周辺参加」と訳しているが、意味的には前後を入れ替えた方が良いと思われる。それは、ある専門的職能集団に入ってきた新参者は、一般に中心ではなく周辺に位置するが、たとえそうであっても、その集団における重要な正統な役割を担ってその場に参加しているという意味だからである。

2、ここでも注1と同様の問題がある。知識は「状況に埋め込まれている」ようなモノ的なものではない。状況そのものなのである。

〈引用・参考文献〉

棚橋源太郎（一九三〇）『目に訴へる教育機関』宝文館
廣松渉（一九七九）『もの・こと・ことば』勁草書房
廣松渉（一九八八）『哲学入門一歩前―モノからコトへ』講談社現代新書916
廣松渉（一九九一）『世界の共同主観的存在構造』講談社学術文庫998
Lave, J. & Wenger, E.（1991）. *Situated learning: Legitimate peripheral participation*. Cambridge: Cambridge University Press.（佐伯胖訳『状況に埋め込まれた学習―正統的周辺参加』産業図書 一九九三）

第5章

パースのカテゴリー論からの展示論

――せまる・ゆさぶる・意味づける

1　はじめに――展示の視点

本章では、アメリカ・プラグマティズムと記号論の創始者として知られるチャールズ・サンダース・パース（Charles Sanders Peirce, 1839-1914, 注1）のカテゴリー論が、展示を計画したり解釈する場合の基礎的視点になりうることを提案したい。パースのカテゴリー論は、第1性（Firstness）、第2性（Secondness）、第3性（Thirdness）、といわれるものである。このカテゴリー論は、極めてシンプルで抽象的である。パースは、この三つから様々な具体的なカテゴリーをだしてくる。だがその中でも、記号の3種類（Icon, Index, Symbol）についてはより多くの言及があり、かつ一般にもよく知られている。展示が博物館の主要な活動であり、それ自身を記号とみなすことができるとすれば、このパースの理論は、展示を理解する一つの理論的視点として活用できるのではないだろうか。

本章ではこのことを明らかにするとともに、展示を計画したり解釈するときに、よりこのパースの論理を使いやすいように、「せまる」「ゆさぶる」「意味づける」という三つの平易な表現に言い直したカテゴリーを提案したい。というのもパースのカテゴリーの名称は、前述のように数字による極めてシンプルなものであるため、そのままでは使いづらいからである。そこでこのパースの名称を、日本語のわかりやすい表現に置きかえて提案したい。提案する表現は、パースのカテゴリー論の解釈から筆者によって選ばれたものである。

だがまずカテゴリー論（範疇論）とは、どういうものであるのかを簡単に説明することが必要だろう。カテゴリー論とは、世界を構成している現象や実体を認識する際の基本的な要素をどのようにみるのかの論である。例えば歴史的に有名なのには、アリストテレスの概念の一〇カテゴリー（実体、量、質、関係、場所、時間、位置、状態、能動、受動）や、エンペドクレスの四大元素（火、空、水、地）などがある。近代でも、カントの量、質、関係、様相の四つの認識カテゴリーが知られている。こうしたもので、世界をとらえようとするのがカテゴリー論である。

このようにいうと難しくみえるが、私たちも日常的に何らかのカテゴリーで周囲をとらえている。例えば、単純な二分法では、人間と動物、オトコとオンナ、天と地、といったものもカテゴリー的なとらえ方である。こうしたとらえ方を突き詰めて整理したのが、アリストテレスなどの哲学者が考えた、世界のとらえ方の基本概念であるカテゴリーである。坂本賢三がいうように、わかることの基本が分けることにあるとすれば、カテゴリー論とは対象を弁別する最も基底的な方法といえるであろう（坂本、一九八二）。ではパースは、世界をどのようにとらえたのか。それが、前述の第1性、第2性、第3性、である。これの詳しい内容は後述するが、パースのカテゴリー論が私たちの展示解釈において基礎的解釈視点となりうるのは、こうした世界のすべてをとらえる最も基礎的なシステムであるとみられるからである。そこで私たちの展示について、ここから基礎的解釈視点を導き出し提案しようとするのが本章の目的である。

だがパースのカテゴリー、そしてそこから導きだされるところの筆者の提案するものは、けっして展示をどれかに仕分けする視点ではないことも、あらかじめことわっておかなくてはならないだろう。こうしたカテゴリーは、上述のように対象を固定的に分類する規準とみられがちだが、パースのいうカテゴリーそして筆者の提案するものは、けっして単に展示を分類するのではない。これは、次の二つの点で通常の対象分類的カテゴリーと異なっている。

第一点目は、これは現象・対象を仕分ける視点ではなく、一つの同じ現象の三つの側面を表すという点において通常の分類的カテゴリー論と異なることである。現象・対象をこの三つで仕分けるのではなく、あらゆる現象・対象を三つの側面でとらえようとするのが、このパースのカテゴリーである。ただ個々の現象・対象は、ある時点においてある一つのカテゴリーの面が強く現れる、あるいはその面を強く認識するにすぎない。展示でいえば、「1性・2性・3性」、あるいは筆者の提案では「せまる・ゆさぶる・意味づける」という三つの側面を、どの展示でももっている。だが、そのどの面がより強く出ているか、あるいはより強く認識するかは、認識主体によって変わりうることになる。

こういうと、対象分類ができなくなり、私たちにとって使いづらいものとなるように思えるかもしれない。しかし実際は逆である。認識主体、たとえば来館者と展示者とでは、異なった認識が成立しうるということは、逆に言えば、同じ対象に対する展示者の期待と来館者の受けとめのズレを、このカテゴリー・システムで理解することが可能になることを意味する。それは、展示者は「意味づける」受けとめをしてほしかったのに、来館者は「せまる」とばかり受けとめているのではないか、といった考察を可能にする。

第二点目は、それは固定したものではなく、解釈者の経験や展示をみる環境などによって、1から2へ、そして3へという漸進的に連続的に変化し、かつそれがまた新たな1へと循環的に進行していくものであるという点において、通常のカテゴリー論と異なっている。誤解をおそれずにのべれば、1度目にみた時と2度目にみた時とでは、誰でも違った認識を展示にもつものであるが、これはこうした来館者の認識の実際を読みとるものである。

こういうとこれもまた、私たちにとって使いづらいと思われるかもしれない。常に変化していく展示への認識は、とらえどころがないからである。だがそれは、逆に言えばむしろ実態に近いとらえ方を可能にするともいえる。これは、来館者がそうした漸進・循環的なとらえ方をしているのか、それともそうした深化を止めてしまい、ステレオタイプな解釈にとどまっているのかをみとることを可能にするからである。その展示から様々なことを発見してほしいと期待していたが、単に「あ、土器か」といった固定的な受けとめだけをしているのではないか、といった議論を可能にするかもしれない。

こうした意味で、提案するカテゴリー・システムは、来館者それぞれにおいても異なり、かつ同一の来館者においても、連続して変化していく解釈の実態をみとることを可能にするものである。それは、単に展示を分類して終わりというのではない。確かに連続的に変化していく来館者の認識をとらえることは難しい。しかし私たちはそれでも、こうしたカテゴリー・システムによって、それをみとっていかなくてはならない。

そうでなくては、実態にそった反省と改善ができないからである。後に詳述するが、パースのカテゴリー論は、こうした変化するプロセスをみとるのにふさわしい。これが本章においてパースを援用する主要な理由である。

本章で提案しようとする展示のカテゴリー論は、展示を企画したり来館者の展示の解釈の傾向を予想する場合の、より基礎的な認識論的な働きの視点である。展示については、青木豊によって、すでに様々な一二に及ぶ基準から詳しくその分類が試みられている（青木、二〇一三）。そこでは、資料の性格や展示の課題や目的、さらには場所や期間による展示の種類など、詳しく検討されている。こうした分類方法は、ある程度展示内容や目的にそった実用的なものである。あるいはまた、高橋信裕によるジオラマ展示とか視聴覚展示、あるいは実物展示といった、展示の物理的で装置的な分類もみられる（高橋、二〇〇〇）。この分類方法も、展示の物理的な環境にそったより実用的なものである。では本章で提案する展示カテゴリーは、従来の展示分類カテゴリーに対してどのような意味をもつのか。それは二点ある。

第一点は、従来のものが内容・目的や物理的環境にそったより実用的なものであるのに対して、そうしたものに縛られない、むしろより抽象的なレベルのものであることに意味がある。青木や高橋のものは、より実際的なところで意味がある。だが、本章の提案するものは抽象的であるがゆえに、展示を企画する時の発想や来館者の受けとめといった、よりベーシックな部分を解釈するときに役立つのではないだろうか。

第二点は、従来の分類法、例えば青木の分類は、あくまで展示の側からの分類である。青木の展示分類の「④見学者の展示への参加の有無による分類」（青木、二〇一三、三六頁）であっても、それは基本的に展示者の意図からの視点である。それに対して、本章で提案するカテゴリーは、展示側の意図と見学者の受けとめとの双方を一つの基準で読もうとするものである。従来の分類であると、ハンズ・オン展示であっても見学者が能動的にならないという、いわば展示者側の意図と来館者側の受けとめとのズレを説明できないという問題を抱えていた。だが本章の提案するカテゴリー・システムでは、ハンズ・オンで「ゆさぶる」展示を意図しても、「せまる」ことすらできなかったのではないかといった検討を可能にする。

もちろん青木や高橋のようなより実際的な分類や理論は、展示開発を具体的に構想する場合において有効であるだろう。また青木が「展示意図の介在しない展示は展示ではないのである」（青木、二〇一三、二九頁）とのべるように、展示者側の意図は最も重要な要素であることは確かである。それに対して、筆者の提案するものは、より抽象度の高いレベルから、青木の指摘する解釈において重要な、展示者側の意図と来館者側の受けとめを同じカテゴリーで読むことによって、そのズレをみとることを可能にするものと期待される。

これは、これまでよりはもっとベーシックな、来館者と展示のかかわり、あるいは展示それ自体の働きをみとる機能的視点である。これを提案するのは、これが展示の開発とその働きの評価の基礎的視点になると期待できるからである。というのもこれは、どういう働き次元で展示を開発しようとするのかの計画の視点になるとともに、同じカテゴリーで展示と来館者の双方を比較することになるので、その計画が成功しているかどうかを評価する視点にもなるからである。

たとえば、後述する事例の「鳥の目」展示では、立って観るのか、寝て観るのかによって、映像内容にはほとんど違いがないにもかかわらず、来館者の受け取りに大きな違いが出てくる。その違いはどこからくるのか、それを問い直して次の企画に活かしていこうとする場合に、提案の「せまる」というカテゴリー視点が有効に働くかもしれない（後述するようにそれは、このカテゴリーの中の体位的な部分の視点である）。

しかしながら本章で提案しようとするカテゴリー・システムは、フォークとディアーキング（John. H. Falk & Lynn D. Dierking, 1992）の提案する三つのコンテキスト（個人的・社会的・物理的コンテキスト）の内の、物理的コンテキストにのみ関係すると受けとめられるかもしれない。本章で提案するものは、主に展示の解釈をみとる視点だからである。しかしそうではない。彼らのいう三つのコンテキストは、単に来館者の行動を仕分けるものではなく、それぞれが解釈に影響する働きをみようとしているからである。彼らもいうように、この三つのコンテキストは、相互に密接にかかわっている。本章で提案するカテゴリー・システムも、コンテキストが相互にかかわりあいながら解釈に影響を及ぼしている点をみとるものであるという意味では同じである。

彼らのコンテキスト・カテゴリー・システムは、展示の正否に影響する三つの視点であるが、これも重要な一つのシステムである。そして本章で提案するカテゴリー・システムは、認識に影響する三つの視点である。これもまたもう一つの視点であるだろう。こうした、展示解釈を左右する視点は、互いに相補的にはたらき、私たちの展示開発や反省的研究を助けるものとなるだろう。重要なのは、これら、すなわちディアーキング等と私のカテゴリー・システムは、展示を実体的に分類するものではないことである。これらは、展示の理解に影響を与える機能的な視点だということにある。そうした意味でこれらは、従来のものにくらべれば、より展示者側と来館者側双方の展示理解に近い視点であるという言い方も可能かもしれない。

本章の目的は、こうした認識をえるための基本的なカテゴリーを、私たちが理論的に獲得することである。そこでまず、パースのカテゴリーと記号論から導きだされる、筆者が提案したい基本的解釈視点（カテゴリー）とはどのようなものか、ここであらかじめのべておきたい。筆者は、パースのカテゴリー・システム（第１次、第2次、第3次）から、これに対応した以下の三つの展示の働き視点を導きだす。

〔展示の解釈カテゴリー〕

1次レベル「せまる」：展示のもっている五感に直接働きかける力（光・色・匂い・大きさ・体位・動き）それ自体によって、来館者の認識にせまる働き。

2次レベル「ゆさぶる」：展示が働きかけ、あるいは展示に働きかける相互交渉によって、来館者の認識をゆさぶる働き。

3次レベル「意味づける」：言語や配列や対比などの媒介によって、1次と2次の展示を法則的・規則的・文脈的に意味づける働き。

上述したように、パースのカテゴリーは、極めてシンプルで、取りつく島もないようなものである。したがってそれは、様々な分野でより具体的な形に変換して活用していくことによって、より普遍的なものとなる性格のものである。実際、パースもここから出発して様々なカテゴリー・システムを提案している。本章の試みも、こうした変換の一つと位置づけることができる。本章では、この提案するカテゴリーがパースのカテゴリーの考え方から導きだされるものであることを明らかにし、かつこれの意味を理解していただくために、まずそのパースのカテゴリーの意味を明らかにしたい。その後で、この筆者のカテゴリー理論が、私たちの基礎的展示解釈にどのように役立つのか、その可能性を具体例をあげて検討する。

2　パースのカテゴリー論

(1) カテゴリー・システム

パースは、全ての現象の基本的な枠組みとして、前述の三つのカテゴリー 第1性、第2性、第3性、を設定する。これが、彼の全ての論を貫く基本的な枠組みである。パースは、その独特の3分法（trichotomy）によって、記号を様々なレベルごとに分類して、論理的に六六ものカテゴリーを設定している（注2）。この三つの基本カテゴリーは、そうしたより具体的な記号の様々なあり方の根底にある概念である。いわばそれは、より具体的な記号概念の基底概念ともいうべきものである。彼はそれを、次のように表現する。なおパースの論述の引用典拠は、慣例にしたがい、その全集の巻号と項番号のみとする（注3）。


第1性とは、自立的で他のいかなるものにもかかわらずに、ただそれだけであるようなあり方である。

第2性とは、何か他のもの一つにはかかわっているものの、それ以上にさらにどんな他のものにもかかわらないような、ただそれだけであるようなあり方である。

第3性とは、その何か他のものと、さらにそれ以上の他のものとを互いに関係づけさせるような働きをする、ただそれだけであるようなあり方である。

私は、この三つの概念を新ピュタゴラス学派カテゴリーと呼ぶ。（8: 328, 注4）

このようにパースのカテゴリーの定義は、極めて抽象的なものである。これだけでは、それぞれ何をさすのか理解できない。ここにのべられているのは、第1性は他とかかわらないただそれだけの自立的なありようであること、そして第2性は他のものと直接かかわるありようであり、第3性は他のものたちを関係づけるありようであることである。つまり第1性は、自立的で独個的なありよう。第2性は、直接関係的なありよう。第3性は、媒介的なありようである。ここから読み取れるのは、わずかにこれだけである。

この定義は、抽象度が高いがゆえの汎用性をもつ。だがこのままでは、あまりに抽象度が高くて具体性に欠ける。本章は、この抽象度の高いカテゴリー・システムを、博物館展示の分野で活用できるものに変換する試みである。私たちの世界の物事は、モノであれコトであれ、この三つで解釈できるというのがパースの立場である。そこで本章においても、この三つを展示にあてはめて解釈してみようという算段である。

たとえば、あの阿修羅像のような優美な姿体は、ただそれだけで見る者をうつ。そこにはなんの説明も、なんの直接的なかかわりも必要とせず、阿修羅像そのものの幽玄さの迫力が見る者を圧倒する。そうした意味でそれは、まさに第1性的である。しかし実際に触ってみて確かめてみないと、その仕組みや意味がわからないものも多い。たとえば、グーテンベルクの印刷機などは、実際に版を組んでインクをのせ、圧をかけて摺りだしてみないとわからない。こうした直接的で物理的なかかわりでわかるのは、第2性的であるだろう。さらには、機織り機のようなものは、映像や図解説明がなくては、その仕組みがわかりづらい。そうした媒介的なものによって、私たちはさらに深く理解できるようになる。それは、第3性的である。

だがここで注意しなくてはならないのは、すでにのべたようにこの基本カテゴリーは、個々の現象をそれぞれに仕分けるためのものではないことである。それは、具体的な現象をとらえるときの三つの視点であって、それぞれ独立しているのではない。あらゆる現象の三つの側面にすぎない。しかもなおこれには、順序と螺旋的循環が認められる。これを加えると、この三つのカテゴリーによって、さらに力動的な展示の意味を理解できる。前述のグーテンベルク印刷機も、最初はそのどっしりとした感じを第1性的にうけとり、次に実際に摺りだしてみて理解し、さらにその説明を聞いてよく理解するといった段階をへるのが普通である。

　そしてさらにそうした段階をへると、この印刷機の第1性的な受けとめが、最初のときとはずいぶんと違ったものになるだろう。そうなると、第2性的な受けとめも、第3性的な受けとめも深まっていくに違いない。つまり、1→2→3と進む順序性は、さらに新たな′1→′2→′3を生みだし、そしてさらに″1→″2→″3と螺旋的に循環していく。こうしたように実際のところは、多くの展示においてこれら三つのどれもがあり、そこに順序性や螺旋的循環がみられることになる。もちろんこれが実現されない場合も、来館者の側の問題もある。この問題についてはもう少し後で検討する。

　このようにこのカテゴリー・システムは、極めてシンプルであるがゆえに、その適用の可能性が高くなる。とはいえ、私たちの展示の実際を構想し、かつ解釈するには、さらにこのカテゴリーについて知ることが必要になる。これだけでは、すぐには具体的に考えられないからである。そこで、それぞれについての具体的な記述を以下で検討してみよう。その際、パースの記号論の3種、すなわちIcon, Index, Symbolにも理解に必要な限りで適宜ふれることにしたい。というのも、展示も基本的に記号の一種とみることができるからである。そこでまず第1性とはどういうものなのか、上述のカテゴリーの定義に続いてのべられる第1性についての説明をみてみよう。

(2) 第1性

第1性は、「自立的で他のいかなるものにもかかわらずに、ただそれだけであるようなあり方」である。第1性は、すべての現象の背後にあって、現象を現象たらしめている根本である。パースは、それを次のように表現する。

> 典型的な第1性の観念は、感覚の質(qualities of feelings)である。あるいはまた単なる現れである。国王陛下の装束の深紅の色がいい例である。感じたり思い起こしたりするのとは関係ない、質それ自体のことである。しかしそれは**感じなかったり思い起こさなかったり**することを考えてみなさいということではない。それを感じたり思い起こしたりする場合に浮かび上がってくるものだというなら、それも違う。それは質とは関係ない。例えば、その深紅を思い起こすときには**ぼんやり**しているといったり、目の前にあるときは**はっきり**しているといったりするかもしれない。しかしぼんやりとかはっきりというのは、質の概念とは関係ない。〔中略〕赤の質というのは、人の意識の問題でもなければ、その王の装束にくっついているのでもない。それは、他のどんなものにもかかわらない、特別な自立した可能性であるにすぎない。(ゴシック体原著斜字体、8: 329)

このように第1性とは、「感覚の質」という概念である。それは、感覚そのものではない。感覚やなにかの現象の背後にあって、それをそれたらしめている根底的な可能態としてのあり方という概念である。第1

性は、ただそれだけであるあり方である。だがこれは、実際になにかの媒体をもたなくては現実化することはできないので、この引用にあるように、「国王陛下の装束の深紅の色」といった形で私たちの感覚に現前することになる。しかし「国王陛下の装束の深紅の色」そのものが第1性なのではない。「赤の質というのは、人の意識の問題でもなければ、その王の装束にくっついているのでもない」からである。

つまり個々の実際の「赤」は、それこそ無限に種類がありうる。そしてそれは、実際には様々な物理的なものによって現実化される。「国王陛下の装束の深紅」のように。だが、その実際の背後にあって私たちの「赤」という感覚を支えているもの、現代的にいえば「感覚質（クオリア）」に相当するのが第1性である（注5）。トマトの「赤」を感じる経験の、その「感じ」の質、あるいは与えられるもの（与件 given）がこの第1性である。それの具体的な記号レベルの問題としては、パースが使うIcon記号になる。Iconは、「自立的で他のいかなるものにもかかわらずに、ただそれだけであるようなあり方」で、それ自体の力で迫ってくる第1性の記号だからである。筆者がこの第1性のカテゴリーを「せまる」としたのは、この意味による。

このようにのべると、フェルディナン・ド・ソシュール（Ferdinand de Saussure, 1857–1913）流の記号論に親しんでいる人には奇異に感じられるかもしれない。というのも良く知られているように、ソシュールはパースと同時代に大西洋をはさんだ東西で、全く異なる記号論をそれぞれ独自に展開したからである。ソシュールの場合は、能記と所記を併せもって何かの対象の代理となるのが記号である。そしてその代理の働きは、全く恣意的に慣習的に確立されるものであった。しかしパースにおいては、それは第3性の記号、すなわちSymbolにおいて達成される、記号の一つの側面にすぎない。第1性の記号、すなわちIconの場合は、そうした恣意性によってではなく、それ自体の力で私たちになんらかのイメージを伝える。その指示対象は、言語化された意識化可能な概念ではなく、印象や観念といった明確に意識化できない。だがそれゆえにこそ、その直接性ゆえにこそ不可避的なものである。

言語学の視点からの記号論であったソシュールは、言語記号を主に分析対象とした。そのため、概念と記号体の結びつきは恣意的であるということから記号論を組み立てた。しかしパースは、あらゆるものを記号と考えていたので、言語記号以前の記号体をも理論範疇に含める。そのため、恣意的ではなく、それ自体のもつ力の記号という考え方がでてくる。これが正に、筆者がこれを「せまる」と表現したゆえんである。こうした意味でパースの記号論、とりわけ第1性の記号であるIconの概念は、私たちの展示解釈に、より適切な理論を提供してくれるだろう。パースは、Iconについて次のようにのべる。

Iconというのは、その表意的な質が、第1項としてのそれの1次性であるような表意体である。つまりそれがモノとして持っている質がそれを表意体にふさわしいものにしているようなものである。(2: 276)

観念を直接伝える唯一の方法は、Iconを用いるものである。そればかりか、間接的な方法でも、それを明確にするためにはIconにたよらなくてはならない。(2: 278)

このように、パースのいうIconは、それ自体として「モノとして持っている質がそれを表意体にふさわしいものにしているようなもの」である。つまり物理的な記号体が、それ自体がもっている力でなにかの観念を喚起するのがIconであるとされる。直接伝える場合ばかりか間接的な場合、例えば言語記号で伝える場合であっても、最終的にはそのコトバがさし示す対象へのイメージのようなIconを思い起こす事によってはっきりとするのだ、というのがこの論述の意味である。これが第1性であることは説明を要しないだろう。しかしまだ抽象度が高いので、もう少しIconについてのパースの論述をみてみよう。第1性の性格とともに、より理解しやすいと思われるもう少し具体的な部分を引用してみたい。パースは、上述の引用項に続く項で、次のようにのべる。

すべての絵は〔たとえそれが伝統的な技法で描かれているとしても〕、基本的にこの種の表現体である。また図解も、たとえその対象との間に感覚的な類似性（resemblance）がなく、それぞれの部分の関係がアナロジー的であるに過ぎない場合でも、やはり同じ種類のものである。とりわけ注目に値するのは、類似性（likeness）が慣習的規則によっているようなIconである。たとえば、代数の式は一つのIconである。Symbolの交換・結合および分配の規則によってIconにされている。（キッコウ括弧内原著、2: 279）

この説明で重要なのは、Iconがその指示対象と形の上で似ている記号ではないということである。Iconは、これまで日本では「類似記号」と訳されてきた。だがこれが誤解の基であった。「類似」というのは、パースにおいては形が似ていることをいうのではない。それは、likenessであって、resemblanceではない。つまりそれは、観念との類似であって形の類似ではない。ここの引用でいえば絵画は、私たちの美の観念を直接に呼び覚ますことで類似しているといわれる。また図解や代数の表現形式は、その形や配列が私たちになにかの観念を呼び起こすので、それを構成している記号それ自体は、Symbolであっても、その配置においてIconとして働いているのである。パースは、別の節で次のような事例をあげている。

多くの図解は、見た目ではまったくその対象と似ていない。似ているのは、図解の部分と部分の関係性という点のみである。すなわち私たちは、大括弧を使って異なる記号種類の間に関係があることをしめすことができる、以下のように。

$$\text{記　号}\left\{\begin{array}{l}\text{Icon}\\ \text{Index}\\ \text{Symbol}\end{array}\right.$$

これはIconである。なぜならこの大括弧は、Icon・Index・Symbolという記号種が相互に関係しあっていて、かつ記号という一般的範疇に関係しているということを実際的かつ普遍的なやり方で示しているという点において、とてもよくその対象と似ているからである。代数の場合、きれいに並べて等式を書くとき、とりわけ同じ係数を揃えて書く場合は、その並び方がIconである。例えばこんな具合に。

$$a_1x + b_1y = n_1$$
$$a_2x + b_2y = n_2$$

これはIconである。なぜならそれは、その問題にかかわっている数量を同類項としてまとめているからである。実際全ての代数方程式は、〔それ自身はIconではない〕代数記号によって数量関係を展示

して見せてくれるかぎりにおいてIconである。（キッコウ弧内原著、2: 282）

このように、パースのいうIconは、見た目の形が似ている記号ではない。観念との類似の記号である。第1性としてのIconは、そうした意味で観念を直接伝える記号である。筆者がこれを「せまる」としたのは、ソシュール流記号論での代替え機能ではなく、こうした直接性を表現したかったからである。とすれば、そういう意味での記号は、博物館にあふれている。展示物は、言葉などの介添え・代替えの機能をまたずに、それ自身としての言葉によらない直接的メッセージ性を持つことが大切であると考えられるからである。後

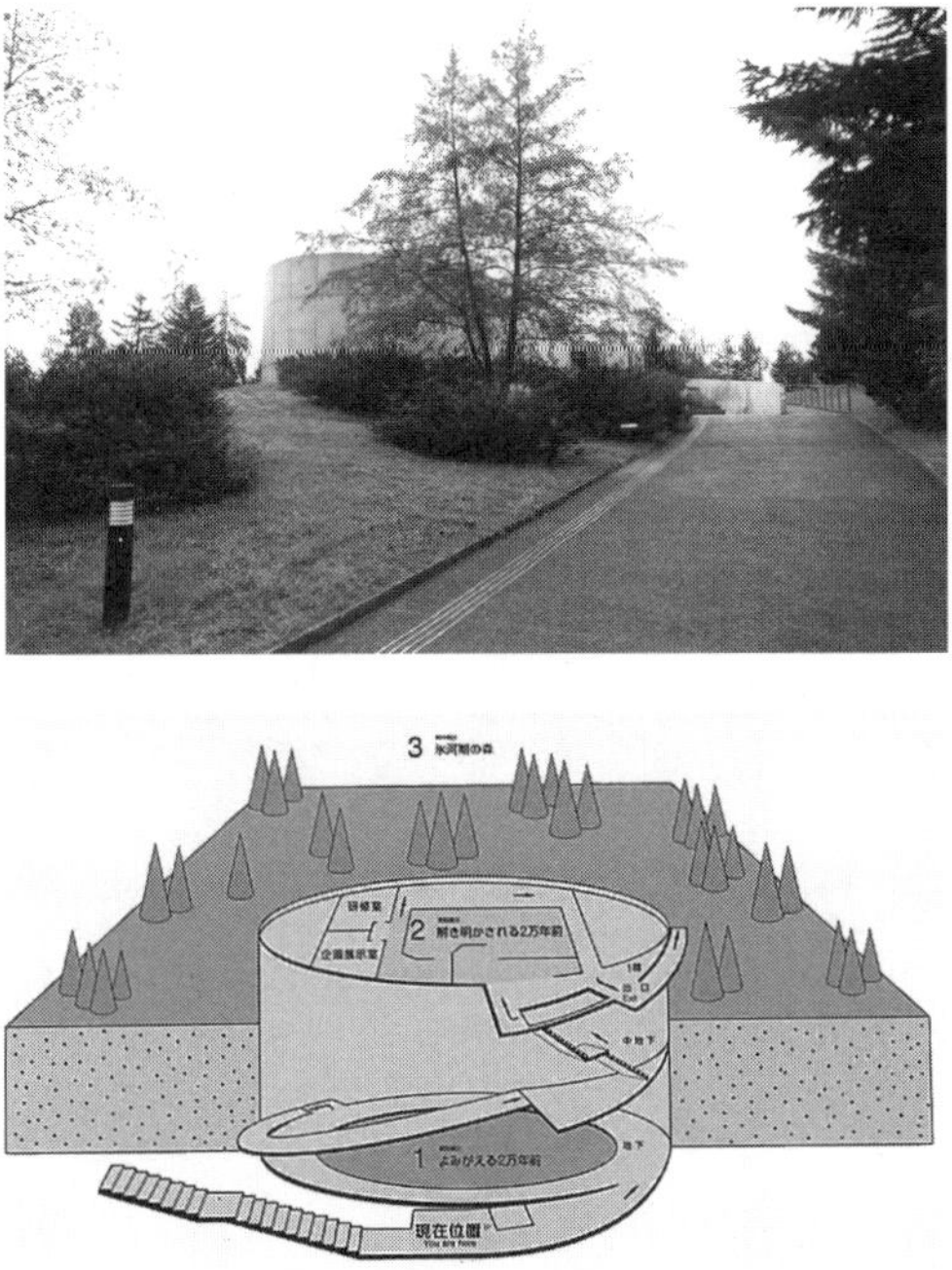

図 5-1 仙台市「地底の森ミュージアム」の入口付近写真と構造図
奥に下ったところが入口。そこから縄文の森に入っていき、地下から上の展示室に上っていく構造になっている。

節で具体例で検討するが、それは単に展示物だけではない。建物や展示場の構造なども Icon 記号として働く可能性がある。例えば、仙台の「地底の森ミュージアム」(図5-1)は、入口が地下部分にある。そこまでアプローチを下りていく。そうした建物構造が、そのまま Icon として働いて、来館者に地底の森に時空を超えて入っていくという「観念を直接伝達」していると考えることができる。

だがもちろんこの解釈は、あくまで一つの解釈である。最初にのべたように、パースのカテゴリー・システムでの展示解釈は、人によって、また同一人物においても時と場所あるいは経験度合いによって異なってくるのが普通である。このパースのカテゴリー・システムで展示解釈をおこなうことのメリットの一つは、解釈者のこうした動的な変化をもみとることを可能にする点にある。それは、その動的な変化が、展示の所期の目的に合致したものであるのかどうかを読みとることを可能にする。このことは、以下におけるカテゴリー説明の事例においてもすべてあてはまる。

しかしだからといって、人によって違うからといって、このカテゴリー・システムによる展示解釈は利用価値のないものではない。むしろ逆である。何かの展示を固定的に分類するのではなく、一つの同じカテゴリー・システムで展示者側と来館者側の双方の解釈傾向をとらえることのメリットは小さくない。最初にのべたようにいままでの展示論は、教育的展示であれ審美的展示であれ、あるいは青木の一二の観点からの分類であれ、そのほとんどは展示者側からの視点であった。それに対して本章の提案するものは、その双方を同じカテゴリー・システムで読むことによって、展示者側の意図が達成されるかどうかを読むことを可能にするものである。そこに、こうしたカテゴリー・システムの存在意義があると思われる。

(3) 第2性

次に、第2性を検討してみよう。第2性は、「何か他のもの一つにはかかわっているものの、それ以上にさらにどんな他のものにもかかわらないような、ただそれだけであるようなあり方」である。第1性が独個的であったのに対し、この第2性は関係的である。それは、端的に次のように表現される。

私が次に見いだす、心に立ち現れる全てに共通したもっとも単純なカテゴリー、すなわち第2性は、ぶつかり合い（struggle）である。（1: 322）

肩でドアを押して開けようとするとき、純粋に近い形でこの種の意識を得ることができる。その時、ドアからの抵抗の感覚と同時に自分の側の努力の感覚を覚える。努力のないところに抵抗はあり得ず、抵抗のないところに努力はあり得ない。この抵抗と努力とは、同じ経験を表現するための二つの方法にすぎない。それは二重の意識である。私たちは、非我（not-self）にぶつかることで自我に目覚めるようになる。〔中略〕すなわち何か他のものの存在が私を存在せしめるという観念は、極めて当たり前なので、他のものも互いのぶつかり合いの力によって存在していると私たちは考えている。他者あるいは非我という観念は、こうして思考の重要な要となってくる。このカテゴリーに私は、第2性という名を与える。（1: 324）

この引用にあるように、第2性的なあり方とは、向こうとこちらのぶつかり合いである。こちらの能動的な働きかけに対する反作用というかたちでのあり方である。第1性が、それ自体で他にかかわらないものであったのに対し、この第2性は対抗の相である。つまり、なにかに対して直接的に働きかけて初めて認識が成立する、そうしたあり方である。だがこちら側だけではなく、向こう側からのぶつかりや、こちらの観念をゆさぶる働きかけがあって、それにこちらが反応する場合もある。それによって自分の注意が向けられたり目覚めたりするならば、それも第2性的な経験となる。このことをよく表しているのが、この第2性に対応する記号であるIndexについての次のような論述である。

注意を集中させるものはどれもIndexである。われわれをビックリさせるものは、経験の二つの部分を目立たせる限りIndexである。たとえば、はっきりとした事をわかっているわけではないが、すさまじい稲妻は、**なにか**重要なことが起こっていることをさし示す。そしてその稲妻自体は、なにか他の経験と結びつくと思われる。（ゴシック体原著斜字体、2: 285）

このように、私たちにハッとするような経験を起こすものであれば、それは第2性的なIndexとなる。第2性は対抗の相であるが、それはこちら側からの能動的な働きかけによって立ち現れる場合もあれば、こうしたようにある表象が非我と自我のぶつかり合いを生みだし、私たちを呼び覚ますこともある。筆者が第2性を「ゆさぶる」と表現したのはこうしたことからである。展示におきかえてみれば、一般にハンズ・オン展示といわれるものが、これにあたるであろうことは容易に理解できる。しかしもちろん、単に触ったりすれば良いのではない。そこに抵抗と努力、あるいは非我と自我、意識を集中させるぶつかりあいがなくては、その展示によってゆさぶられることはない。ゆさぶりがなければ、第2性的でもなければ、Indexとしてのハンズ・オン経験にもならない。そこに、引用文にあるような「ぶつかり合い（struggle）」がなくては、経験として根付かないものになるだろう。実際のところ、かならずしも成功していないこうした事態は、あちこちのハンズ・オンコーナーで散見される。よくいわれる〝ハンズ・オンからマインズ・オンへ〟というのは、こうした事態の解決の必要を言い表しているものと思われる。

こうしたぶつかり合いを生み出している展示の例としては、能動的な行動を来館者に求めるものではないが、第4章で紹介した朝霞市博物館の例（図4-3）があてはまるのではないだろうか。ここではよくある土器の展示に、現代の器具を併置している。ただそれだけだが、来館者の経験がゆさぶられる。通常であれば、ありふれた縄文土器でしかないものが、突然身近な存在になる。ここでのぶつかり合いは、筆者のような素人の方が、強くゆさぶられるかもしれない。しかし筆者よりもより考古に精通している人には、そうでもないかもしれない。筆者のような素人には、この現代のヤカンや鍋がIndexとして働いて、驚きをもたらすが、精通している人にとっては、この深鉢型土器がヤカンであることは了解済みだろうからである。この第2性が、非我と自我の対抗の相であるのだから、同じ展示でも来館者によって受けとめが違うことになるのは当然である。

そしてまたこれまでものべてきたように、同じ展示でもこうしたようにあてはまるカテゴリーが異なることはよくあるだろう。この例にあるように、ある人にとってはIndexとしてゆさぶられるものであっても、別の人にとってはIconにすらならないかもしれない。パースのカテゴリー・システムは、こうした来館者による受けとめの違いも理解することを可能にしてくれる。そしてそれはもちろん、展示側の意図とのズレも把握することを可能にする。

(4) 第3性

次に第3性を検討してみよう。第3性は、「その何か他のものと、さらにそれ以上の他のものとを互いに関係づけさせるような働きをする、ただそれだけであるようなあり方」である。これまで検討してきた第1性と第2性との関係をのべた次の論述は、これから検討する第3性の性格を理解するのに役立つ。

夜、一人で気球に乗って空高く浮いて、じっと全くの静寂を楽しんでいることを想像してみなさい。突然耳をつんざくような汽笛の音が静寂を破り、しばらく続く。その時の静けさの漠然とした感じは、第1性の観念、すなわち感覚の質である。しかしながらその時のつんざく汽笛は、あなたに何かを考える余裕を与えない。ただ受けとめさせるだけである。したがってそれもまた、全く単純であり、別の第1性である。しかしその耳をつんざく音による静けさの破壊によって、あなたは一つの経験をした。消極的な性格の人は、以前の印象の中に自分を埋没させよう(こだわろう)とする。しかしそれに構わずやってくる新しい感覚は、非我である。(その時)彼は、自我と非我の二重の意識をもつ。このように前の感覚を壊す新しい感覚の働きを意識することを、私は**経験**と呼ぶ。一般に経験というのは、人生行路の中で考えることを強いるものである。第2性というのには、**真性なものと、変化したものと**(genuine or degenerate)がある。真性なものには、様々な度合いがある。一般的にいえば、真性な第2性は、あるものが他のものに作用するもの——ただし、理性によらない物理的な作用——である。私がそれを理性によらない作用といったのは、何らかの**法則や理屈**の観念を持ち込むと、それは第3性になるからである。(ゴシック体原著斜字体、括弧内訳注、8: 330)

このように第1性では、非我も自我もなく、なにかの変化も「ただ受けとめ」るだけであるのに対して、第2性では非我と自我のぶつかり合いが生まれてくる。そしてその第2性的なぶつかり合いを、「その何か他のものと、さらにそれ以上の他のものとを互いに関係づけさせるような働き」によって媒介するなら、それは第3性の働きとなる。

私がいう第3のものとは、絶対的始めと絶対的終りの間の媒介または結合帯を意味している。始めは第1、終りは第2、中間は第3である。(1: 337)

すなわち第3性は、すべての現象の可能性としての第1性と、それが現実化した第2性を規則・法則によってつなぐ働きである。そういう媒介の働きをするのが第3性である。しかしそれは、第2性のような直接的な関係性ではない。法則や理屈あるいは規則や慣習による関係づけである。「始めは第1」とは、すべての現象がまだ可能態としてそれ自体としてあることの意味である。「終りは第2」とは、その可能態が様々な現象へと現実化することを意味する。そして「中間は第3」とは、第1から第2への現実化を支える規則のことである。筆者がこの第3性を「意味づける」としたのは、規則によって対象を関係づけることが、そこに文脈という意味を与えることになるからである。

筆者は、こうした考えを現代風にいえば、ビッグ・バンでイメージする。クオークの海としての混沌の世界が、ある瞬間にぶつかり合い物質が生まれる。そしてそれらはさらに、法則によって秩序だてられていく。こうした現象を物理学者であり数学者であり天文学者でもあったパースは、すでにみとっていたように思われる（注6）。とはいえやはり、これだけであると抽象度が高い。これも、これが具体化するSymbolの意味によって理解するのが実際的であるだろう。Symbolについてパースは、次のようにのべる。

Symbolというのは、法則によって、普通は、一般観念によってその対象とかかわるような記号であり、このような連合が働くことによりSymbolはその対象にかかわるものとして解釈されるようになる。そのためSymbolは、それ自身普遍的なタイプの法則性をもっている。つまりそれ自身、法則記号である。そうであるためにSymbolは、レプリカを通して働く。それ自身一般的であるだけでなく、それがかかわる対象も一般的な性質をもっている。（2: 249）

ここでのべられている「レプリカ」という言い方は、Symbolの代表である言語記号のように、それがさし示す対象の代理物だということである。そうであるかぎり、その働きは習慣や教育に支えられていなくてはならない。そのSymbolが、何の代理物なのか、あらかじめ理解されていなくてはならないからである。だがしかし展示の場合でいえば、対比や配列によっても、その展示物同士で互いの代理物になって、一定の法則的意味合いを理解させることも可能である。そうした「連合が働く」ことによっても、Symbolが作用することもあるだろう。普通Symbol展示というと、なにかを代表する展示と思われがちである。だがパースの3次性の概念を適用すると、なんらかの代理物を通じて、そこに規則や文脈を与える働きをするものがSymbol展示になる。

とりわけ映像の場合は、たとえ言語的説明がなくても、そのカットのつなぎで言語的な連辞を表現できるのは良く知られた事実である（Metz, 1968, 注7）。さらにまた、その展示プロセスが物語性をもっていて、Symbol的に働くこともあると思われる。図5-2の写真の例は、東京都水の科学館の「水の歌声が聞こえる」の映像展示である。この映像は、水の音と軽やかなバックミュージックで構成されており、言語的説明はない。

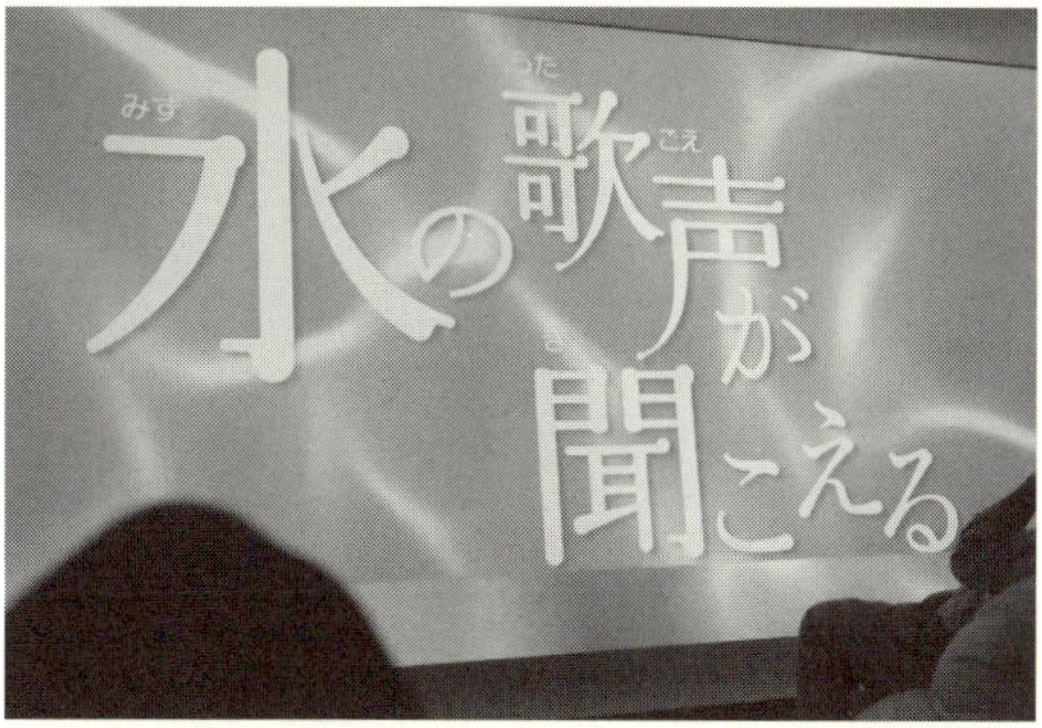

図5-2　東京都水の科学館
「水の歌声が聞こえる」オープニング字幕

図5-3　Daniel's Storyの入口

しかし水源からダムを通って街の中までの旅は、一つの物語を形成していてSymbol性が高い成功例である。

またその次の写真（図5－3）は、ワシントンのホロコースト記念博物館の"Daniel's Story"展示である。ここでは、ユダヤ人の少年がどのようにして収容所まで追い込まれていったのか、それを一回りめぐることで追体験できるようになっている。最初は、お母さんの皿洗いの音と妹の笑い声が聞こえる台所と、明るく立派なダニエル君の部屋。それが次には"no Jews allowed!"の張り紙やユダヤ人商店の割られたショーウィンドウ、ゲットーへの列車、暗く汚れたゲットーの部屋、そこから収容所への貨車、そしてついに収容所に到達する。こうした一連の経過をたどりながら、物語的に理解できるようになっている。

もちろんこの解釈は、あくまで筆者のものであることは断っておかなくてはならない。これまでもくり返しのべてきたように、パースのカテゴリー・システムで展示を解釈するのは、人によって、また時と環境によって異なってくる。だがそれは、このカテゴリー・システムの不毛さを示すものではない。むしろ逆にそうであるがゆえに、かえって展示者側の意図と来館者側の解釈のズレとを読みとることを可能にする有益な手段となることを意味する。

(5) 進行し循環する記号過程

以上、少し足早にパースのカテゴリー論の意味を、その記号論と若干の展示例とで解釈する試みをおこなってみた。あらためて確認すると、第1性とは独個的でただそれだけのありよう、第2性は他のものとの関係を直接にとりむすぶありよう、第3性はその関係性に規則や法則や文脈を与えるありようであった。この世界のすべての現象は、存在・関係・媒介というこうした三つの相で私たちに立ち現れる。

そして前述したようにこれらの三つのカテゴリーは、記号のそれぞれにおいて二重の過程として現れる。一つは、順序性の過程として、二つ目は螺旋的循環性としてである。順序というのは、この第1性、第2性、第3性の三つの記号における実現である、Icon, Index, Symbol において、この順序で記号過程が進むというものである。これについてパースは次のようにのべる。

Icon, Index, Symbol の記号の3種には、1、2、3という規則的な連鎖が認められる。(2: 299)

すなわち第1性としての Icon は、直接せまる記号であるが、私たちは何かに接して何かを感じた後には、すこし目を凝らしてそれがどういう状況にあるのかを見定めようとする。その時それは、第2性の Index として私たちに意識される。そしてその何だろうという非我の意識は、その対象についての第3性の Symbol の媒介によって、より明瞭な認識へと変換される。

図 5-4　東京都水道歴史館の上水井戸の展示

たとえば、東京都水道歴史館2階には、江戸の上水井戸が展示されている(図5-4)。最初それを見ると、言葉は悪いが、なにかみすぼらしい大きなもの(Icon)、あるいはせいぜい壊れた古いなにかの樽としか見えない。しかし近づくとその樽には横に穴が空いていることに気づく(Index)。なんで穴が空いているのかと不思議に思って解説のパネル

(Symbol）を読むと、初めてそれが上水井戸だということがわかる。このように、最初のぼんやりとしたものが、気づきをへて、明瞭な認識へと変化していく。こうした順序性が、この三つには認められるというわけである。

もちろんすべてにおいて、こうした順序が常に意識されて進むわけではない。キャプションを読んで、初めて強く衝撃を受ける事も多い。しかしそうした場合でも、よくよくみるとこうした過程をへているのではないだろうか。例えば、上述の上水井戸でも、なにげなくその前を通って、ふっとその存在に気づいて足を止めるという Icon から Index への進行が、それほど強くはなくてもあるだろう。そこでキャプションを読んで Symbol に移行するが、そこで進行は終わるのではない。おそらくその場合、きっともう一度その展示を見直すのではないだろうか。そうして強い衝撃を受け、さらにまた同じキャプションを読み直すという順序があると考えられる。こうしたように私たちは、1→2→3 と進んで、単純にそこで終わるのではなく、さらに、’1→’2→’3 と何度か繰り返すことで、認識を深めていくのではないだろうか。

パースは、こうしたことを螺旋的循環性でも説明する。Symbol をへて、対象への意識が明瞭になると、こんどはその対象への印象が前とは違ったものになることがよくある。それは、私たちも日常的に経験していることである。そうするとそれが、また新たな気づきという Index を生みだし、それがさらなる Symbol の解釈を生みだすという具合に、私たちの認識は進んでいく。こうした事態を、記号の3項関係で少しわかりにくいがパースは、次のように表現する。

記号は、質の点において第2項すなわち記号の対象にかかわるが、さらに第3項すなわち解釈項も同じ対象にかかわり、そしてまた同じ方法で第4のものにかかわり、という具合に限りなく続いていく。
(2: 92)

すなわちパースは、記号の構造をその基本カテゴリーと同様に3項関係で考える。それは、記号と、それが差し示す対象、そしてその解釈項の三つである。なにかの記号がある対象を差し示す場合、その解釈項によって記号の差し示す対象の理解が変化する。そうすると今度は、その理解によって「,記号」自体の「,対象」の差し示し方が質のレベルで変化する（図5-5）。つまり同じ対象が、少し違ったようにみえてくる。その変化を受けて、また「,解釈項」の理解が変化する。こうした記号過程がそれぞれの記号において認められる。

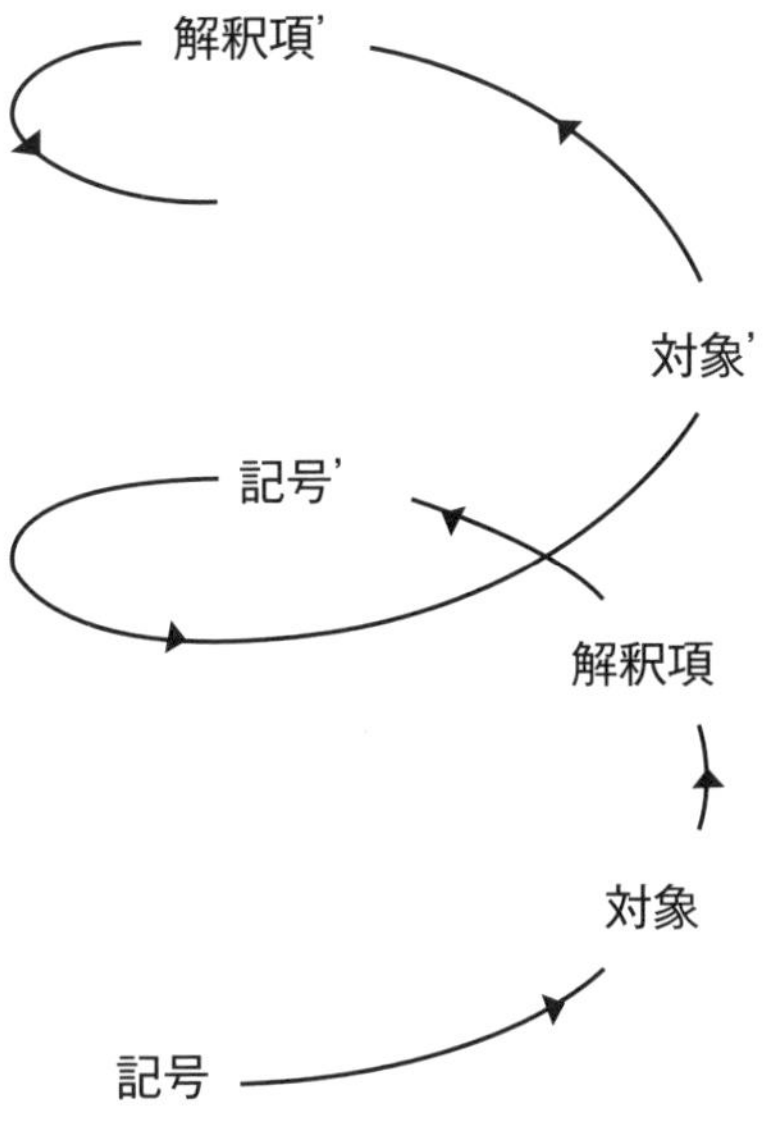

図5-5　認識発展の螺旋

このようにパースの記号論では、最初の基本カテゴリーが、様々な形で説明される。それは確かに複雑でわかりにくい。しかし単に構造的にとらえるのではなく、現実としてうごめいていく力動的な働きとして、記号の問題をとらえようとする思想をここから読みとることができる。カテゴリーの〔1→2→3〕、記号の3側面の〔Icon→Index→Symbol〕、そして記号構造の〔記号→対象→解釈項〕、こうした様々なレベルでの漸進性と螺旋的循環をパースは説明する。

このことによってパースは、私たちの認識が常に変化し深まっていく力動的な現実をとらえようとする。単に対象を固定的に仕分けるのではなく、変化の様子をとらえようとする。確かにそれは不安定でわかりにくい。だがそうであっても、より現実の記号過程をつかまえていくには、こうした動的視点でとらえていく他はない。こうした意味で、このパースのカテゴリー・システムを展示解釈に活用していくのは、私たちにとってより実践的であるだろう。

ではこのカテゴリー論は、私たちの展示の開発と評価にどのような視点をもちうるのか。次節では、この基本カテゴリーから、私たちはどのような展示を読みとる視点を獲得できるのかを検討してみたい。

3　カテゴリーとその解釈事例

ここでは、前節のパースのカテゴリー論に立った、筆者の提案する展示のカテゴリーについて検討したい。まず改めて冒頭で示した提案を再掲してみよう。だがこれから提案するカテゴリーは、本章の最初にのべたように、けっして展示を分類する固定的な規準をのべるものではないことに注意してもらいたい。前述したように螺旋的に変化していくものであるので、ある人のある時点における1次レベルの「せまる」的な受けとめが、同じ展示に対して次には2次レベルの「ゆさぶる」に変化しているかもしれない。私たちの認識は、しばしば柔軟に変化し深化することがある。そうした認識の動的な変化を、このカテゴリー・システムでとらえたい。そうした意味で以下において提案するカテゴリー・システムの解釈事例は、あくまである時点での一つの視点からの解釈事例である。したがって、別の人が同じ展示を同じように解釈することを主張するものではないことに注意してもらいたい。

〔展示のカテゴリー〕

1次レベル「せ　ま　る」：展示のもっている五感に直接働きかける力（光・色・匂い・大きさ・体位・動き）それ自体によって、来館者の認識にせまる働き。

2次レベル「ゆさぶる」：展示が働きかけ、あるいは展示に働きかける相互交渉によって、来館者の認識をゆさぶる働き。

3次レベル「意味づける」：言語や配列や対比などの媒介によって、1次と2次の展示を法則的・規則的・文脈的に意味づける働き。

この展示カテゴリーは、パースの3カテゴリーと、その具体化である記号の3種類とを反映するように設定されている。ではそれはどのようにか。前述の基本カテゴリーの説明で事例を通じて一部のべたものを改めて検討したい。

(1) 1次レベル「せまる」

第1性やIconは、他のものとはかかわらない、それ自体としてのあり方であった。Iconが、そうしたそれ自体の力でのみ記号であり続けるという観点にたてば、1次レベルは、展示の方から「直接観念に働きかける」、光や色や匂いや音といった、それ自体で直接的な力をもって「せまる」働きということになる。し

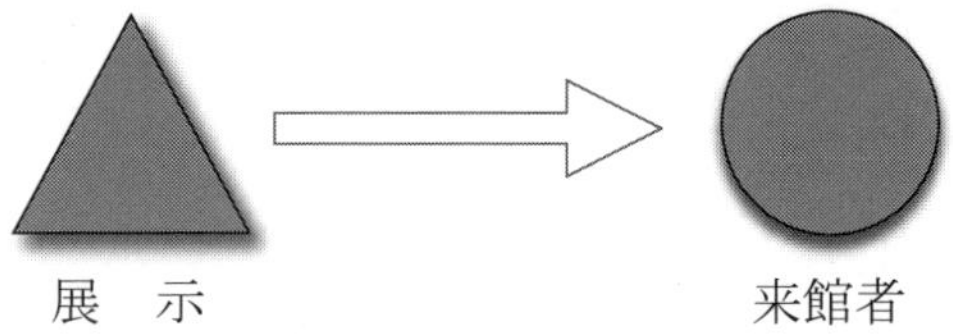

図 5-6　1 次レベル「せまる」

かしそればかりでなく、大きさや体位あるいは動きといった、身体感覚に全体的にせまる働きも含まれるだろう。また、たとえそれが文字であっても、その Symbol としての働きではなく、むしろ Icon 的である場合には、それも1次レベルの働きと考えてよいだろう。これを理解のために図示すれば、次のようになる。この1次レベルは、展示の側からの、いわば一方的な働きかけとして図示できる（図5-6）。

いくつか具体的な事例で考えてみたい（ただしもちろん事例の解釈は、一つの見方である。解釈者によっては、同じ展示に別のレベルを読むこともある）。まず光を使った1次レベルの展示例をみてみよう。フランス・パリの「ラ・ヴィレット」には、1次レベルの展示が多くある。

たとえば、数学展示の確率統計の正規分布のベル・カーブの展示。上から玉を落としてピンの中を通すことでベルカーブを描かせる展示はあちこちにあるが、ここのはそれに光を当てることで、玉が描くカーブを印象的にしている（図5-7）。そこには何の説明も付されていない。したがってこれを観る来館者の先行経験や既有知識によって、この展示の解釈は大きく左右されることになる。学校教育レベルであっても数学を学んだ大人には、確立統計の展示として印象深くても、小学生ではそうした印象をもたないだろう。大人では、すでにある文脈的な3次的な理解をへて新たな1次や2次へと進むかもしれない。しかし小学生では、最初の1次レベルにとどまるかもしれない。こうしたことが同じ展示であっても起こりうる。このカテゴリー・システムを展示開発で活用するメリットはここにある。すなわちそれは、同じ一つの展示であっても、それが来館者によってどのように異なってみえるのかを、あらかじめ考えることを可能にするというメリットである。

日本でも、山口県長門市にある「金子みすゞ記念館」の手のひらに詩を投影する展示は、その詩を読ませることを目的にしているというよりも、みすゞの心を感じとってもらうことを目的にしているような、非常に印象的な展示である（図5‐8）。それは、言葉なのだが、意味を必要としていない。ただ受けとめさせるだけの展示である。

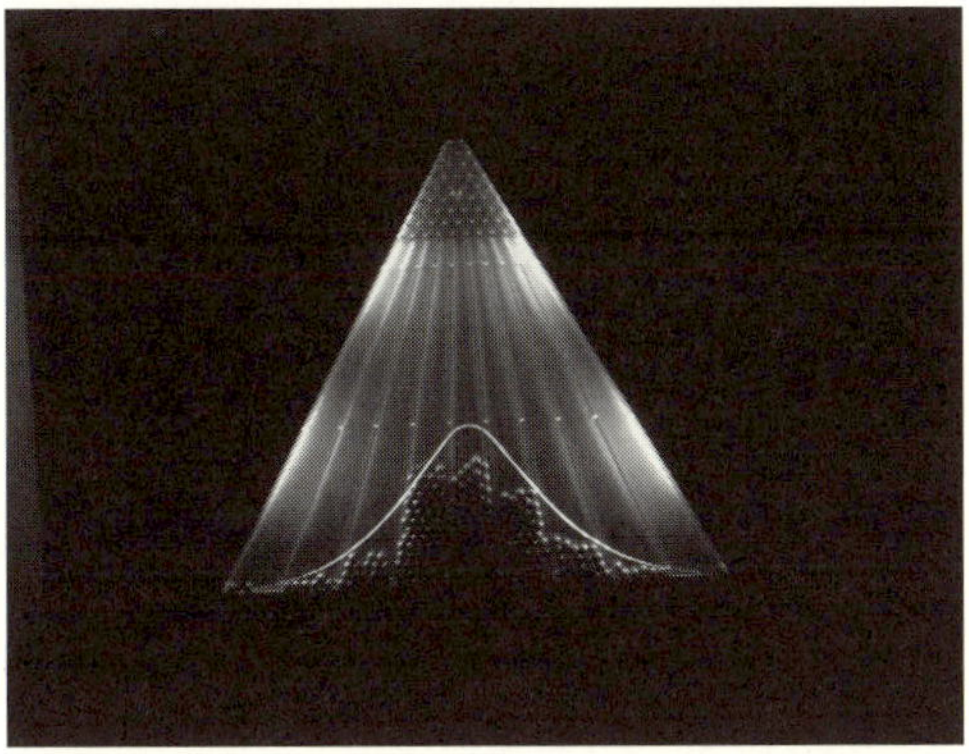

図5-7　パリ・ラヴィレット　数学展示
暗い部屋の中で、光が当てられたカーブが美しさを放つ。

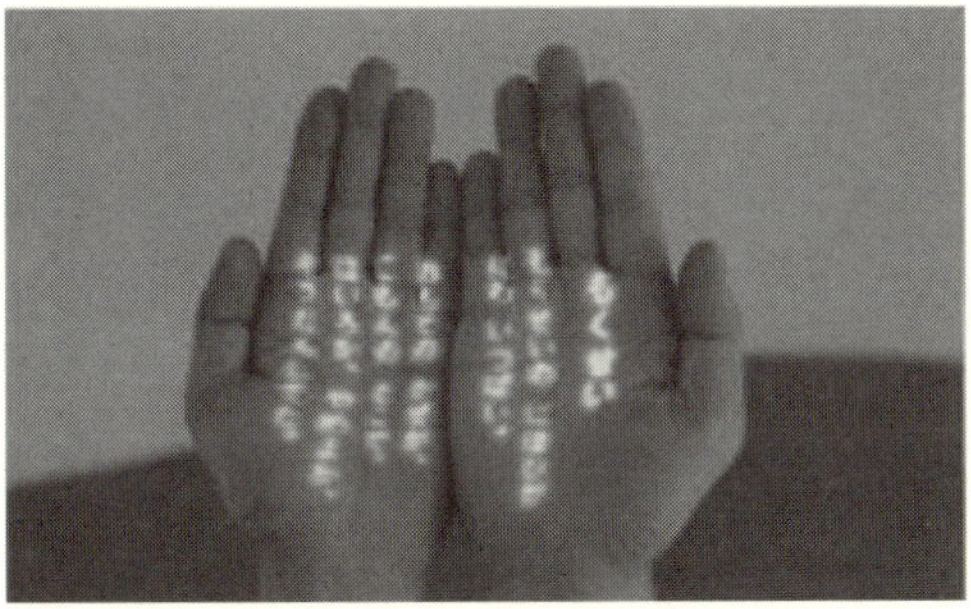

図5-8　金子みすゞ記念館　手のひら展示
手を差し出さないと気づかない人もいるという。

色を効果的に使った展示には、ワシントンの自然史博物館をあげることができる。ここの海の生物展示は、Ocean Hallと呼ばれる展示室全体をブルーに統一することで、海の中に入っていく雰囲気をつくりだしている（図5-9）。色の問題は案外と重要である。そこでは、感覚的・生理的な影響と文化的な意味合いとがあり、かつまた色覚障碍の問題も考えなくてはならず、難しい問題となる。

音を効果的に使った展示には、フランス・パリの国立自然史博物館の「進化の大ギャラリー館」2階のサバンナの動物展示があげられる。ここでは、サバンナの動物たちが同じ方向を向いて行進しているように展示されている（図5-10）。そこに踏み入ると、こちらの動きに合わせて動物たちの吠える声と、サバンナを吹き渡る風の音が聞こえてくる。その効果は、簡単な仕掛けにもかかわらず、一瞬サバンナに分け入ったか

図 5-9　Washington Natural History Museum　Ocean Hall の展示
部屋全体がブルーに統一されて、海の中に潜っていく感覚になる。入口には、次の文言が。The ocean is a global system essential to all life-including yours. Dive in, Discover it with us.

図 5-10　パリの国立自然史博物館「進化の大ギャラリー館」サバンナの動物展示
キリンの首の向きなどで、いかにも動き出しそうな感じが伝わってくる。

のような感覚を覚えさせられる。

大きさが直接せまる展示の好例は、なんといっても恐竜の展示である。多くの人が恐竜展に惹かれるのは、その大きさ故である。しかし体位というのは、わかりづらいかもしれない。体位というのは、目的にそった展示物と来館者の相対的な位置のことである。最近は、案外に多くのところでこのことを意識した展示がみられる。例えば、千葉市動物公園のキリンの展示は、キリンの行動特性である長い舌の上手な使い方を見せるために、来館者の目線のところで餌の葉っぱを食べる様子が観察できるようになっている（図5-11）。

体位の問題は、案外に重要であろう。これを誤ると、十分な効果が得られない場合もある。例えば、カナダ・トロントのオンタリオ・サイエンスセンターの鳥の目展示は、寝て手を広げて鳥の目映像を見ることで、き

図 5-11　千葉市動物公園のキリン舎
子どもでも目線で長いキリンの舌の手のような使い方を観察できる。

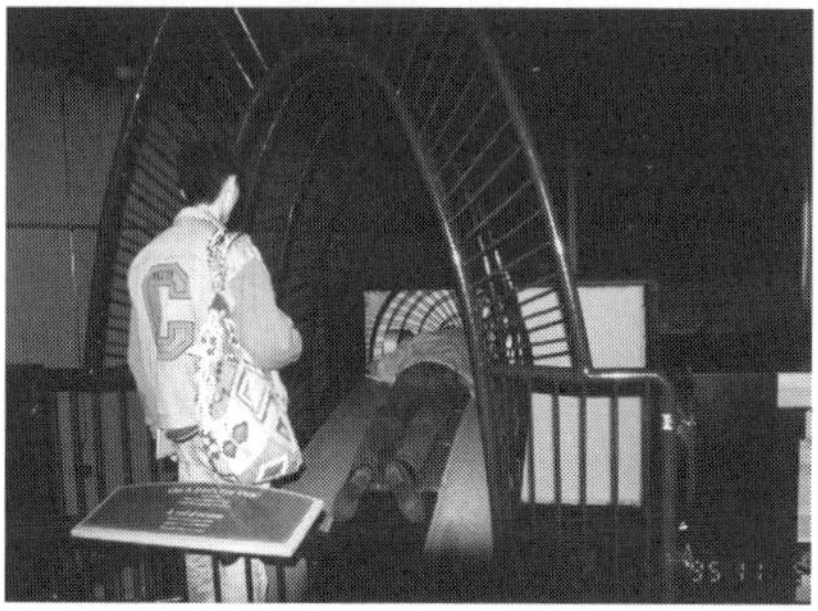

図 5-12　オンタリオ・サイエンスセンターの鳥の目展示
自分が鳥になったように、空中を舞い急降下して餌をつかまえる感覚がリアルに伝わってくる。

わめてリアルな感覚が得られるようになっている（図5-12）。しかしこれと似ている上野の科学博物館の展示は、立って見るために残念ながらあまりリアルにはならない。ほんの小さな違いであるが、体位が展示の力を左右する好例である。

また文字であっても、かならずしも3次レベルの機能ばかりではないことにも注意が必要である。天井から下げられるバナーなどは、確かに3次レベルの働きをしているかもしれない。だが、同時に1次レベルのIconとして働く展示をも兼ね備えていると考えられる（図5-13）。天井から長く垂れ下げられたバナーは、その展示場をそれによってまとめる働きをしているからである。このことは、しばしば苦労する展示場の案内表示にも、一つのヒントになるかもしれない。すなわちこの問題は、文字による3次レベルの意味媒介機能ばかりでなく、大きさや光の当て具合などで1次レベルの機能にも注意することの重要性に気づかせてくれる。

その他、2節2項で建物や展示場の構造なども、1次レベルのIconとして働く可能性についてのべたが、その好例としては江戸東京博物館の「日本橋」をあげることができる（図5-14）。江戸東京博物館では、わざわざ上階の6階に展示場への入口を作り、そこから日本橋を渡って江戸の街に入っていくという構造を取

図 5-13　神奈川県立生命の星・地球博物館

図 5-14　江戸東京博物館の日本橋
文化3年（1806）と文政2年（1819）の改架をもとにした実物大（北半分）の復元

り入れることで、非常に効果的な雰囲気をつくりだしている。

以上、こうした1次レベルの展示は、このように案外に多く博物館において用いられている。古い時代のものは、いわゆる陳列的な展示であった事を思えば、最近は様々な工夫が試みられていることがうかがえる。こうしたことを、このカテゴリー・システムで改めて確認することができる。しかしこの1次レベル展示は、来館者の言語意味的解釈によるよりも感覚に直接せまるところがあるために、一種逆らえないところがある。そのため、これを意識して使えば良い効果が得られる反面、読み間違うと誤ったメッセージを伝えかねないことにもなる。このことには、特に注意が必要である。

また本節でのべた事例は、あくまでもある時点で切り取った場合の典型例と考えられるものである。すでにのべているように、解釈者の先行経験や同行者、あるいは様々な要因によっては、この事例が当てはまらないことがある。またこれもすでにのべたように、次々に変化していく認識の状態によっても、本節の事例が適切でないと思われる場合もあるだろう。しかしそれにもかかわらず、こうしたカテゴリーで来館者の受けとめを議論していくことの意義は小さくない。というのもここでの事例は、1次レベルに分類される展示の例ではないからである。そうではなく、そうした認識を与える可能性のある展示の働き事例だからである。私たちはこれによって、このような展示が、はたして期待した認識を達成しているかどうかの議論が可能になる。

(2) 2次レベル「ゆさぶる」

2次レベルは、「展示に働きかけ、あるいは展示から働きかけられる相互交渉によって来館者の認識をゆ

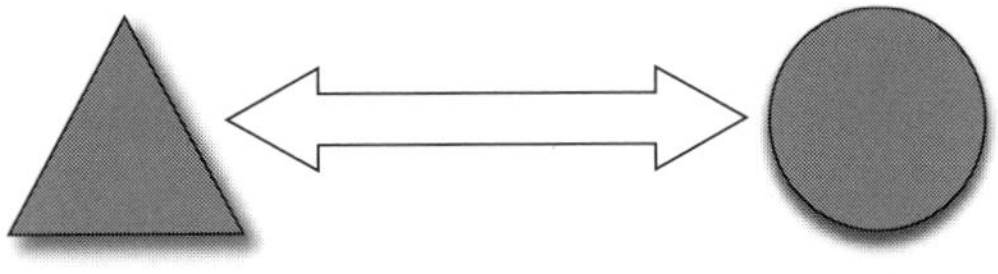

図5-15　２次レベル「ゆさぶる」

さぶる働き」である。それは、パースのカテゴリー「何か他のもの一つにはかかわって」いて「ぶつかりあい」がある Index の働きである。このレベルを特徴づける概念は、第2性と Index 記号の特性から、作用反作用（抵抗）、ぶつかり合い、目ざめ、自我と非我、というものである。しかしこれらをまとめると、抵抗にあい目ざめて自我と非我に気づくことであるので、端的にそれは「ゆさぶり」と表現することが適切であるように思われる。

ゆさぶられるのは、2節(4)の引用の「耳をつんざく音による静けさの破壊」のように、強い物理的な力の場合ばかりではない。むしろそれまでの既有の概念と対抗するような場合に、より強くゆさぶられるかもしれない。したがって、来館者と展示の相互交渉によって認識が成立するこのレベルでは、適切な応答になるよう気をつけなくてはならない。そしてその一方、来館者の行為を誘う仕組みも考えられなくてはならない。重要なのは、展示の意図を適切に伝えられる行動を引き出せるかどうかである。これも図示すれば、次のようになるだろう（図5-15）。

2次レベルは、一般にハンズ・オン展示と呼ばれるものがあてはまる。だが前述したように、たとえハンズ・オン展示であっても、ただ展示物に触らせたりすればよいのではない。歴史系博物館のハンズ・オンコーナーによくある、土器の破片を組み合わせるといったゲーム的なものは、注意しないと、このゆさぶりを生みだす事ができないままになってしまうことになる。2次レベルの展示は、自我と非我のぶつかり合いが重要である。したがって実際に能動的にかかわってみて、そこからの反作用を受けて、そのことで何らかの「ゆさぶり」が生まれなくてはならない。それがなくては、たとえ展示への働きかけがあったとしても、2次レベルの展示にはならない。ハンズ・オンであることは、かならずしもこのレベルの働きをする展示である事を保証しない。ハンズ・オンだから2次レベルなのではない。2次レベルであるならハンズ・オンなのである。

「ゆさぶる」展示の例としては、群馬県の榛東村にある小さな博物館「耳飾り館」の展示がある(図5-16)。ここでは、古代から現在までと、世界中の様々な耳飾りが展示されている。中でもゆさぶられるのは、古代の人の巨大なピアスである。七、八センチもあろうかというピアスを耳に吊るすのではなく、耳たぶに穴を空けて入れたり、耳穴全体を塞ぐようにして使うということを目にすると、それまでの既成のピアス概念が「ゆさぶられる」。

図 5-16　耳飾り館のピアスの棚
大きな土製のピアスを調べている小学生

図 5-17　ドイツ博の子ども王国のギターの展示

図 5-18　江戸東京博物館の上水井戸の展示
上水井戸の説明を読んでいる来館者

あるいはまた、ミュンヘンのドイツ博物館を例にあげることもできるかもしれない。ここは、紡織機のような大きなものでも、実物をそのまま展示することで有名であった。だが十数年ほど前にリニューアルした時に、あちこちにハンズ・オンを入れ、最下層に子ども博物館「子どもの王国」を入れた。この写真は、子ども博物館のギターの展示である（図5-17）。中でつま弾くと、強い共鳴を体で感じることができる。そうした意味では、1次レベルの働きということもできる。だがこれは、子どもが物理的で能動的にかかわることによって認識を生みだす展示という観点でみれば、2次レベルの働きということができるだろう。これは、物理的なゆさぶりである。

以上のことから、「ゆさぶり」にも認識論的なゆさぶりと、物理感覚的なゆさぶりとがあることがわかる。もちろん認識論的なゆさぶりといっても、言語意味的な認識ではない。既有概念が壊される「気づき」としてのゆさぶりである。言語的な意味づけになると、次の3次レベルの展示になるからである。しかしながら、こうしてみるとわかるのは、この2次レベルの「ゆさぶる」展示は、一見ありそうでいてそうでもないことである。認識論的なゆさぶりの展示はもちろんのこと、物理感覚的なゆさぶりの展示も決して多くはないのではないか。

確かに物理法則を理解させるための科学館の操作できる展示は、多くこの物理感覚的なゆさぶり展示である。だが、装置自体はそうした狙いをもっていたとしても、来館者にそれが十分に伝わるのか、つまり「ゆさぶる」のかということになると、それはまた別のことになる。展示においてもっとも難しい問題がここにある。すなわち展示側の意図と、来館者の関心とのミスマッチである。そのミスマッチには、年令やその人の既有経験や学識などによって起こってしまう不可避な部分がある。だがまったくなす術もない訳ではない。

展示においては、1次レベルへの配慮を忘れないようにすることが大切である。カテゴリー説明のところでのべた鳥の目展示は、そのことを表している。体位という次元の1次性は、そのリアルさに大きくかかわっていた。

他方、認識論的なゆさぶりは、朝霞市博物館の土器と現代の道具との併置の例のように、既有概念への対抗によって起こされる。いわゆる「概念くずし」と呼ばれる方法である。だがこの認識論的ゆさぶりの場合は、言語をまったく介しないことは難しい。東京都水道歴史館や江戸東京博物館にある江戸の水道の展示でも、江戸の長屋の井戸が土中の水を溜める掘井戸ではなく、玉川上水などからの水をひいて溜める「上水井戸」という水道だったといったことは、言語的説明によってより強くゆさぶられる（図5-18）。したがってこの場合の2次レベルの効果は、次の3次レベルとの協働によることになる。というより2節(5)の「進行し循環する記号過程」でのべたように、1→2→3さらに、1'→2'→3'3といった進行的循環によってより強くゆさぶられると解釈できる。

(3) 3次レベル［意味づける］

3次レベルは、言語や配列や対比などの媒介によって、展示を法則的・規則的・文脈的に意味づける働きである。これは、パースのカテゴリー論では第3性になる。そして記号論的にはSymbolの働きとなる。第3性は、媒介する働きである。その媒介作用によって、展示の言語意味的理解が促進される。言語意味的理解は、慣習や理論や場面の文脈によって与えられる。その代表は、文字言語と映像それも動画による説明である。これを図示すれば、次のようになる（図5-19）。

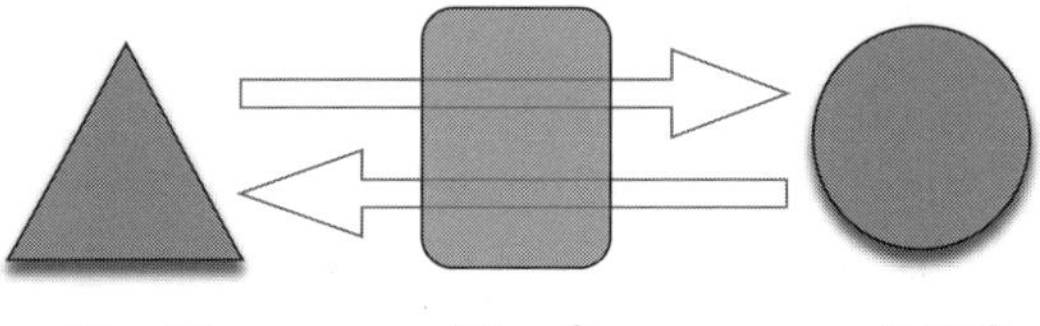

図5-19　3次レベル「意味づける」

図5-20　水の科学館「水の歌声が聞こえる」の鑑賞　やわらかい丸形ソファーに体を沈めて、いわば半分寝転ぶことで、体が水の中に入る感覚になる。

だがしかし、文字や動画であるからといって、必ずしもこの媒介を果たさないことにも注意が必要である。というのも1次レベルや2次レベルを考慮しないと、せまらず、ゆさぶらない展示となってしまい、結局来館者と展示をつながないことにもなるからである。こうした3次レベルの展示は、文字や映像といったいわゆるSymbolだけでなく、順序や対比や分量といったものも考えなくてはならない。どちらにしても、その中心的な役割が媒介であることに注意するならば、単に言語的説明を与えるばかりではなく、同時に1次レベルや2次レベルを考慮しなくては、十分な効果が望めないことになる。

こうした意味で、前述の水の科学館の「水の歌声が聞こえる」が、それなりに成功していると評価できるのは、1次レベルに配慮し映像の語りでつないでいるからであった。1次レベルとしては、映像の美しさばかりでなく、やわらかい丸形ソファーに体を沈めて鑑賞させるという、体位にも配慮していたことが特記される（図5-20）。ソファーに体を沈める体位をとらせることで、水の中に入って映像の中に入り込む感覚を得させることに成功しているとみられるからである。しかしながら2次レベルのぶつかり合いやゆさぶりという点は、あまりない。

1次レベルと2次レベルと3次レベルをバランス良く組み合わせた展示としては、いまはなくなってしまった、東京・お台場のダイナソー・ファクトリー（図5-21・注8）をあげることができるかもしれない。ダイナソー・ファクトリーでは、展示場が全体的に発掘現場になっており、PDAの指示にしたがって床に貼られた恐竜発掘現場を歩くと、恐竜の姿が浮かび上がってくるようになっていた。1次レベルとしては発掘現場の雰囲気があり、2次レベルとしては恐竜の姿が浮かび上がってくることでゆさぶられ、3次レベルとしては言語的媒介によって来館者の中での対象の再構成を導くという手法は、優れた試みであったと評価できる。

しかし、1次レベルから3次レベルまでを効果的に展示だけでそろえることが難しいことも実際である。

図5-21　ダイナソー・ファクトリーの発掘現場展示　散乱する化石が、PDAのガイドによって恐竜の形にみえてくる。

図5-22　科学技術館のガスクエスト燃焼実験　アルコールを入れた缶に紙コップをかぶせてライターで缶を暖めると、炎とともに紙コップが飛び出す。

そのため科学館などでは、人が介在して実験のワークショップをおこなうことが多い（図5-22）。人が介在することで、3次レベルの意味理解を高めるとともに、2次レベルのゆさぶりを高めることができる。ただし実験ショーなどでは、驚かせることを主におくと、物理的なゆさぶりだけで認識論的なゆさぶりにならないことも多いので注意が必要である。

4　まとめ——このカテゴリー・システムの要点

以上が、展示の基礎的カテゴリーの説明である。だが、いくつか注意しなくてはならないことがある。その一つはまず、これまでも再三のべてきたように、このカテゴリーは展示を単に分類するものではないことである。そうではなく、どのような認識を与える可能性があるのかを議論するためのものである。多くの場合、一つの展示で三つともがあてはまる。ただそれぞれの展示では、この三つの側面のうちのどれかがより強調され、どれかの部分が弱いという状態であるにすぎない。阿修羅像の展示は1次レベルが強調的であったが、印刷機を試させる展示は2次レベルが強調的であるといった具合に。

それればかりか、来館者の状態によっても異なって解釈される。ある人にはその同じ阿修羅像が2次的であり、印刷機が1次的であるかもしれない。それは、それぞれの人の経験や来館の姿勢、あるいは環境によって異なってくる。そうしてみれば、このカテゴリー・システムは、常に流れて定まらない来館者の認識を、ある時点でとらえるだけであることになる。その意味で、まだ全く不十分といわざるを得ない。とはいえこうしたシステムは、展示の目的に合わせて改善することのヒントにはなるだろう。

次に、このカテゴリーには、順序性と螺旋的循環性も認められることにも注意が必要である。縄文の土偶が、瀟洒なガラスケースの中でスポットをあてられ一人ポツンと置かれ、そこに不思議な静けさと神秘さが漂うとすれば、そこには1次レベル的な力が働いているのかもしれない。しかし、教科書の写真で見ていたときには、その力強さから大きなものだと思っていたのが、実際にはとても小さくて「ハッと」するなら、それは2次レベル的な受け取りかもしれない。だがさらに、いつ頃の年代かとか、どのような使われ方をしたものかなどの説明に関心を寄せたとすれば、それは3次レベル的な受けとめであるかもしれない。

この事例でわかるのは、この三つのレベルでみとることのできる来館者の受けとめに、前節のパースのカテゴリー・システムのところでものべた、ある程度の順序性が認められることである。そして1・2・3と進んだ認識が、新たな感じ方という1次的な受けとめを生みだし、それがさらに新たな感動といった2次レベルの受けとめを生み、そしてさらに深い3次レベルの理解を生みだすといった螺旋的循環理解になるかもしれない。以上のことを改めてまとめると、次のようになる。

・このカテゴリー・システムは、展示をこの三つのどれかに分類するためのものではない。
・展示の強調点と来館者の受け止めをみとるための基本概念である。
・来館者の受け止めには、しばしば順序性も認められる。1次→2次→3次という具合の。
・その順序性は、さらには螺旋的循環にもなっていく。

こうしたことから、これを平易にのべれば、1次レベルから2次レベルへ、そして3次レベルへのプロセスは、展示の方からすれば「せまる→ゆさぶる→意味づける」といった順序性が認められるとともに、来館者の方からすれば「感じる→かかわる→考える」といった順序性が認められるかもしれない。このカテゴリー・システムで、実際の展示をどの程度まで解釈・評価できるかは、これからの検討課題である。しかしながら、こうしたカテゴリー・システムの役目は、展示改善のための検討において、展示側の意図ばかりではなく、来館者側の読み取りをも共通の概念で議論する基盤を提供するところにある。最初にのべたように、これが従来の展示分類法とは異なる、このシステムの大きな利点であり、今後の研究に資する価値のあるところだろう。

従来の展示評価は、展示それ自体の意味合いを直接に評価するというよりも、別の方法、たとえば来館者の行動を観察するなどの、いわば間接的な評価にゆだねる他はなかったことを考えれば、この提案システムによる評価の可能性は試みてよいのではないだろうか。もちろん評価といっても、展示の良し悪しを明晰に判定するものではない。展示の目的が、より期待されたように受けとられているかどうかを解釈する一つの手段として、このカテゴリー・システムは働きうるだろうという意味での評価である。それはいわば、振り返っての反省の道具の一つとしての評価である。こうしたツールを私たちはこれから、様々な理論的観点から開発していくことが求められる。本章の提案するカテゴリー・システムも、今後の議論で批判の対象となることが望まれる。

〔注　釈〕

1、パースについては、一般にはあまりよく知られていないかもしれない。博物館界でも、デューイが話題になることはあっても、その先駆者としてのパースについては知られていない。しかしパースは、デューイにもっとも影響を与えた一人であるという意味で、欠かせない人物である。

パースの人物や業績については、別に調べていただくとして、ここではパースやデューイらのプラグマティズムの特徴について一言だけ触れておくのがよいだろう。それは、スミソニアン博物館の設立にもかかわった、アガシー（Jean Louis Rodolphe Agassiz, 1807-1873）の知識観との違いについてである。

アガシーら反進化論者の知識観は、神の不変を信じているがために、知識それも自然の知識は、変化するものであってはならない。それに対してデューイらの知識観は、現実の中で常に組み立て直されていくものである。この違いは、博物館の展示を考えていく場合に、重要な視点であると思われる。変化しないものとして展示を考えるのか、それとも来館者によって変わりうるものとしてとらえるのか、それは大きな分水嶺になるだろう。

2、詳しくは、文献一覧の内田、米盛、好並のパースについての著作を参考にしてもらいたい。本章の訳文なども、これらの研究に負うところが多い。

3、パースの著作は、その著作集の巻号とその論述項番号とで標記することが通例である。またその著作集は、死後その断片を集めて三人が編集したものによるので、「引用・参考文献一覧」の表記のようにその編者名で表記するのが通例である。

4、ここでパースが「新ピュタゴラス学派カテゴリー」とのべるのは、数学者でもあった彼が、数を根本原理と考えたピュタゴラスに自らをなぞらえたことによる。単純な整数によって世界をとらえようとしたピュタゴラス教団にならって、パースもこの3性に全てを還元しようとする。

5、クオリアは、Wikipedia では、二〇世紀に入ってからのコトバとされる。アメリカの哲学者クラレンス・アーヴィング・ルイスの一九二九年の『精神と世界の秩序』において使われたとされる。しかしこの考え方は昔からあるもので、パースも qualities という単語で現代のクオリア（qualia）とほぼ同じ意味で使っている。

6、もちろんこれはただのこじつけにすぎない。ビッグバンが唱えられたのは、パースが亡くなった一九一五年以降のことである。ジョルジュ・ルメートルがこれを唱えたのは、一九二七年であるし、これの元となるアレクサンドル・フリードマンがその宇宙論を出したのは一九二二年である。したがってパースが、これらの理論を知る可能性はない。この当時は、まだ宇宙は定常的で不変のものと考えるのが一般的であった。とはいえパースのカテゴリー論には、随所にビッグバン的な発想がみられる。

7、クリスチャン・メッツは、八つのカテゴリーによる大連辞分類（Grand Syntagmatique）を提唱した。映像は、一つのショットそれ自体が文をなしており、それの連なりで文章を構成するという考え方を提唱した。これによれば、映像もさまざまな言語意味的媒介として働く可能性をもつことになる（メッツ．一九三七、小笠原、二〇〇三）。

8、林原自然科学博物館ダイナソー・ファクトリーは、東京都江東区有明にある、パナソニックグループのショウルーム内に二〇〇二年九月から三年間という期限付きでオープンした、ミドルヤード展示が特徴の博物館。Bluetoothを使ったＢ６ほどの携帯端末（ＰＤＡ）を使った探究型の施設であった。現在は、リスーピアという数学展示になっている。

〈引用・参考文献〉

青木豊（二〇一三）『集客力を高める博物館展示論』雄山閣出版
フォーク・Ｊ：ディアーキング・Ｌ（一九九六）『博物館体験―学芸員のための視点―』高橋順一訳　雄山閣出版（John, H. Falk & Lynn D. Dierking, (1992) . *The museum experience*. Washington, DC, Whalesback Books.）
メッツ・Ｃ（一九八七）『映画記号学の諸問題』浅沼圭司訳　書肆風の薔薇（Metz, C. (1974). *Film Language: A Semiotics of the Cinema*, Oxford Univ. Press）
小笠原喜康（二〇〇三）『Peirce 記号論による Visual 記号の概念再構成とその教育的意義』紫峰図書

Peirce, C. S, *Collected Papers of Charles Sanders Peirce*, vols. 1–6, 1931–1935, Charles Hartshorne and Paul Weiss, eds., vols. 7–8, 1958, Arthur W. Burks, ed., Harvard University Press, Cambridge, MA.

ソシュール・F（一九七二）『一般言語学講義』小林英夫訳　岩波書店

高橋信裕（二〇〇〇）「展示設備（展示装置／展示備品など）」加藤有次・鷹野光行・西源二郎他編『博物館展示法（新版 博物館学講座九）』雄山閣出版、七四－一〇〇頁

内田種臣（一九八六）『パース著作集二　記号学』勁草書房

好並英司（一九九一）「記号作用にとって〝対象〟は必要か—C・Sパースの記号論の一側面」岡山商大論叢、二九(三)、四五－六四頁

米盛裕二（一九八五）『パース著作集一　現象学』勁草書房

米盛裕二（一九八一）『パースの記号学』勁草書房

第6章

モノ展示再考——モノは語りえるか

1　モノの語りの問い直し

筆者は、博物館ではモノを通じて学芸員の解釈によるコトを展示しているのだと、本書の第4章で主張した。しかしモノは、それ自身でなにも語らないのだろうか。第4章とは矛盾するようだが、本章ではこの問題を考えてみたい。結論からのべると、「モノは、それ自身として語りうる」ところがある。もちろん第4章でのべたように、モノ自体が私たちの心に、言葉で直接語りかけるわけではない。そうしたオカルト的あるいはアニミズム的な話ではない。ではそれは、どういう意味なのか。そしてそれは、どの範囲内においてであるのか。本章では、それを読み解く理論を検討したい。

最初に断っておかなくてはならないことは、第4章の主張との関係である。たしかにこれは、第4章と矛盾するようにみえる。第4章では、物が学芸員の解釈するコトによってモノとなると主張していたのに、ここでは物それ自体が自ら語る、と主張するかのようにみえるからである。だがそうではない。学芸員は、どんな物を展示しようかと考えるその時点で、すでにコトを語っているのである。第4章での主張は、学芸員の物のコト解釈によって、ただの物が展示すべきモノとなることであった。それはもちろん、博物館展示に物が必要ないとも、世界がコトの集合であって、物などないと主張しているわけでもない。なお以下、解釈された物の場合、すなわち物がコト化している場合は、モノと表記する。

したがってむしろモノ展示が、どういう意味でどの範囲で、それ自体として意味を持ちうるかを検討することは、かえってコト展示の重要性を浮き彫りにすることになる。なぜならそれは、モノの「語り」というコトの性格を明らかにすることになるからである。私たちは、記号としてのモノの語りを知る必要がある。そうでなくては、予期しない結果を招くことになるからである。

また前章との関係も、明らかにしておかなくてはならないだろう。前章では、主に展示する側からの視点を議論した。つまりそれは、展示を企画するときの、バック理論のようなものであった。しかし本章での議論は、むしろ来館者側の展示を読み取る視点についてである。つまり、なにかの展示に来館者が接するとき、それをどの記号的側面から読もうとするのか、その読み取りカテゴリーを、前章でも援用した、C・パース (Charles Sanders Peirce) の記号論から考えてみたい。前章では、パースのカテゴリー論からの、展示を企画するときのメルクマールを考えた。本章ではその記号論 Icon, Index, Symbol の三つにしぼって、それがどのような語りをする記号であるのかについて議論する。

もっとも、展示の語りを読み解く本章で提案するカテゴリーは、前章とかなり重なる。というよりは、基本的に同じである。どちらも、パースの基本カテゴリーに依拠しているので当然である。ただ本章では、改めて記号の三側面からのべることで、前章でいいきれなかった論点を補足したい。パースのカテゴリーは、あまりに抽象的なので、こうして様々な視点から問い直すことが、展示をより理解する観点を獲得できるようになると期待できる。

さて、「モノが語る」とは、前章でのべたように、展示の側に「せまる」「ゆさぶる」「意味づける」といったところがなくてはならない。だがその働きが、その狙い通り受け取られるとは限らない。この三つの展示の側の働きは、来館者側ではどのように受け止められるのか、それが本章で提案するカテゴリーである。前章でも一部この三つの記号種での展示理解も試みたが、本章ではもう少し詳しく議論を展開する。前章と合わせて本章を理解していただきたい。そこでまず、パースの記号論に対する、かなり流布している誤解から解いていきたい。この点は、モノの語りを理解する上で、不可欠の部分である。

2　パースの記号論

(1) パースの記号論への誤解

モノは、それ自身として語るところがある。博物館の来館者は、モノが自ら語るその力に感嘆し惹きつけられる。考え抜かれた照明の中に浮かび上がる「阿修羅像」は、言葉による語りを無化する。高村光太郎の「手」は、私を背後からむんずとつかむ。マネの自画像は、キャンバスを抜け出して今にも歩みだしそうである。前章でのべたように、それは第1性の存在様式から説明可能である。モノがそれ自体で、前章のカテゴリー論的にいえば、ただそれだけの力で私たちにせまってくる。

だがしかし、すべての展示物がそうしたせまり方をするわけではない。いや、そうしたせまり方をする展示物は、むしろ少ないかもしれない。名画といわれるものでも、ただ「これ知ってる。教科書に載ってたのだ」といった反応を引き出すだけかもしれない。そこには、来館者の来館動機や先行知が関係するだろう。あるいは、もうある程度慣れてしまって、さほど興味を惹かない土器や農具もあるかもしれない。展示物が語るとは、どういう意味なのか、それをパースの記号論から読み解いてみたい。それも、第4章との関係で、前述したように来館者側からの視点で読み解く理論を考えてみたい。

絵や写真は、一般的にはIconとみられがちだが、実は違う場合が多い。そこに気をおかないと、違った解釈を来館者に与えてしまうかもしれない。展示物につけられたキャプションは、どんな働きをしているのだろうか。それは、Indexとしてゆさぶるよりも、ただ単に仕分けているだけかもしれない。ビデオ映像だからといっても、Symbolとして文脈的に意味づけてくれないかもしれない。本章では、パースの記号論の立場から、こうした視点を議論する。

パースは、よく知られているように、記号に三つの種別をつける。それはIcon, Index, Symbolの三種別である。このパースの記号の三分類は、彼の名前を知らなくても、極めて有名でよく知られている。しかしそれだけにこれは、かなり誤解されているところもある。前章でも一部のべたが、それは大きく分けると二つある。

一つは、この三つの記号の性格についてである。これはかなり誤解されている。とりわけIconとIndex

は、混同されていることが多い。よくいわれるIcon記号は、多くの場合Indexである。5章でのべたように、Iconとは、それが指し示す対象と外形が似ているという意味での類似記号ではない。それは、働きとして似ている記号である。

そうした意味でそれは、もう一つの誤解と関係する。この三つがそれぞれ独立した記号の種類だという誤解である。この三つは、記号の種類ではない。もう一つは、第5章でものべたが、それは一つの記号の三側面、あるいは端的にいえば働きである。なにかの記号があるとすると、この三つの働きの側面が必ずある（ただし働きだからといって、唯名論だというのではない。注1参照）。ただそのときの状況なり解釈者によって、どれかの側面がきわだつだけである。このことは、博物館の展示においても、もちろんいえることである。このことも展示を反省するときに、重要な問題を提起する。

(2) パース記号種別への誤解

パースの記号の3種類については、第5章ですでにある程度詳しくのべた。そこでここでは、後の検討のために、主にその違いについてのべてみよう。前述したように、それらは混同されていることが多い。とりわけIconとIndexの混同は、むしろ一般的である。そこでまず、この問題から考えてみよう。

今日では、「Icon」（アイコン）という言葉は、とてもよく知られるようになった。というのも、マックやウィンドウズ・パソコンの登場によって、デスクトップに絵記号がもちいられるようになったからである。しかしあれは、パースのいうIconではない。あれはむしろIndexである。なぜならIconは、形で何かに似ている記号ではないからである。Iconは、他のなにかの助けやかかわりも必要とせずに、それ自体でなにかを伝える力のある、パースのカテゴリー的には第1性の記号である。より正確にいえば、それをみる者の言語的解釈をへることなくなにかの印象をうったえる記号、あるいはそうした記号の働きの側面をIconという。だからそれ自体で、なにかのいわゆる言語的な意味を伝えることはない。むしろ雰囲気や感じや印象を伝える記号である。

したがって写真とりわけ肖像写真はIconではない。それは、Indexである。Indexは、その名のとおり、何かに貼り付けられて、その何かとの関係で意味をもつ記号である。これは何かに貼り付けられていなくてはその役目をはたさない。ビンのラベルも、机の上にあってまだ貼り付けられていないならば、まだIconである。なにかに貼り付けられ、そのなにかを分類する目印として働くとき、それがIndexとなる。もっとも、たとえビンに貼り付けられても、それを見る人が、その美しさや可愛さに惹かれるならば、その人にとっては、Iconとして働いていることになる。

肖像写真の多くがIndexだというのは、それが仕分けのために、パスポートなどの何かに貼り付けられるからである。したがって肖像写真でも、「正面・脱帽・胸から上」などというのではなく、額に入れられたり、ローアングルで撮影されたりすれば、Iconとなる場合もある。写真や展示物そのものが、Iconだったり Indexなのではない。私たちの解釈との関係で、Iconになったり Indexになったりするのである。そしてまた、次のSymbolになることもある。

Symbolは、社会的な状況などの文脈をもった中で意味をもつ記号である。パースはこれを「法則記号」とも呼ぶ。ふつうよくシンボルという言葉で、なにかの象徴とされることがあるが、それとこのパースのSymbolとは同じではない。「富士山は日本のシンボルである」という場合の富士山は、しばしばIconであったりIndexであったりする。もちろんSymbolが文字通り、つまり普通の意味で象徴記号としてはたらくこともある。

「天皇は日本の象徴である」という場合は、昔の御真影のように、それ自体としての御光の働きでの意味ではない。昔のそれは、おそらくIcon性をもたせようとしたのであろう。しかし今日の憲法下での天皇の象徴性は、私たち日本国民の総意に基づくとうたわれているように、法律に基づいているという意味でのSymbolである。パースのSymbolは、記号の働きの基準であるので、記号がある状況のなかで文脈的・法則的に意味を与えられている場合の概念である。

前述したように、これらは記号体としては同じモノであってもかまわない。その記号が指し示す対象とどのようにかかわるかで、Iconになったり Indexになったり Symbolになったりする。これは、実体としての記号を仕分ける概念ではないからである。どれかの記号が、Iconだったり Indexだったり Symbolだったりするのではない。同じ一つの記号体が、Iconだったり Indexだったり Symbolだったりするのである。このあたりが誤解されている。

例えば、Tシャツに描かれている、どこかのサッカーチームのマークが格好いいという場合は、そのように感じている人に対して、その模様がIconとして働いている。しかしそれを、スポーツ店の店員が仕分けの目印にしている場合には、Indexとして働いている。そしてもちろんそのチームの象徴として、その模様がフラッグに描かれればSymbolとなる。つまりすべての記号体は、この三つの側面をもつが、その時々の状況において、それぞれどれかの面が強調的に働くことになる（より詳しくは、前章末のパースの研究文献を参照されたい）。

(3) モノの語りの三つのレベル

しかし「モノが語る」というのは、それだけではない。モノを記号としてみたときに、そこにはキャプションや来館者のかかわり方も影響してくる。モノが自ら語ることには、どのような場合が考えられるだろうか。ここでは、それを次の三つのレベルで考えることを提案したい。

第1レベル・感覚印象レベル＝感覚印象レベルは、なんの解釈も必要とせずに、モノそれ自体が見る人になにかを訴えるレベル。

第2レベル・対象分類レベル＝あるモノを他のモノと比較して、それがなんであるのかを同定したり、それまでの経験と対比して概念化したり、既存の概念を再構築することを促すレベル。

第3レベル・関係構築レベル＝モノがどういった役割をもつものであり、他のモノとどういう関係にあるかなど、社会的・歴史的・学問的な理解にまで進めるレベル。

展示物がモノとしてなにを語るかは、来館者がそのどの点を強調的に見るかによる。それはまた展示する側の学芸員においても同じである。学芸員が来館者になにをどう見てほしいのか、つまりそのモノからどんな語りを受け取ってほしいのか、そのコンセプトによって、どのレベルを強調する展示になるかが決まってくる。以下の具体例を理解していただくために、ここで簡単にその意味をのべておこう。

まず第1レベル・感覚印象レベルは、なんの解釈も必要とせずに、モノそれ自体が見る人になにかを訴える場合である。いわば感覚・感性に直接響いてくるようなモノの場合である。美しさや強さや可愛らしさなど、わたしたちが理屈抜きで感覚的に反応してしまうようなモノの語りという次元がまず考えられる。だが、それが何であるのかといった意味理解なり分類がおこなわれるような場合は、次のレベルとなる。

次の第2レベル・対象分類レベルは、あるモノを他のモノと比較して、それがなんであるのかを同定したり、それまでの経験と対比して概念化したり、既存の概念を再構築することを促すようなモノの語りのレベルである。ただしこのレベルでは、そのモノがこれまでとは違うなにかである、あるいはしかじかという名前で呼ばれるモノであるという認識にとどまる。

図6-1　ワシントン・自然史博物館
45.50カラットのブルー・ダイヤモンド「ホープ・ダイヤモンド」　過去の持主が不幸にみまわれたとの都市伝説から「呪いの石」ともいわれる。

これをさらにそのモノがどういった役割をもつものであり、他のモノとどういう関係にあるのかなど社会的・歴史的・学問的な理解にまで進めると、それは第3レベル・関係構築レベルの語りとなる。例えばそれは、そのモノの社会的・歴史的な意味を来館者が解釈し、その観点から観覧されることが期待できるようなモノの展示の場合である。

これをわかりやすい一つの例でのべてみよう。例えば、大きなダイヤモンドが展示されているとしよう（図6-1）。薄暗い展示室の中心にガラスケースの中で光をあてられて輝いているダイヤモンドは、来館者の心を魅了する。透き通る光は、それが途方もなく高価なものであるかどうかなど知らない幼児にも、理屈抜きでただ単に美しいと感じさせるに違いない。こうした展示は、ダイヤそれ自体の力に大きく依存しているという意味で第1レベル・感覚印象レベルの読み取りである。

しかしそれが、大きなダイヤモンド1個を特別に展示しているのではなく、他の鉱物も併置しているミネラル展示室の一角に、「ダイヤモンド」との名札をつけられて展示されているとすればどうだろう。それは他の水晶や石英などと一緒に鉱物との対比において「鉱物の一つとしてダイヤモンドという名をもつモノ」という語りになる。それが水晶塊でもガラス玉でもなく、「ダイヤモンド」という名をもつモノであるという語りをするだろう。これは、同じ第2性に属するとはいえ、第5章で提案した「ゆさぶる」ことなく、ただ他との関係から識別されるだけの働きになっている場合である。

もちろんこれは、第5章で提案した第2性の「ゆさぶる」展示であれば、より強く来館者に語りかけるかもしれない。しかしそこまでいかなくても、他の鉱物と併置されているならば、その比較によって互いに違うモノとして、互いに相手をラベリングするという形で、互いをindex化するかもしれない。Indexは、物理的な接触によって働く記号なので、ここでのように単純な識別レベルから、ぶつかり合いによってより強く働くレベルまで、その解釈には幅がある。

だが、そのモノが例えば、ロンドン塔の展示室なり、パリのルーブルの王侯コレクションルームにあるとすればどうだろう。その同じダイヤモンドが、また違った感覚を私たちに与えるにちがいない。そのダイヤモンドや宝石がたどった歴史、そしてそれにまつわる王侯貴族社会の逸話などの解説を知ることによって、そのモノが私たちに語りかける感じは違ったものになるかもしれない。これが第3レベルの語りである。

こうしてみると、すぐにわかるのは、第1レベルに比べて第2レベルの方が、私たち観覧者のかかわりが関係してくることである。それは、第3レベルとなるとより一層強まる。観覧者の解釈次第で一つの同じモノが違った語りをすることになるからである。以下これらの事例とみられる展示例をみてみよう。

3　三つの語り事例

第1レベル・感覚印象レベルで、モノが直接になにかを訴えるとはどういうことか。それは、そのモノの解釈のためのキャプションなど、他になにも手を加えなくても、それ自体で見る人に何かを訴えるということである。こうした例としてすぐに思いつくのは、それ自体に癒しを感じたり美しさを感じるようなモノの場合である。

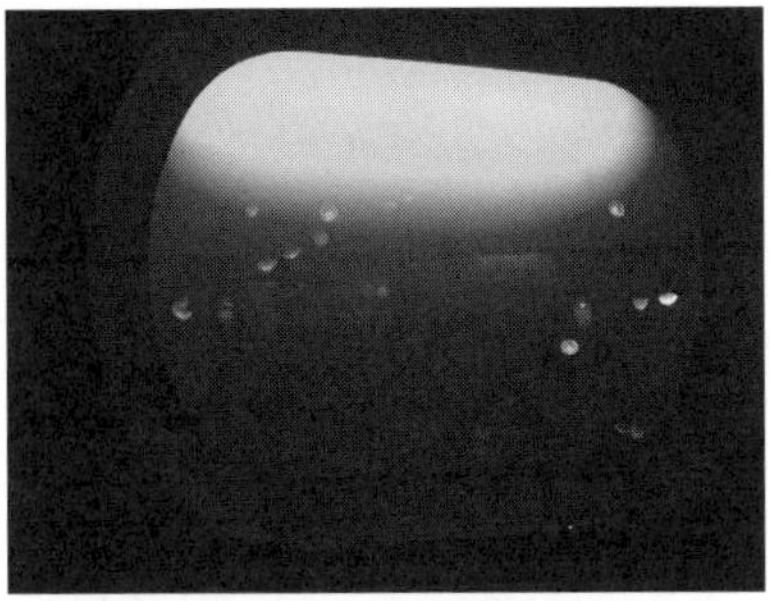

図6-2　江ノ島水族館のクラゲ

図6-3　マリンワールド海の中道のカタクチイワシの群舞

例えば上の写真（図6-2）は、「新江ノ島水族館」の水クラゲの水槽写真である。薄暗い部屋に開いて深くブルーに輝く水槽の中の透き通るクラゲは、幻想的ともいえるほどの美しさである。そこでは、どんなコトバも意味をなさない。ただ透き

図 6-4　旭山動物園のシロクマの迫力あるダイブ

図 6-5　旭山動物園の円柱水槽で愛嬌をふりまくゴマフアザラシ

通るだけの浮遊物でありながら、コトバも時間もとめてくれる。次の写真（図6-3）も水族館で、福岡の「マリンワールド海の中道」（海の中道海洋生態科学館）のパノラマ大水槽写真である。大水槽の中のカタクチイワシのキラキラと光りながらの群舞は、意志をもった一つの生命体のようでもあり、ゆったりとしながらもただただ美しい。それが何であるのかという説明とは関係なく、それ自体として癒しを与えてくれる。

　こうしたものは、とりわけ動物園や水族館に多くみられる。北海道の旭山動物園は、「行動展示」と称して動物の生活や習性をみせる展示であるといわれている。しかし有名なシロクマの展示（図6-4）やアザラシの展示（図6-5）は、その行動をみせているのではない。それは、動物の習性を利用して、その迫力や愛くるしさを見せる、いわば第1性的で感覚印象レベルの「接近展示」あるいは「ビックリ展示」というほうがふさわしいだろう。

　観客めがけて飛び込んでくるシロクマの迫力は、理屈抜きで人々を驚かせる。好奇心旺盛なゴマフアザラシの愛くるしい目やふるまいは、観客から「カワイ〜!」という歓声以外の言葉を奪うほどである。こうした、光り輝く美しさや、本当に飛びかかられたらひとたまりもない恐怖を厚いガラスによって回避して残される迫力感、そして人間が生来にもっている愛くるしい目への感情、そうしたものの展示は、いっさいの言語的説明などを必要としない。実際観客は、飼育員の用意した壁に貼られている、動物の習性などについての説明書きに注意を払うことも、フラッシュを禁ずる案内員の呼びかけにも一切応じない。ただモノ自体が提供する癒しや迫力に浸っている。

しかし第1レベル・感覚印象レベルが、展示の中心となるのは、いうまでもなく美術館である。そのすべてではないにしても、その中心的機能は、来館者にコトバによらないそれぞれの感動や驚きや発見をしていただくことにある。それは来館者自身と作品との直接の対話であるだろう。しかしそうはいうものの、美術館でそうした個々の対話を必ずしもしない来館者も少なくない。著名な絵画の前にむらがる来館者は、著名であることに感銘し、それにふれた体験の貴重さを喜ぶ。こうした場合は、第3レベル・関係構築レベルになるのかもしれない。そしてまた、こうした来館者の中には、もっと単純に「あ、これ知っている」とか「あ、これ…だ」といった作品との接し方をする人もいる。こうした場合には、むしろ第2レベル・対象分類レベルになるかもしれない。

第2の対象分類レベルは、モノを分類・名づけることで、より身近でリアルな感覚をもつような場合である。しかしながら対象分類することが、かえってそのモノの真の理解を妨げることもあるかもしれない。概念化することで、それ以上の理解に進まないこともありうる。しかしここで重要なのは、そのモノが来館者にどのようなかかわりを訴えるのかである。その展示物のどこをどう見てどのように概念化してほしいのか、それによって展示の手法も異なってくる。

例えば、千葉市動物公園のキリン展示は、次の写真のようになっている。普通の動物園では、キリンを地上から見上げることによって、その大きさ首の長さなどを強調するように展示している。しかし千葉市動物公園の場合は、キリンの高さが来館者の目線の位置になっている（図6-6）。そしてその高さのところに葉のついた小枝をくくりつけ、さらには来館者側との境界には芝生を植えてそれらを食べさせることで（図6-7）、キリンが長い舌を巧みに使って食事をしていることが分かるように工夫されている。これは、来館者自身が動物の特徴的なところを取り出して概念化することを助ける展示である。この展示によって、来館者は、キリンの舌が著しく長く、それを伸ばして葉っぱや芝生をまくようにして食べるコトといった特徴をとらえることができる。

図6-6　千葉市動物公園1
キリンがその長い舌をからませて葉を食べる様子を目の前で観察できる。

図6-7　千葉市動物公園2
器用に芝を食べる様子はまるでよくできた芝刈り機のようである。

このように、第2レベル・対象分類レベルのモノ展示では、従来のようにキャプションによって名称を知らせて名づけさせるのではなく、来館者自身において概念化作業をおこなえるように工夫することが重要である。もちろんそれには、来館者の既存の概念を利用し、それを新たに構築し直すことを目ざすことが重要となる。

第1レベル・感覚印象レベルが、モノ自体のもつ主に感覚的属性が主たる語りであったのに対し、第2レベル・対象分類レベルでは、モノの観察による特性への来館者の気づきが主たる語りの要素となっていた。つまり同じモノの語りといっても、第1レベルよりも第2レベルの方が、より来館者のコミットメントが必要とされていることになる。

図 6-8　琵琶湖博物館
「農村のくらしと自然」の農家の中にある足踏みミシン

図 6-9　松戸市博物館の30年代近代住宅の再現展示

次に第3レベル・関係構築レベルのモノ展示の事例を考えてみよう。このレベルでは、モノ自体がもつ歴史・文脈・役割などが来館者に語る主体となる。第3レベルにおいては、来館者のコミットメントいかんによって、その語りが大きく左右されることになる。しかしこうなると、それは果

図6-10　横浜のシルク博物館の機織り体験

図6-11　ホロコースト博物館のDaniel's Story
楽しい家庭から収容所への再現ストーリーを体験できる（Holocaust Memorial MuseumのHPより）

たしてモノが語るといえるのかという疑問がでてくる。この問題は、モノの語りとはなにかという基本問題であるので、次節で詳しく考えたい。その前に、ともかくも第3レベルでのモノ語りの例をみてみよう。

こうした例は、地域の郷土博物館なり総合博物館に典型的にみられる。例えば、図6-8、図6-9のような昔といっても、つい数十年前まで普通にみられた道具などは、それを使って暮らしていた来館者の強いシンパシーをひきおこす。こうした展示の前では、その道具を使った経験が蘇り、そこで子育てをした老夫婦が語り合う光景がみられる。彼らにとってそれは、まさに様々な物語を語るモノであるに違いない。

こうしたノスタルジーに支えられた展示でなくても、様々な語りをうみだす展示は多い。そこでは来館者に新たな経験を提供することで語ることもある。日本の博物館でも多く採り入れられるようになったハンズ・オン展示は、その一例とみることができる（図6-10）。またアメリカ・ワシントンのホロコースト博物館のDaniel's Storyでは、ユダヤ人たちが差別されゲットーに閉じこめられ、そしてついには強制収容所に送られていくホロコーストのプロセスを疑似体験できる（図6-11）。こうした物語展示あるいは状況展示は、近年ますます増える傾向にある。

4　三つの語りの展示への示唆

これまでみてきたように、モノがなにかを語るという場合、提案した三つのレベルでみてくると、そこにある流れをみることができる。それは、第1レベルから第3レベルへと、来館者のかかわりが強くなるという流れである。反対にいえば、3から1にいくに従ってモノの方が強くなる。すなわち第1レベル・感覚印象のレベルでは、モノ自体がもつ特性が来館者をひきつける。私たち人間のもつ生得的な感受傾向に直接働きかけられるので、こちらの意志によって容易にそれを変えることはできない。また後天的ではあるものの、文化による影響も無視できない。とりわけその育った環境が私たちの感受傾向を規定している場合もある。

建造物に直線性の強い傾向がある日本に育った私たちは、海外旅行の際などに中華料理店よりも日本に似た傾向をもつ韓国料理店の方が落ち着くことを経験することがある。モノ展示の第1レベルは、私たちの理解を強くしばる傾向がある。この意味でモノの語りということでは、このレベルが最もふさわしい。逆にいえば、来館者の解釈による自由度が最も低いということができる。

しかし次の第2レベル・対象分類のレベルは、この第1レベルよりは少し来館者の自由度が高くなる。なぜなら目の前にあるモノが何であるのかを来館者が決定しなくてはならないからである。もちろん多くの場合なにがしかのキャプションがつけられているだろう。だがそうだとしても、それをそのまま受け取るということにはならない。キャプションは一つの名称ではあっても来館者は、自らの経験からそのモノを同定する。キャプション通り同定するのは、むしろそれが何であるのかすでに知っている場合に多い。前章で例にあげた朝霞市博物館の例は、このことをよく理解している展示である。土器と現代の道具を併置することで、来館者の日常経験を引き出し利用して同定を方向付けている。多くの市民には、そこに書かれている「深鉢式土器」という名称ではなく、直截に「ヤカン」と同定されることになる。

第3レベルの語りとなると、この傾向がより強くなる。そのモノにどのような語りを聴くかは、その来館者によってまったく違ったものになることも珍しくない。そこで博物館では、その意図に応じて様々な働きかけをすることになる。展示以外に講座を設けて来館者の経験を豊かにするのはその一つである。テンポラリーな来館者には、様々なディスプレーを試み、モノとの関係を取り結んでもらうための仕掛を工夫するだろう。

実際すでにそうしたことを経験的に工夫している、近年多くなっている展示は、より状況的である。なにかのモノをただそれだけで展示することはまずない。最初に例にしたダイヤモンドの場合でも、単にそれ自体を置くのではない。より輝いてみえるように光を工夫するはずである。このことを応用すると、スワロフスキーのガラス工芸品のように、あたかもダイヤモンドであるかのような輝きを語らせることもできる。土器にしても、それが使われている状況を再現したり、実際に演示したりしてそのモノの語りを豊かにする工夫をしている（図6-12）（図6-13）。

とはいえ展示のレベルということであれば、第1レベルが最も大切であるかもしれない。なぜならこのレベルは、私たちの解釈によって左右できる余地が最も少ないレベルだからである。そうした意味では、このレベルの効果なり語りをもっとも大切にしなくてはならない。

それは、かつてルソーがその著『エミール』でのべた三つの教育を思い出させる（注2）。彼は、自然による教育、事物による教育、人間による教育、という三つの区分を立てた。自然の教育とは、人間として自然

図6-12　吉野ヶ里遺跡の演示場
お茶を土器で沸かして飲むこともできる。古代の土器では現代のヤカンではできない美味しさをうみだすことを体験できる。

図6-13　新潟県立歴史博物館
古代の様子をそのままに実物大のジオラマで再現して、生活の状況を把握しやすいように工夫している。

に育つ心身発達のレベルのことである。成長しようとするものを押しとどめることは容易ではない。だからそれに従うしかない。てん足のように足をちぢめたり、無理にのばしてはいけない。自然の摂理に従うべきであるというのが、ルソーの考え方である。

事物の教育は、環境による教育である。人は、飛び越えなくてはならない溝や、よじ登らなくてはならない崖や、手をかざしては火傷をする火など、環境の現象からも学ぶ。環境は、ある程度コントロールはできるものの、人の意のままとはいかない。したがってこのレベルでも、環境なり事物にある程度従わなくてはならない。

そしてようやくかなり意のままになるのは、人間による教育である。人間による教育は、企てのレベルでは確かに意のままになる。しかしこれがもっとも失敗する。なぜなら人は、自然の摂理や物理的環境には容易には逆らえないものの、他者の企てを裏切ることはたやすいからである。

このことは、私たちの博物館においても示唆的である。モノになにかを語らせる展示は、まずはその第1レベルにおける語りに注目しなくてはならない。このレベルが私たちの認識を最もしばる可能性が高いからである。こうした点からみると、旭山動物園の成功の理由が理解できる。旭山動物園では、予備知識のない来園者に、シロクマの迫力やアザラシの愛くるしさ、そしてペンギンのスピード感とよちよち歩きのユーモラス感に特化して展示している。それは集客という面での成功と引き替えに、動物の習性へのより深い語りを放棄することで成り立っているというジレンマでもある。

では、このジレンマを乗り越えるにはどういうことが考えられるだろうか。それには、あらゆるモノはこの三つのレベルの語りをすべて併せ持つということが示唆になるかもしれない。どのようなモノでも、なんらかの感覚印象レベルの語りも、対象分類レベルの語りも、そしてもちろん社会的な文脈での関係構築に依存した語りもある。ただ実際上そのモノの展示は、どれかのレベルの語りが強調されていることが多いだけである。

したがって第1レベルから第3レベルへの連続性が重要になる。どれかのレベルに特化せずに1〜3への連続的な語りを工夫することが必要である。こうした点から見ると、前述のホロコースト記念博物館のDaniel's Storyは、この連続性を実現しているとみられる。近年は、この連続性を意識して、モノをして語らしめる工夫をしようとしている展示を内外でみることが多くなっている。

それは確かに昔の展示と比べると明確である。今でもヨーロッパの大学博物館やイタリアの美術館などで、昔ながらの展示をみることがある。だが、そうした古色蒼然たる展示は、ダメな展示といって済まされるだろうか。最後に今後の課題としてこの問題を考えたい。

5　今後の課題

ヨーロッパの一部に残るこうした古色蒼然たる展示にも第1レベルの語りがある（図6-14）。というより、あったというべきかもしれない。おそらくその昔、ヨーロッパが世界へと拡大した時代には、こうした展示でも第1レベル的に十分光ったものであったに違いない。しかし時間がたつと、こうした展示が光らなくなる。ここに難しい問題がある。

図6-14　フィレンツェの民族学博物館
日本のアイヌの展示キャビネット

それは同じ展示であっても、いつもそのモノが同じ語りをするのではないという問題である。それが珍しかった時代には、第1レベルの語りが強く働くかもしれない。特に工夫をしなくても、それなりに観覧者は驚き興味津々であったろう。しかしそうしたことがよく知られるようになり、様々な情報が行き交うようになると、そうした展示の語りに耳を傾けなくなる。それはなにも昔と今でなくても起こる。個々人の中でも、モノの関係構築が新たな第1レベルの印象を作り出す。モノは変わらないが見る方が変わっていく。

したがってテンポラリーにやってくる来館者ではなく、その気でくる市民に対しては、継続的に語りの工夫をしなくてはならない。さいわいインターネットが普及しているので、そうしたメディアを利用することも重要である。しかし十分な理解ということでは、やはり来館者の身体も含めた認識方法を考えなくてはならない。展示は、モノをして語らしめる。しかしその仕掛けは、私たちがしなくてはならない。モノに何を語らせるのか、その「内容」という「コト」を決めるのは、第一義的には、他ならない学芸員をおいてはないからである。しかしこの問題についての研究は、まだこれからの課題である。

〔注　釈〕

1　パースは、よく知られているように実在論者である。個別の見えの背後にイデアのような普遍的な存在があるというプラトン流の実在論ではなく、犬や車といった概念が形成されるには、その対象が実在するからだという概念実在論の立場をとる。そうでなくては、思考がそもそも不可能だからである。だが、この問題は未だに議論がされている難しい問題であるので、筆者がここで議論を展開する能力はない。

2　ルソーの『エミール』は、著名だが、一応文献として挙げておきたい。

ルソー・J（一九六二―四）『エミール（上・中・下）』今野一雄訳、岩波文庫

第Ⅲ部　博物館教育各論

第7章

非概念的「体験の海」としての博物館の意味

——歴史学習の知識論的読み解きによって

1　言葉に意味はない

知識は、言語的・概念的に学ばれると考えられている。そこで学校では、教科書を使って、もっぱら言語的な学習がおこなわれる。しかし教科書の言葉そのものに意味はない。意味とは、その言葉をつかった行為だからである。よく知られているように、かつてこのことをウィトゲンシュタイン（Wittgenstein, L. 1889-1951）は、それは言葉を用いた「言語ゲーム」をしているだけだとのべた。私たちは、言葉の意味にしたがって何かをおこなうのではなく、単にその言葉をつかって、なにをなすかを知っているだけなのだというのである。とすれば、学校でおこなっている学習、それも言葉が大半をしめる歴史学習は、それが表す歴史の意味を学べているのだろうか。それは、単に音韻ジグソーパズルの行為を学んでいるのではないか。

この章では、こうした考え方から、学習者に歴史を学ばせるには、博物館や地域の資産を積極的に活用して、その知識をなり立たせる非言語的・非概念的体験の場を教師は用意しなくてはならないことを提案する。例えば、「鎌倉は天然の要害である」といっても、バスで乗りつけたのではわからない。切り通し、それも昔の姿のままに近い「大仏切り通し」や「化粧坂」の急坂を通ってみてこそ、その意味が理解される道理である。

私たちは、近代教育において教科書をもちいた学習が一般化して以来、そこに書かれたコトバと個人の中における知識とを混同してしまった。教科書に書かれているコトバは、それ自体はただのインクのシミである。それが知識になるには、常になにかの場において、私の身体を通じて、その場にふさわしい行為に結びつけられなくてはならない。結びつかない場合、あるいはふさわしくない場と結びつけられる場合、それは知識をもっているとはみなされない。

このことを認識すれば、私たちは子どもたちにどんな行為を形成しようとしているのか、問わないではいられない。教科書に書かれているコトバを、どんな行為と結びつけることによって学ばせているのか、それを問わないではいられない。なぜなら、そのコトバが通常もつといわれるのとは、大きく異なる行為を学ばせているかもしれないからである。たとえば、「イイクニツクロウ・カマクラバクフ」という語呂合わせの知識は、音韻ジグソーパズルの行為を形成しているだけかもしれない。テストに「鎌倉幕府は（　　）年に」とでてきたら、「イイクニツクロウ」と啼《な》き合わせる行為をおこす、そうした知識であるかもしれない。

歴史知識とはなんだろうか。それは、鎌倉時代の始まりの年号や信長や秀吉、そして家康のなしたことを知っていることだろうか。古代から現代までの時代区分を理解して、その流れる時間感覚を持つことだろうか。あるいは革命・時代・事変などといった歴史概念を理解することだろうか。これらのどれも、確かに歴史知識といわれうるかもしれない。しかしこれらが歴史知識と認められるのは、ある条件を満たしている場合に限られるのではないか。それは、学習者自身の体験や感覚にねざした、いまここに生きる学習者自身の歴史物語りに結びつく限りにおいて、という条件である。

こういう物言いには、いくつかの反論が考えられる。一つは、たとえそれが断片的な知識であっても、将来において歴史を主体的に学ぶときの基礎になるという弁明的反論である。確かにそういえる可能性はある。しばしば聞かれるのは、リタイヤしてから歴史を学び直す話である。しかしその時、彼らは学校時代に学んだ歴史が、意味のないものであったことを思い出すのではないか。

もう一つの反論は、この論考の中心にかかわる。それは、果たして子どもたちに自らの体験や感覚に根ざした、歴史物語を語れるのかという反論である。このことは、歴史知識とはなにかという問題にかかわる。そしてなにより、そもそも知識とはなにかという問題にかかわる。なぜなら、歴史知識とは単に文の集合ではなく、意味ある命題化された行為だからである。意味ある命題化された行為ならば、その妥当性は状況や行為者の体験に依存することになる。では、知識が行為であるとはなにか。そしてその妥当性が、状況や体験に依存するとはどういうことか。さっそくこの問題から議論してみよう。

2 「知識をもつ」とはなにか

この最初の議論の節では、「知識をもつ」とはなにかという問題を考えてみたい。知識とは単なる文・記号の集合ではなく、その知識が働く場における行為である。少なくても、その知識が意味をもつのは、そうした場において活用される場合である。人は、「知識」とよばれるコトバや、筋肉運動をつかって様々な行為をおこなう。音韻ジグソーパズルに反応したり、車のウインカーを出すといった習慣化された行為、「ああ、知ってる」といって話を合わせたり、目上の人にお辞儀をするといった社会慣習的な行為、課題解決のために思考したり、合理的な動作を試行する探求的行為、そのどれもが知識の実際の姿である。

では私たちは、子どもたちに、どんな知識の行為を身につけてほしいと願っているのか。以下では、野矢茂樹という認識論哲学者の議論に多くを学んで議論を進めよう。野矢は、『本』という雑誌で二〇〇八年五月から二〇一〇年六月まで、「語りえぬものを語る」という連載をおこなった。そこでの議論を参考にしてみよう。

「知識」は、古くから「正当化された真なる信念」といわれてきた。難しい言い方だが、これは自分がただそうだと思っているだけでは知識とは認められないことを意味する。それが夢まぼろしではなく思い違いでもなく、確かな証拠の下にそうだといえるものでなくては、知識とは認められない。「日本の首都は、ワシントンD・Cである」と叫んでも、いいえて妙ではあるかもしれないが、だれも私が確かな知識をもっているとは認めない。

野矢はもっと身近な、「いま外では雨が降っていない」という知識を例にあげる。それが確かにそうだといえるのは、通常は私の観察によってである。道路がぬれていないとか空が晴れているといった観察である。ここから野矢は、「知識であるためには、どういうルートでそれを知るようになったのかということが決定的に重要だ」(野矢、二〇〇一・一、二頁下)という従来の見解をまずのべる。この観察を支えているのは、

「道路」とか「ぬれていない」とか「空が晴れている」といった、言葉によって表現される概念的なものである。もしこうした概念をもっていなかったならば、私たちは外を注意深く観察してもなにも知識を得ることができない。これが従来の考え方である。だからこそ私たちの学校でも、まずは言葉を教えようとしてきた。しかし、と野矢はいう。

かくして、非概念的な経験―あるいはむしろ前回までの私自身の言い方に合わせるならば、非言語的な体験、すなわち語られないもの―は、知識にとって何の役目も果たさないと結論できるように思われる。だが、最初にのべたように、私はこの強い風に逆らって進みたいと考えている。（野矢、二〇一〇・一、四頁下）

ここで野矢が「逆らって進みたい」というのは、従来の考え方がすべての認識の出発点に、言葉による概念をおいて、より原初的な感覚的体験のレベルを顧慮しなかったからである。あいまいで暗黙的な体験レベルは、分析的ではなく明晰に意識化できない。そこで、それを元手に推論をおこなうことはできないと考えられてきた。だが論理的な推論の根拠にならないからといって、そうしたあいまいなもやもやした世界を、スパッと切り捨てていいものだろうかと野矢は問う。むしろそうした原初的体験の世界こそ、概念的認識の正当性をささえるバックボーンではないのかとして、それを「体験の海」と呼ぶ。そして野矢は、重要な問題へといきつく。すなわち「知識の最終的な審級は、概念的な観察ではなく、非概念的な動物的生なのである」（野矢、二〇一〇・一、五頁上）として次のようにのべる。

だがいやしくもそれが知識であるかぎり、誰かがどこかでそれを活用する場面が見いだされなくてはならない。／そして知識の活用は、最終的にはそれを踏まえて行為することに行き着く。外は雨が降っているという知識は、傘を持って外出するという行為を導くだろう。あるいは、腐ったものを食べるとお腹をこわすという知識は、早めに食べるよう行為を導く。ここにおいて、私は、非言語的な体験に晒されることになる。言葉でそれを何と表現しようとも、それをどのような概念で捉えようとも、傘を差さずに雨の中を歩けばびしょ濡れになり、腐ったものを食べればお腹をこわす。

知識は、行為を通して世界と接触し、交渉する。そしてそれは、非概念的・非言語的なものにほかならない。いわば、私はさまざまな知識を携えて、非言語的な体験の海を泳ぐ。うまく泳ぎきれることもあるだろうし、溺れてしまうこともあるだろう。首尾よく泳ぎきれたならば、知識は信頼性を増す。溺れてしまうならば、知識は再点検されねばならない。まさにこのようにして、「語られないものが語られたことを真にする」のである。（野矢、二〇一〇・一、六頁下）

ここでの野矢のいい方は、少し誤解を生むかもしれない。「知識の活用は、最終的にはそれを踏まえて行為することに行き着く」という物言いは、知識と行為を違うものとしているように響くかもしれない。しかしそうではない。ある概念を道具として行為をおこない、それが首尾良くいくときに、より確からしい知識となることをのべているのである。首尾良くいかないとき、それは誤った知識とされ修正される。知識の証明は、従来いわれてきたような言語論理的真偽によってなされるのではない。行為の中で相対的により確からしいという信頼性を増す形でなされるのである。なんらかの形で証明がなされ、「はいここから真正なる知識です」というのではない。実際の行為の中で使いこなす内に、より確からしい知識になっていくのである。ここではもはや、知識と行為とを分ける必要はない。

実際、このことは自転車に乗るという知識を考えてみればよくわかる。自転車に乗るという知識は、切れ目がない。「乗れてない・乗れてない・まだ・まだ…はい！　ここから乗れるようになりました」というのではない。それは、こうした行為的知識だけにとどまらない。命題的知識であっても、ある文言なり概念の理解は、なにか定義めいたことをそらんじればわかったとみなされるのではない。その概念をつかって、適切な場で適切にふるまえている場合に、「彼は知っている」といわれるのである（注1）。

なぜこれが重要か。それはこの考え方が、これまでの認識論の議論に有力な一つの解答を与えているからである。だれかの知識が「正当化された真なる信念」といわれるのには、確かな証拠をあげなくてはならない。しかしでは、どうしたら確かといえる証拠を示せるのかという問題が浮上する。なぜ私がそう思ったのか、その根拠のルートをずうっとたどっていく。しかしどこまでいっても、その証明は難しい。というのも、なにを根拠にあげても、「あなたは夢をみているのではないですか」といわれたら、それでおしまいだからである。典型的な懐疑論の議論である。そこで、この信念を真にする証拠のあげ方に対して、これまでの認識論の歴史では論争があった。

最初の証拠のあげ方は、よく知られているように「理性」とか「直観」といった「心の目」による論証である。デカルト以来、機械としての身体に心が宿って、理性という心の目によって論証がおこなわれるという考え方がされてきた。しかし、これは少し以上に困難な問題を抱えてしまう。というのも、人間が機械であるなら、その中に機械の法則とは違う何か正体不明の心と呼ばれる幽霊がいなくてはならないからである。もしそれを否定するなら、また論証する目をもった小さな機械が心と呼ばれるところに存在しなくてはならない。しかしそうなると、その小さな機械の中にまた心の目をもった小さな機械が存在しなくてはならず、そしてまた、そしてまた、と無限後退になってしまう（注2）。

ではどうするのか。心の目に、その役割を期待できないとなれば、どうやって自分の知識の確からしさを論証できるのか。ここででてくるのが、もう一つの旗頭である経験主義である。経験主義によれば、観察などの経験によってデータを集め、それを抽象化して一般概念をつくり、それを命題化して知識にいたることになる。だがしかし、データをいくら集めたからといって、それによって確かな知識を生みだせるとはいいきれない。

第一に、こうした帰納法による確かめは、どこまでいっても「確か」とはいえないところがある。一〇〇万羽のカラスを集めても、「カラスは黒い」とはいいきれない。それはどこまでも蓋然的であるしかない。そして第二に、こちらの方が重要だが、そもそもデータを集めるにも、すでになんらかの概念なり規則なりがなくてはできない。それがなくては、どれとどれが関係した経験であるのか見分けることすらできない。となれば、またしてもなにかそれを見分ける心の目を求めたくなる。それにすべての知識に、経験的な基礎を求めるなど、神ならぬ私たちにはできない相談である。となって、知識であることの論証を各個人の内部に求める試みは、理性論においても経験論においても行きづまってしまった。

そこでこの問題を乗り越えるために、近年いわれるようになってきた第三の議論、外在主義という主張がでてくる。知識であることの論証を認識者の内部に求めずに、社会構成主義的に外部に求めるという考え方である。確かに、私たちの知っていることの大部分は、自分で論証できないものである。その多くは、どっかの本や機関の権威によって保証されている。自分で確証できる知識など、ほんのわずかであるに違いない。そうした意味では、自分の知識の確からしさを外部に求めるこの考え方は、もっともであるように思える。

だがしかし、理性論や経験論といった内在主義も、そしてその対抗軸としての外在主義も、共に見落としている点がある。それは、「使いこなし」の視点である。つまりこれらのどれもが、私たちの信念の正当性が、場面の中で使いこなしていく内に、だんだんより確からしいものになっていくというプロセスをみていない。野矢のコトバを借りれば、「知識の最終的な審級」は、動物的な生としての行為によってなされるからである。この問題について野矢は、興味深い分類をしている（野矢、二〇〇九・三、二一-三頁）。野矢はまず、論理空間と行為空間という概念を導入する。

論理空間とは、考えられないことはないが、自分の生活にかかわらない世界である。野矢はその例として、隕石がおちてきて自分の大学が破壊されてしまうとか、財布の中の一万円札が知らぬ間に二枚になっているといった、ありえないことはないが、当面の自分の生活には影響をあたえない事態をあげる。隕石落下を気にして大学にいくのをやめるとか、二枚になるのを期待して一万円以上の買い物をするといった行動を私たちはおこさない。他方、行為空間は論理空間の部分集合として、実際に自分の生活なり行為に影響をあたえる概念空間である。そして論理空間には属するが行為空間には属さない概念を「死んだ可能性」といい、行為空間に属する概念を「生きた可能性」とよぶ。

こうした上で、概念をもつとはどういうことかと問う。そして優秀なサラブレッドをつくるための近親交配（インブリード）という概念を例にあげて次のような場合分けをする。

太　郎：血統表や配合の概念ももっていないが故に、インブリードの規定をみても理解できない人→その概念が論理空間にすら「存在しない」

花　子：いくつかの交配に関する基礎概念を知っているが、この「インブリード」というコトバを知らず、この概念の使い方も知らない人→論理空間には「存在する」が、その概念を「所有していない」

第三の人：インブリードというコトバを知っていて、この概念を実際に駆使できる人→行為空間に「存在し」「所有もしている」

これを平明にのべれば、太郎は全くわかっていないしわかる可能性もない人、花子はわかる素地はあるがそれを知らない人、そして第三の人は、知っているし使いこなせる人ということになる。そして野矢はネルソン・グッドマン（Nelson Goodman）の概念を援用して、使いこなすのは習慣による「囲い込み」によるのだという。

ここで重要なのは、わかっていることの条件に、実際に駆使できるかどうかという規準をあげていることである。この点において外在主義はポイントレスの議論をしているように思われる。というのも、野矢の概念を借りれば、この考え方が論理空間の知識においての場合であり、花子のように自分にかかわりのない「所有していない」知識の場合であるにすぎないからである。実際に所有して使いこなせる知識の確からしさは、そうした外部に求めても意味がない。

確かに、外在主義者たちがいうように私たちの知識の多くは、これまでの人類の探求に依存している。例えば寒暖計で温度を知るというのも、それまでの科学研究に依存している。その意味で私たちの知識の確からしさは、外部的権威に依存している（戸田山、二〇〇二；古田、二〇〇五）。だが筆者には、一つ思い出に残っている体験がある。それは筆者が小学校教員をしていたときのことである。実験条件の統制が難しいので、子どもたちが実験レポートでまちまちの温度を報告してきた。水の沸点を計る実験をさせたとき、子どもたちが実験レポートでまちまちの温度を報告してきた。しかしいくつかのレポートでは、一〇〇℃よりも低くなることはよくある。しかしいくつかのレポートでは、一〇三℃とか一〇二℃といった値を報告してきた。驚いてそのグループの温度計を調べてみると、やはり狂っていた。それはどれも島津製作所の新品の温度計であった。代理店の担当者も驚き、そのロットの温度計をすべて交換してくれた。

この事例は、科学的な探求成果が込められた、しかも信頼のおける会社の製品であっても、その確からしさが私たちの確かな信念になるには、実際の行為に結びつかなくてはならないことを意味している。この点において外在主義は誤っているのではないだろうか。外在的エキスパート、例えば科学者の探求プロセスが確からしさを保障しても、それがそのまま私たちの知識の確からしさにはならない。最終的にそれを成し遂げるのは、野矢のいうごとく私たちの行為においてである（注3）。

もちろん、科学的探求によって社会構成的に生みだされる知識など無意味だというのではない。確かにそうした知識は、論理空間における思考の可能性を拡大してくれる。しかしその知識が、「私の知識」「私の真なる信念」といえるものになるのは、私の行為においてである。このことは、歴史知という命題的な知識であっても同じである。歴史年号を知っているといっても、それは音韻パズル行為の知識であって、私の行為空間での認識をその程度にしか拡げないかもしれない。では子どもたちの行為空間を拡大する歴史教育は可能なのだろうか。次節では、具体的な歴史を例に知識の問題を考えてみよう。

3 歴史の知識とはなにか――子ども自身による語りの可能性

(1) 頼朝の征夷大将軍補任問題

本節での課題は、二つである。一つは、歴史知識とはなにかという問題を考えることである。そしてもう一つは、ではそれは子どもにも理解できるのかを考えることである。話を具体的にするために、まず頼朝の征夷大将軍補任に関する近年の研究をみてみよう。この問題をどう考えるのか、中世史の研究者はどのように研究して論を組み立てているのか、その具体的な姿をみる。というのも、ここに歴史知識とはなんであって、それは果たして子どもにでも可能なのかの問題への答えがあるからである。

源頼朝の征夷大将軍補任の話は、あまりにも有名である。私たち日本人は、「源頼朝が一一九二年に征夷大将軍に任ぜられて鎌倉幕府を開いた」と教えられ、それを信じてきた。これが有名になったのには、歴史上画期的な武士の時代の始まりであったことにもまして、「イイクニ・ツクロウ・カマクラバクフ」という語呂合わせが有名になったことも影響しているかもしれない。とはいえともかく、日本史の中では最も有名な出来事であり、徳川将軍に準じたイメージでとらえられてきた。

しかし近年の中世史の研究は、私たちが抱いてきたイメージとはずいぶん異なる史実を明らかにしつつある。少し踏み込んでのべれば、頼朝が征夷大将軍になって鎌倉に幕府を開いたということはなかったといえることが明らかになりつつある。というのも、頼朝は確かに建久三年（一一九二）に征夷大将軍に任ぜられてはいるものの、この呼称を自ら用いることも、周囲の人々が用いることも、存命中はもとより死後においてもなかったからである。

頼朝が用いたのは、建久元年（一一九〇）年にもらいながら一〇日で返上した「右近衛大将」を示す、「前右大将軍（家）」「前右近衛大将」「前右大将」などであった。征夷大将軍に就任したからといっても、それが本人も周りの者も顧みることのなかった地位であったなら何の意味もない。しかも頼朝は、この官位をもらってから二年後には返上を申しでている。さらには、幕府という概念も江戸中期のものであってこの当時にはなかったといわれる。となれば、「源頼朝が一一九二年に征夷大将軍に任ぜられて鎌倉幕府を開いた」ということはなかったと考えてもよいことになる。

従来『吾妻鏡』に書かれていた一一九二年の征夷大将軍補任自体が疑問視されてきた（藤本、一九八四）。この考え方を受けて二〇〇〇年に松薗斉は、「前右大将考―源頼朝右近衛大将任官の再検討―」という論文の中で、他のいくつかの論考を踏まえて、次のようにのべる。

> 王朝官職として理解した場合、頼朝が征夷大将軍であるべき必然性はあまりなく、朝廷に対しても麾下の武士に対してもひとまず『前右大将』というレッテルで十分だったのである。このように考えてくると、はたして頼朝は本当に征夷大将軍に任官したかどうかも疑わしくなってくる。（松薗、二〇〇〇、四〇頁）

しかし松薗論文がでてまもなくの平成一四年（二〇〇二）に『三槐荒涼抜書要』に補任の問題が記されていることが桜井陽子によって発見され、その経緯がほぼ明らかになった（桜井、二〇〇二）。それによると、従来いわれてきたように後白河上皇に反対されていたために、その崩御まで征夷大将軍就任をまたなくてはならなかったのではないようである。そしてまた、この役職を申し出たのは朝廷側であって本人が希求していたのでもなかったことも明らかになった。他に、惣追捕使の問題や王権のイメージ等においても、頼朝政権は徳川政権のように日本国全体を統括する権力機構というものではなく、せいぜい一地方権力機構ととらえられていると論じられている（野口、二〇〇四）。

実際このようなとらえ方の一部はすでに教科書にも反映されており、中学校の教科書には「二元政治」との文言も登場している（大阪書籍、二〇〇三：三省堂、二〇〇三）。前述したように「幕府」というのは、政治機構を示す意味としては、江戸の中期以降に用いられる言葉であり、「鎌倉時代」という時代区分も、明治一八年（一八八五）に田口卯吉の『日本開化之性質』において使われ始めたといわれる。さらにまた「鎌倉幕府」という用語も明治二〇年頃に使われ始めたとされる（『国史大辞典』、一九八三、五四九頁）。

以上のことから、従来いわれてきた、頼朝が征夷大将軍に補任されて武士の時代の幕府を開いたというのは、かなり違ったイメージになることは否めない。実際、寺社・朝廷がその権力をほぼ失い武士の時代が完成するのには、信長・秀吉を経て家康の時代になるまでを待たなくてはならなかったのである。ではこのことは、本稿の歴史知識の問題にどのようにかかわってくるのか。

(2) 歴史はどのようにしてわかることができるのか

いまみてきたように、歴史はしばしば変わる。過去において起こったことがなくなるのではない。過去をどのような物語として語るのかが、研究の深化や時代のとらえ方によって変わってくるのである。しかし、だから歴史事項を決まったこととして教え込むのは、間違いであると論じようというのではない。そうではなく、野矢のいうごとく、現在の歴史教育は学習者の行為空間の問題として学ばせていないのではないかと問いたい。では、行為空間の問題として学ばせるとはどういうことなのか。この問題を考えるために、まず歴史知識とはどういう知識なのかを考えてみよう。

一般にいうところの歴史的事実というのは、間主観的に社会的に構成されるものであることは確かである。この問題について、近年いわれるようになったのは、過去が言語的に制作されるとする論である。その代表は、大森荘蔵であり、その弟子の一人の野家啓一（野矢ではない）である。大森は、過去形による言語的な制作を離れて過去世界はないという。私たちが過去のことを想起するとき、確かに頭の中にイメージがわく。しかしそのイメージは、過去に刺激されてのものではない。なぜなら過去自体はすでに過ぎ去っていて、それを感覚することなどできない相談だからである。大森はいう。

なんであれ過去性を知覚的に描写することは不可能なのである。過去性の図解などはありえないのである。われわれはやむなく現在風景を代用して過去を図解するほかはない。ではいったい過去性はどのようにして理解されるのか。それこそほかでもない、動詞の過去形の了解によってである。つまりそれは言語的了解によってである。（傍点原著、大森、一九九六、四八‐四九頁）

しかし、それでも出来事としての過去は確かにあるはずだというかもしれない。確かになんらかの過去、過ぎ去ってしまった出来事はある。しかし、いま私たちに問題にされている限りでの過去、語られる過去は、後から制作されたものであることにかわりはない。過去は、つねに今において語られる「過去物語り」であるとして、野家はこの大森の論に立って次のようにのべる。

この命題化された意味記憶の集合を時間系列に沿って編成した構造体を、僕は大森荘蔵さんにならって「過去物語り」と呼びたいと思います。したがって過去物語りとは「間主観的記憶」の別名であり、その真偽を問いうることによって、単なるフィクションからは明確に区別されます。(野家、二〇〇七、一五八頁)

歴史知識というのが、こうした間主観的に練られて制作されてきたものであることは筆者も了解する。しかしでは、「歴史がわかる」とは、他者によって構成されたその物語を覚えることだろうか。もしそうならば、歴史教科書を現在のように事項羅列的・年表的ではなく物語的に書き直せばよいことになる。筆者はそうではないと考える。大切なのは記述が物語的であるかどうかではない。自らの「体験の海」に触発されて自身が物語ることではないだろうか。

大森も野家もこの点において課題をかかえているように思われる。ここにみえるのは、2節で議論した外在主義の問題である。公共的な歴史知識は、確かに言語的に制作されるものである。いや、たとえ私的であってもその大部分は、言語的につくられるものであることは確かであるだろう。四〇年前のまだ初々しかった私の青年時代の思い出であっても、その想起は言語記号的であるか、すくなくても命題的であるだろう。しかしだからといって私の過去体験のすべてが言語的に制作されたものであるとは言い切れないのではないだろうか。この問題について野矢は、「前回私は、言語的に分節化された世界は非言語的な体験の海に浮かぶちっぽけな島にすぎないとのべた。この主張をここでも繰り返したい。そして、過去における非言語的体験を『過去自体』と呼びたい」（野矢、二〇〇九・一二、五頁）とのべる。そしてさらに次のようにのべる。

過去自体を、「物語りとしての過去」に対して、「語らせる過去」と呼ぼう。過去自体が私を触発して、私に過去を物語らせる。ここでも私は、語らせる過去が、語られた過去よりもはるかに豊かなものであるという思いを抑えることができない。語らせる力をもちながら、しかし語られなかった過去。それを「語られないがゆえに存在しない」と、私はいう気にならない。（野矢、二〇〇九・一二、六頁下）

ここで野矢がのべるのは、私をして「物語らせ」「語らせる過去」としての過去自体の私秘的非言語的体験へのまなざしである。ここに第二の反論への答えがある。学習者は歴史家のように語ることが可能かという問いは、教師がその土台を十二分に用意すれば、最後の解釈の部分においては子どもでも語りうると答えたい。それは歴史研究者と本質的になんら変るところがないからである。
たとえば近代の研究でもないかぎり、歴史研究者であっても古文書を直接読み下すわけではない。研究者であっても桜井のような翻刻家が翻刻したものを読むのであり、先人の研究の上に立って研究する。そして、そうした他者の仕事に立っておこなわれる解釈は、子どもと同じく最終的には私秘的で非言語的体験に触発されたものではないだろうか。実際、専門学会レベルでも、その解釈は案外に体験的である。この「案外に体験的である」ことが重要である。なぜなら、そこにおいて「語らせる過去」としての過去自体が、野矢の言葉を借りれば、その解釈者自身によって物語られる過去を「触発」するからである。

ここで前述の頼朝の征夷大将軍補任の問題に戻ってみよう。この問題では、「右大将」に就任した頼朝が、なぜわずか一〇日で辞任してしまい、さっさと鎌倉に帰ったのか。にもかかわらず、なぜ終生自ら「前右大将」などという呼称を使ったのかが問題になる。というのも従来は、あくまで征夷大将軍を欲していたために、この「右大将」という地位に固執はなかったと理解する傾向が強かったからである。しかしそうなら、なぜ「前右大将」という呼称を使い続けたのか。この解釈が問題になる。そこで松薗は、数々の先行研究に立ちながらも、「右大将」は複雑な儀式を執りおこなはなくてはならず、田舎ものの頼朝にはむりだったのだという解釈をする。

前述のように、頼朝がすでに拝賀のみで着陣を行なわずに辞任したのも、『玉葉』にみえる良通の場合から明らかなように、拝賀に比して着陣には煩瑣な儀式作法が伴っていたからであろう。／兼実・良通父子のように、「家」のサポート体制がしっかりしていれば、若年の者でも任官可能ではあるが、当然頼朝の場合は期待できなかったはずである。〔中略〕結果、任官と同時に、普通なら行なう着陣を行なわずにさっさと辞めて「前官」として引き上げていったものと推測される。（松薗、二〇〇〇、三五一―二七頁）

この解釈は、もっともであるように思われる。しかしそのもっともらしさは、そうした儀式は確かに難しいだろうという個人的な体験に触発されて納得されるのである。ここにたとえ年端のいかない学習者であっても、歴史を語ることの可能性をみいだすことができる。すでにのべてきたように、歴史学者の世界でも分業体制が進んでおり、その解釈は他者の仕事の上においてなされる。とすれば、教師が用意した土台の上で、援助による子ども自身による物語り行為に、歴史学者との論理的な違いを見いだすことは困難である。歴史学者といえども、その解釈は、個人的体験に触発されているのではないか。過去を語るときの、その歴史感覚とは、むしろこうした解釈者個々人の「非言語的な体験の海」にささえられているのではないだろうか。

さてここで、これまでの筆者の議論をふり返ってみよう。筆者は2節において、たとえそれが公共的了解によって外在的に保障されている知識であっても、それが私のものとなるには、私自身の行為の追考による確かめがなくてはならないとのべた。「真なる信念」の外在的保障論は、この点を見逃しているのではないか。外在主義者の問題は、学習者が「水の沸点は一〇〇℃である」と思うのと、いままさになにかの実験をしている研究者が「水の沸点は一〇〇℃である」と思うのとを同じ信念としてしまったことにある。学習者のその信念は、音韻ジグソーパズルの行為を導く意味でしかないかもしれないからである。

そしてこの第3節では、言語的に制作される歴史知識でも、この事情は変わらないことをみてきた。頼朝の征夷大将軍補任の問題は、確かに議論が複雑であり、その史実の言語制作は専門的である。公共的な歴史知識は、確かに間主観的に制作される。頼朝の鎌倉開府問題が、いま新たな展開を見せているのは、そうした研究者たちの営みの成果である。だがしかし、だからといってこの研究者たちの信念の固め方が、通常の学習者とは全く異なった推論形式をとることにはならない。彼らとても、最終的な解釈の場面では、やはり個人的な非言語的「体験の海」に触発されているのではないか。こうしたことをこの第3節ではのべてきた。だがこれは、第2節のものと丁度逆になっているようにみえるかもしれない。第2節では、信念の固め方に関する外在主義者の論が、個人と公共とを一緒くたにしていると批判した。しかしこの第3節では、学習者と研究者の信念の固め方は、その推論形式において同じではないかとのべた。したがって一見すると逆の論理のようにみえるかもしれない。しかしそうではない。どちらも個人における信念は、より具体的な場面における行為の追考によってなされると主張しているのである。外在主義者たちは、この点において誤っている。彼らは、知識の表面的な正当性にばかり目をうばわれて、個々人の知識の活きてはたらく中での信念の固め方をみようとはしていない。

この問題は、そのまま私たちの教育の問題へとつながる。学習者の歴史知識の信念を、すでに公共的にできあがった「物語」を語らせて固めさせようとするのか、それとも学習者個々人の「体験の海」に触発されての行為の追考によって固めさせようとするのか、この違いへとつながる。では、どのようにすれば、歴史知識という公共性の高い知識を学習者自身の「体験の海」に触発されたものとすることができるのか。次節では、本章の締めくくりとして、あくまで一つの提案として、博物館を利用することの意味を考えてみたい。

4　「体験の海」としての博物館の利用

さて、ではどうすれば子どもたちに自らの「体験の海」に触発された歴史知識を制作させることができるのか。そしてそこに教師はどのようにかかわれるのか。それは、もちろん簡単なことではない。頼朝がなぜ「右近衛大将」を一〇日で辞任したのか。その解釈を触発する子どもたちの「体験の海」をどうしたら豊かにできるのか。五段飾り雛人形の最前列に左右に弓をもって立つ武人がそうだと解説するのか。はたまた当時の儀式を表現した雅楽舞踊のビデオをみせるのか。ここには、単にそうした方法がなかなかに難しいという問題の他に、ある重要な課題が横たわっている。それは、教師の導きが周到であればあるほど、学習者自身による、それぞれの「体験の海」に触発された物語りが妨げられる可能性があるという原理的なパラドックスである。

子どもたちの「体験の海」を重視しつつ、かつ公共性をどのようにして担保するのか。筆者には、それに明確に答える力量はない。しかしここではその代わりとして博物館の利用が、それに答える一つの方策となるのではないかと思われる二つの例をあげたい。一つは、筆者の研究仲間の大学教師・柴山英樹の体験である。柴山が所属する大学の附属小学校の子どもたちを市内の博物館（松戸市立博物館）に引率したときの事例である。

この博物館には、他にない展示がある。それは古墳の中にあった納棺の再現展示である。ここでは、大人と子どもが一緒に埋葬されている様子を再現している。これが普通と違うのは、棺の中にその大人と子どもを服をきせたレプリカによって横たわらせていることである。子どもたちは、その展示をみて学校に帰ってきたときに、「子どもなのに死んだんだね。かわいそうだ。でもお父さんと一緒だから寂しくないね。でもどうして死んだのだろう」と話していたというのである。

もう一つの例は、博物館を既存の建物と考えなくてもよい例である。筆者の研究仲間の群馬県高崎市の小学校教員・横山千晶は、校庭の角に古墳があることを利用して、学校内の空き教室にミニ博物館を造ろうとしている。横山は、そこにその古墳から出土したものを展示し、校庭の古墳とつなげることによって、子どもたちの「体験の海」を豊かなものにしようとしている。

この二つの事例は、個人的「体験の海」と公共としての歴史知識とをつなげる試みの可能性を示している。教師が子どもたちをこうした歴史文物に触れさせ、そこに教師自身の研究による援助を加えるならば、このことを実現できるかもしれない。博物館という限定された場ではあっても、教科書に閉じ込められているよりは、相対的に多様な体験を提供する可能性がある。かつてデューイが『学校と社会』の中で、理想の学校の中核に博物館をおいたことの意味が理解される。

私たち教師は、学習者の年齢が上がるにつれて、個々人の「体験の海」に触発された解釈など、感想的なレベルであって、とるに足らないこととしがちである。科学的に正しい解釈こそが歴史知であるのだから、ともかくもそれを知らせることが大切だと考えているのではないだろうか。野矢がのべる、概念を知って使いこなしている「第三の人」ほどではなくても、せめて「花子」のように論理空間に基礎概念を存在させておけば、いずれ本人が行為空間レベルにそれをおろすのではないかと期待している。だがしかし実際のところは、そうした基礎概念が、その論理空間にすら存在しないような「太郎」をつくっているのではないだろうか。歴史の年号や事項は、単に音として響くイメージでしかなく、他のことばと結びつく概念にすらなっていないのではないか。

現実的に授業を展開する場合には、多くの困難がつきまとう。しかしながらもし、歴史教育を戦前のように国民国家統合の手段や単なる教養、はたまた音韻ジグソーパズル行為の形成以上のものとしようとするなら、すなわち学習者の生に意味あるものとしようとするならば、自らの過去体験に触発された物語り行為をとるに足らないこととする気にはなれない。

子ども自身の物語り行為による他は、パズルに答えること以上の歴史知識を子どもたちに構成させることは不可能であるだろう。しかしそれは、「第三の人」は無理にしても、せめて「太郎」よりも「花子」をめざすべきだというのではない。たとえそれがまどろっこしいことであっても、たとえそれが幼くみえる解釈であっても、学習者それぞれの「第三の人」であることをめざすべきではないだろうか。こうした意味で私たちは、改めて歴史を理解するという学力のあり方を考えてみる必要がある。しかしながらそれを可能にするには、やはり教師という存在の役割を抜いて他はない。過去と現在を結びつけるには、子どもの物語りを妨げるパラドックスの危険性を引き受けながらも、教師の周到な翻訳や環境構成が必要になるからである。

〈注　釈〉

1、筆者は、この問題について、二〇〇八年に刊行した拙著の「第5章『知識』への誤解」および「第6章『学ぶ』への誤解―『わかる』から『参加』へ」において少し詳しく論じている。参照していただきたい。なお、すべての知識がふるまいになるわけではないという反論もあるかもしれない。しかし少なくても場が与えられれば、そうしたふるまいができる「志向性」をもっていなくては知っているとはいわれないだろう。

2、この議論は、よく知られているように一九四九年にRyle, G.が著した*The concept of mind*でのものである。Ryleはここで有名なカテゴリーミスティックの問題をだして、この「機械の中の幽霊」についてのべている。またRyleはここで、それまでのコトバ化された命題知Knowing thatのみを知識とみる見方に対して、方法知Knowing howも真偽が問える知識ではないのかとのべた。それを受けて一九六一年にRoland, J.は、

Knowing that もhowに還元できるのではないかという、本稿での議論につながる論を示している。

3、この例に対して、その温度計の狂いに気づいたのは、筆者が外在主義的に「水の沸点は一〇〇℃」という信念をもっていたからではないかとの反論が考えられる。しかしそうではない。筆者は、小学校以来理科クラブにのみ所属していて、島津製作所の温度計を信頼し「使いこなしていた」ので、その狂いに気づいたのである。もし単に一〇〇℃である信念をもっているだけだとしたら、一〇〇℃でないかもしれないとか、子どもたちが間違った実験をしたのだと思ったのかもしれない。

〈引用・参考文献〉

藤本元啓（一九八四・九）「源頼朝の征夷大将軍補任に関する問題」『軍事史学』二〇（二）、五一－六二頁
古田智久（二〇〇五）「外在主義的知識論から社会化された認識論へ」日本大学精神文化研究所編『近現代知識論の動向とその21世紀的展望』九九－一四三頁
国史大辞典編集委員会編（一九八三）『国史大辞典㈢』吉川弘文館
松薗斉（二〇〇〇）「前右大将考―源頼朝右近衛大将任官の再検討―」『愛知学院大学文学部紀要』三〇、三七四－三六〇頁
ネルソン・グッドマン（二〇〇八）『世界制作の方法』菅野盾樹訳　筑摩書房（ちくま学芸文庫）
野家啓一（二〇〇七）『歴史を哲学する』（双書　哲学塾）岩波書店
野口実（二〇〇四・五）「源頼朝のイメージと王権」『歴史評論』六四九、一五－二六頁
野矢茂樹（二〇〇九・三）「語りえぬものを語る11　そんなにたくさんは考えられない」『本』講談社、二一－六頁
野矢茂樹（二〇〇九・一二）「語りえぬものを語る20　語られる過去・語らせる過去」『本』講談社、二一－六頁
野矢茂樹（二〇一〇・一）「語りえぬものを語る21　何が語られたことを真にするのか」『本』講談社、二一－六頁
大阪書籍（二〇〇三）『中学社会（歴史的分野）』

大森荘蔵（一九九六）『時は流れず』青土社
小笠原喜康（二〇〇八）『学力問題のウソ―なぜ日本の学力は低いのか』ＰＨＰ研究所
桜井陽子（二〇〇二）「頼朝の征夷大将軍任官をめぐって―『三槐荒涼抜書要』の翻刻と紹介―」『明月記研究』九、一一七－一三〇頁
三省堂（二〇〇三）『詳解　日本史Ｂ　改訂版』
戸田山和久（二〇〇二）『知識の哲学（哲学教科書シリーズ）』産業図書
Roland, J. (1961). On the reduction of “knowing that” to “knowing how”. in Smith, B. O. & Ennis, R. H. (Eds). (1961). *Language and concepts in education*, Chicago: Rand McNally, p. 59-71.
Ryle, G. (1949). *The concept of mind*. London: Hutchinson.（ギルバート・ライル『心の概念』坂本百大・宮下治子・服部裕幸共訳（一九八七）みすず書房

付記

この章の初出は、日本社会科教育学会紀要『社会科教育研究』（一一〇号、四六―五六頁、二〇一〇）である。なおまた、「引用・参考文献に揚げた野矢茂樹の文献は、講談社より『語りえぬものを語る』としてまとめられて刊行されている。

第8章

子ども博物館の成立史の意味
——社会とつながる文化的実践への参加としての学びのために

1　議論の方向

子ども博物館は、一八九九年 New York の Brooklyn で生まれた。ではなぜ、アメリカで生まれたのか。本稿では、この問題を考える。なぜならそこに、子ども博物館の本来の意味があったからである。それは、近代学校を中心とした教育が形骸化する中での問い直しの意味である。そしてそれは、今日の教育の行き詰まりにも一つの回答を与えてくれる。

現代の学校、少なくても日本の学校での教育は、社会とのつながりを裁ち切り、「基礎学力」という学校の中に閉じた、砂上の知識楼閣を築いている。多大な労力をかけて、社会とつながらない学力の形成にいそしんでいる。現代教育のこの問題に、子ども博物館がなぜどういう状況の中で生まれてきたのかが、一つの道を与えてくれる。
もちろんアメリカの子ども博物館（図8-1）が、現代の日本の教育問題を解決する道筋を与えてくれるなどと安直にいうつもりはない。そうではなく、成立期の問題が、私たちの今の教育を考えるときの視点を提供しているという意味で、検討する価値があると考えるからである。

子ども博物館に限らず、こうした施設が生まれるためには、それを必要とするなんらかの状況がなくてはならない。とりわけ子ども博物館は、展示文物の貴重さや、それに基づく研究の重要さに、その存在意義を求める施設ではない。それは、何かの特定分野の研究を重要な部分とする典型的な博物館とは違う施設である。それは、もっぱら教育を主たる目的とし、その研究も来館者である子どもたちを対象とする特殊な施設である。

図8-1 2008年に建て替えられたBrooklyn Children's Museum（HPより）

そうであれば、そこにはこれを必要とする背景なり論理がなくてはならない。そこで本稿では、世界最初の子ども博物館が、どういう教育的必要から生み出されたのか、その背景をさぐってみたい。なぜならそこに、日本の子ども博物館はどうあるべきなのか、そしてそのこととかかわって学校はどうあるべきなのかという問題を考える視点があるはずだからである。

あらかじめのべれば、それは二つの視点となる。その一つは、子ども博物館を必要とする世相的・思想的環境の問題である。そしてもう一つは、子ども博物館がよって立つべき学びと知識なり学力の理論問題である。最初の視点は、子ども博物館が文化と歴史と社会につながる学びの環境を整えようとして生まれてきたことを私たちに教える。そして第二の視点は、子ども博物館が、プラトン的固定化された知識を与える施設ではなく、プラグマティックな知識の構成を助ける施設として生まれてきたことを私たちに教える。

どちらも、今の日本の学校教育が抱える本質的な問題を考える時の視点になりうる。近代の学校、日本でいえば明治以降の学校は、大きな矛盾を抱えてきた。それは、将来のために基礎的学力を身につけさせようとすればするほど、社会とつながらない学校文化的実践への参加だけに特化されてしまうという矛盾である。象徴的にいえば、それは学校での知が校門をでないという問題である。明治の頃から、「文部省唱歌校門ヲ出ズ」といわれてきた。

このような状況の中で、子ども博物館は、どのような意味をもつことができるだろうか。本稿は、この問題を考えるために、あえてその成立期の状況に立ち戻ってみようという算段である。あらかじめのべれば、筆者は「子ども博物館とは社会とつながる文化的実践への参加の機会を提供する場である」と考えたい。以下この意味を解題していこう。

解題は、まず子ども博物館の成立史を概観することから始めよう。その後で、これが成立するまでの思想的状況を俯瞰してみたい。ここでは、ダーウィンの進化論を契機に、知識論的に大きな転換が起こったことを確認するだろう。この確認に立って、次に子ども博物館設立までの状況をみてみたい。これが成立する明治三二年（一八九九）までにはどのような経緯があったのか、いわばその揺りかごをさぐってみる。そうすることによって、この歴史が現代の教育に意味する問題を考えてみたい。

2　子ども博物館成立史

世界最初の子ども博物館 Brooklyn Children's Museum は、Brooklyn Institute of Arts and Sciences（現在の Brooklyn Museum）の分館として、一八九九年一二月一六日にスタートした。これを発案したのは、建造物美術史が専門でアメリカで最初に美術史教育を始めた人として知られるW・グッドイヤー（William Henry Goodyear, 1846–1923）である（図8－2）。彼は、Metropolitan Museum の初代学芸員であったが、この時には Brooklyn に移っていた。彼は、研究のためのヨーロッパ旅行の途中、イギリスの Manchester Museum で自然史の展示に子どもたちが惹きつけられているのをみて発案したとされる（Schofield-Bodt, 1987; Alexander, 1997）。

図 8-2 Goodyear, W. H.
Brooklyn Museum の HP より

最初の学芸員は、動物学者で教師でもあったR・コール（Richard Ellsworth Call, 1856–1917）である。だが一九〇三年にこれを引き継ぎ発展させ、その後一九三七年までの三五年間も学芸員を務めたのは、師範学校をでた生物教師で、その後MITで科学の学位を取得するA・ギャラップ（Anna Billing Gallup, 1872–1955）である（図8－3）。その初期の様子はどうであったのか。それはギャラップが書いたものからかいまみることができる。

新しいブルックリン科学・芸術博物館ができて、大多数の重要な収蔵品が移された。そして若干のロングアイランドの昆虫類や鳥やほ乳類の剥製が残された。これが最初の子ども博物館のコレクションとなった。事実上、空の建物とこの乏しい展示品以外にはなにもなかった。(Gallup, 1907, p. 144)

このように世界最初の子ども博物館は、きわめて貧弱なスタートであった。建物は、本館の建て直しの間、収蔵品を保管するために一時的に借りていた倉庫の家であったし、展示品は不要となった動物類の標本や剥製であった。最初は、いわばおあまりの品々による開館だったわけである。とはいうものの、このことからわかるのは、この博物館が、自然史を中心とした科学の博物館であったということである。

図 8-3 Gallup, 1937
Hein, 2006 より

最初の学芸員であったコールがつくった展示室は、すべて自然史のものであった。それはいわば、自然史博物館の子ども版だったわけである。コールの時代には、次の六つの室がつくられた (Alexander, 1997)。

◇ Model Room　　◇ Animal Room
◇ Botanical Room　　◇ Anatomical Room
◇ Lecture Room　　◇ Library

一九世紀というこの時代、欧米は「科学の時代」であった。万博が催され、動物園が造られ、科学博物館が開館していった。それは、列挙すると次のような状況であった。

・万　　博　ロンドン（1851）ニューヨーク（1853）パリ（1855）
・科学博物館　ロンドン・産業博物館（1852）　ニューヨーク自然史博物館（1867）
・動　物　園　イギリス・ロンドン（1847）ドイツ・ヴィルヘルマ（1850）
　　　　　　　アメリカ・フィラデルフィア（1859）

そしてまた、フランス革命をへて物理化学の基本単位も確立し、さらには蒸気機関の発達にともないエネルギー論がほぼ確立してくる。こうして博物学だけではなく、物理化学の方面も円熟してくる。一九世紀は、輝く科学の時代であり、職業としての科学者が登場してくる時代でもあった。この一九世紀という時代には、一八世紀に始まるこうした科学・博物学の成果を教育しようという意識の高まりがあった。それは「子ども」が発見されるプロセスにともなって高まってきた。

一九世紀になると、ビクトリア朝時代を迎えたイギリスが産業革命を加速させて、年少者の過酷な労働が問題になってくる。年少者・女子労働者の保護を目的とするイギリスの「工場法」は、一八三三年に始まりその後一八七四年まで何度も改正されるが、産業革命が遅れて進行したドイツやアメリカにも影響を与えていく。ドイツでは一八六九年に「職業法」として制定され、アメリカでも一八四八年に「児童労働法」の制定へとつながっていく。こうした意味でこの時代は、ルソー、ペスタロッチ、フレーベル、オーエンと続く思想的子どもの発見が、法律の上でも確立していく過程でもある。こうした中、思想界にも大きな変化が生まれてくる。

3　子ども博物館誕生までの思想状況

(1) 二つの知識観

近代学校が生まれた一九世紀というこの時代、西欧社会に大きな変革をもたらす考え方が現れてくる。それは、ダーウィンの進化論である。『種の起源』が出版されたのは一八五九年であるが、象徴的な意味で、この年を境に西欧社会が大きく変革していく。そしてそれは、教育に対する博物館の役割にも変化をもたらす。

これ以前、すなわち一九世紀の前半までは、自然科学は今日的な感覚ではとらえられていない。科学は、神の業績を知るための営みであって、人間による自然法則の確立とはみなされていない。物理化学を含めて、科学は自然の有様を集め整理し分類したり、実験的に探求することによって、神の業績をありのままに知る営みであった。その代表の一人が、スミソニアン協会の設立メンバーであったL・アガシー（Louis R. Agassiz, 1807–1873）である（図８－４）。

ハーバード大学の動物分類学の権威で、強い反進化論者としても知られるアガシーは、いわゆる自然史学を確立した博物学者であり、古生物化石の著名な研究者であった。しかし彼は、弟子たちの離反にもかかわらず、化石の中に進化の流れをみようとはしなかった。アメリカでは、いまでも反進化論（インテリジェット・デザイン論）が根強い。

図 8-4　Louis Agassiz

図 8-5
Chauncey Wright

しかしその同じアメリカのハーバード大学のC・ライト（Chauncey Wright, 1830-1875）（図8－5）は、進化論に触れて、全く違った科学論をもつにいたる。彼は認識論哲学者であるが、進化論を擁護する論文をいくつも書き、ダーウィンからも感謝される。このライトというのは、日本ではあまり知られていないが、アメリカの哲学・プラグマティズム（pragmatism）を創始した中心人物である。

その考え方は、博物館教育においても意味がある。プラグマティズムは、実用主義、道具主義と日本では訳される。知識のあり方において、実際の場面で確かめられない使えない概念を認めない立場である。それはまた、知識は固定してあるものではなく、実際の状況の中で、不断に作り替えられていくものだという、いわば知識のダーウィニズムでもある。

この二人の違いはなにか。それは、アガシーが知識を神がつくった不変のものと考えていたのに対し、ライトは状況に合わせて常に再構築するものと考えていたことにある。アガシーは、伝統的なキリスト教の哲学であるプラトンのイデア論の立場に立って、物の不変の本質・イデアを読み取る知識観に立っていた。それに対して、ライトはむしろ社会や人間の側からの再構築の知識観に立っていた。ライトの思想は、この後の思潮の大きな流れに先鞭をつけるものでもあった。すなわちそれは、今日でいう「脱構築」あるいは「再構築」という流れである。これはその後、『種の起源』の発刊された同じ年に生まれたJ・デューイ（John Dewey, 1859–1952）へとつながっていく。

(2) 一八五九年という年

今のべたように、『種の起源』が刊行された一八五九年に、子ども博物館の成立に影響を与えたと思われるジョン・デューイが生まれている。この関連づけは好事家の趣味の域をでないが、それでも子ども博物館の成立経緯を考える時、この一八五九年という年の意味を振り返ってみる価値はあるように思われる。というのも、この二つの出来事にもう一つ加えて、将来の子ども博物館へとつながる次の三つのことが、この一八五九年におこったからである。

◇ダーウィンの『種の起源』が刊行される。
◇シェルドン・E・Aがトロントの教育博物館でペスタロッチ教具をみて、アメリカで実物教授（object lesson）を始める。
◇ジョン・デューイが生まれる。

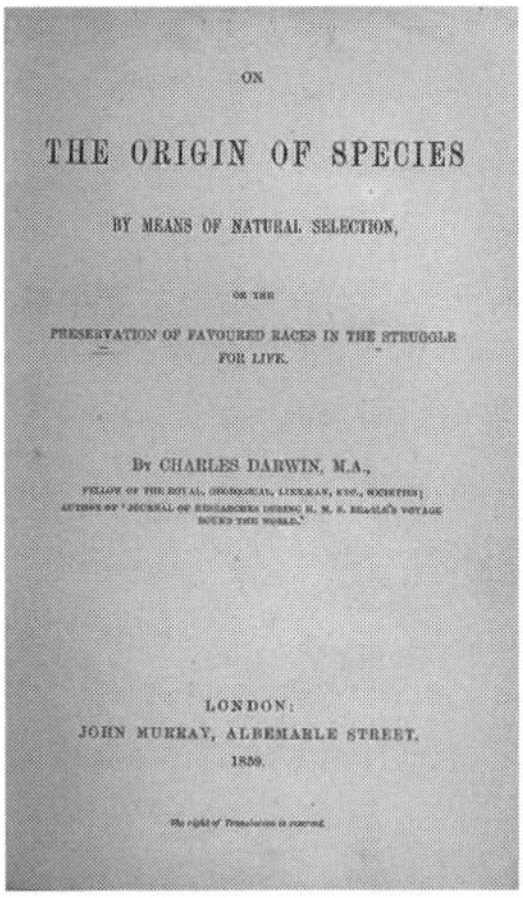

ON

THE ORIGIN OF SPECIES

BY MEANS OF NATURAL SELECTION,

OR THE

PRESERVATION OF FAVOURED RACES IN THE STRUGGLE FOR LIFE.

By CHARLES DARWIN, M.A.,

LONDON:
JOHN MURRAY, ALBEMARLE STREET.
1859.

図8-6　ダーウィンと『種の起源』初版本
Wikipediaより

ダーウィンの『種の起源』（図8－6）は、西欧社会に大きな影響を与えた。日本では、吉田松陰が斬首された安政の大獄のこの年、アメリカでも社会を大きく揺らした事件が起こっていた。武力で奴隷解放運動をおこしたジョン・ブラウン事件である。これが引き金になり、一年半後に南北戦争が始まる。こうした時期、ダーウィンの『種の起源』は、人も含めた万物は、神によって創られたときから変わってはいないという考え方を否定した。それは逆にいえば、人種の違いはあくまで進化の過程の産物であるという考え方であり、さらには人間の環境決定説にもつながる考え方であった。ここから良い意味でも悪い意味でも、進歩主義・ダーウィニズムが生まれてくる。それは、とりわけアメリカにおいて重要な考え方を用意した。つまり、人は生まれながらにして違うのではなく、教育などの環境と努力によって違ってくるのだという、正にアメリカン・ドリームにつながる考え方である。

E・シェルドン（Edward A. Sheldon, 1823-1897）（図8－7）の実物教授は、実際のものに触れて学ぶという考え方を広めたものとして著名である。オンタリオ湖の東の端のニューヨーク州の町オスウィーゴの教育長であった彼は、対岸のトロントの教育博物館で、ペスタロッチの直観教授教具をみて、それをアメリカに導入した。もっともこれは、カナダの人間がアメリカでみたものをまねして造ったものだったので、いわば逆輸入であった。しかしシェルドンは、単に教具を逆輸入しただけではなく、教員養成所をつくり普及に努めることもした。このシェルドンの広めたペスタロッチ主義の実物教授は、今日私たちがイメージする教室の風景を作り出したといわれる。それまで机と黒板だけであった教室に、掛け図や標本、あるいは様々な教具が持ち込まれるようになるのは、この頃からである。

図8-7　Sheldon, E. A.

そしてまた、実際のモノに触れて学ぶという考え方は、見学や実習を学校に持ち込み（図8-8）、それが後に学校博物館になっていく（図8-9）。そしてその資料にスライドが用いられるようになって、近代的な意味での視聴覚教育も始まる。

こうした情勢は、日本の近代教育の初期にも影響をあたえている。日本の学校も、その初期からこのアメリカの影響を受けていた。それは、掛け図に代表される、当時「庶物指教」と呼ばれた実物教授法の影響である（図8-10）。これは、高嶺秀夫（一八五四-一九一〇）が明治八-一一年（一八七五-七八）まで、アメリカのシェルドンの教員養成学校に留学して持ち帰ったものである。

教育博物館には二種類ある。一つは、シェルドンがみたような教育に関する机や教具などを展示して、その普及を図るタイプである。そしてもう一つは、標本などの教材を展示しながら学校に貸し出すタイプである（Monroe, 1911, p. 332-341）。この後者のタイプが、子ども博物館が生まれる一九世紀末には普及して、「学

図 8-8　実地見学の様子（Saettler, 1955. p. 112）

図 8-9　20 世紀初頭の学校博物館の様子
（Saettler, 1955. p. 112）

図 8-10　庶物指教の明治教授図「小学入門教授図解　第七」国立教育政策研究所　教育研究情報センター　教育図書館 HP より

校博物館」とよばれるようになっていた。これが次のデューイへとつながっていく。

三番目のデューイの生誕は、直接に子ども博物館にかかわっているかもしれない。というのも、デューイの名前を一般に知らしめることとなった『学校と社会』が刊行されたのが、子ども博物館誕生の年だったからである。一八九九年四月のことだった。子ども博物館を発案したグッドイヤー、あるいはそれをすぐに受け入れた館長のF・フーパー（Franklin William Hooper, 1851–1914）らが、ベストセラーになったこの本を読んでいたかもしれない。よく知られているように、この本の中でデューイは、学校と外の社会とをつなぐため、実際社会の産業にかかわる学校博物館をその中心におくことを提案していた。また実際に子ども博物館の運営の中心になったギャラップも後に、子ども博物館は「進歩主義教育のさきがけだった」と述懐しているし、アメリカの研究者もそのようにみている（Alexander, 1997: Hein, 2006）。

そうした意味で、このデューイの『学校と社会』は、子ども博物館誕生の引き金の一つであった可能性がある。しかし筆者は、このデューイの『学校と社会』にもかかわっている、アメリカの子ども博物館の誕生にとって、もう一つの重要な点を指摘したい。それは、当時の世相である、第2次移民時代の到来である。このことは、直接の引き金ではなかったかもしれないが、すぐにその重要な一部となった。ギャラップは、自然史の展示だけでなく移民たちの文化や地理・自然を伝える部屋もつくった。そこで活動することで子どもたちが自分を発見することを望んでいた。ブルックリンは、今でもヒスパニック系、イタリア系、ユダヤ系の多い地域なので、展示説明にも米語の他にスペイン語も並記している。移民の問題は、アメリカ社会を大きく変貌させていった。人種のサラダボールといわれる今日のアメリカを形作ったこの第2次移民時代は、やはり子ども博物館の役割にも大きな意味をもつ。そこで次に、この問題にしぼってみてみたい。

4　一九世紀末の第2次移民時代

いまのべたように、子ども博物館が発足した時代は、第2次移民時代であった。この時代は、一八八〇年を境にヨーロッパそれも東欧とイタリアを中心として、一挙に大量の移民が押し寄せた時代である。その中心はスラブ人、ユダヤ人、イタリア人である。それには、アメリカの事情もあった。シビル・ウォー（南北戦争）が終わり、五大湖周辺を中心としてアメリカの産業革命がおこっていた。工場は、土地に縛られない浮遊する労働者を必要とした。ここに奴隷解放の黒人とヨーロッパからの移民が流れ込む。

こうして都市では、スラム街が形成される。その代表は、なんといってもシカゴである。そしてここで、ある出会いがあった。それは、デューイとJ・アダムズ（Jane Addams, 1860–1935）（図8–11）の出会いである。この出会いは、子ども博物館の今日の問題を考える時に重要な視点を与えてくれる。そこでこの出会いについて、日本の研究者で唯一人追求している米澤正雄の論を紹介しながら、その子ども博物館への意味を考えてみたい。

アダムズという人物に、日本人はあまりなじみがないかもしれない。アダムズは、シカゴの移民たちのス

図8-11　Jane Addams

図8-12　シカゴのJane Addams記念公園
シカゴ・チルドレンズ・ミュージアムの前には、ジェーン・アダムズ記念公園と通路がある。浅からぬ縁か。

ラムでセツルメント（社会福祉活動）をおこない、アメリカで女性初のノーベル平和賞を受賞した人物である。シカゴの子ども博物館前には、アダムズを記念した公園があり（図8-12）、イリノイ大学にはHull Houseというアダムズ記念館がある（図8-13）。このアダムズは、米澤によればデューイの学校観に大きな転換をもたらしたという。デューイがアダムズと出会って後に著した『学校と社会』での学校観とそれ以前とは大きく違っているというのである。

以上説明してきた二つの学校論を比較してみよう。「社会の一制度としての学校」論では、家庭の社会生活維持機能と、学校でのこの機能の継続的・組織的発展とが、自明の前提にされている。これに対して、『学校と社会』の学校論では、この前提に立つことの困難が自覚されている。しかも家庭や近隣に代って、「オキュペーション」の導入される学校が、社会生活の維持・存続の機能を積極的に担わされている。この論構成上の相違は、家庭や近隣が、「オキュペーション」によって社会生活を維持しえてきたという認識によってもたらされている。デューイがこのことに初めて言及したのは一八九八年であるが、なぜ彼は、この時期に家庭や近隣が「オキュペーション」による社会生活の場であったことに言及しているのだろうか。そして、なぜこの認識を学校の機能に関係づけたのであろうか。／私は、ジェーン・アダムズのセツルメント事業への参加が、彼に大きな影響を与えたと考える。（米澤、一九七九、四六-四七）

米澤がここでのべているのは、デューイがアダムズのセツルメントに通い、しかも理事まで引き受けたあたりから、学校観が変わったことについてである。この意味を簡単にのべてみよう。

デューイはそれまで、家庭から学校へそして社会へというプロセスの中で、子どもたちは連続してオキュペーション、すなわち将来の産業社会生活につながる様々な作業経験をすることで市民になっていくと考えていた。ところが産業革命以後は、家庭からこのオキュペーションがなくなってしまった。さらには学校でもその機会が失われ、家庭とも社会ともつながらない場になってしまっている。その結果、子どもたちは社会化されないままに大人になる。そこでデューイは、学校の中に博物館を設けて、失われたオキュペーションをより積極的に提供すべきだと考えるようになった。それが『学校と社会』の中で提案している「産業博物館」である。

この考え方の転換が、アダムズの影響だと米澤は指摘している。アダムズは、移民たちがふる里で培っていた様々なオキュペーションをシカゴでは子どもたちに伝えられず、親たちがアメリカで育つ子どもたちと断絶する状態を憂えていた。そこでアダムズは「労働博物館」をつくり（図8‐14）、そこで移民の親たちがオキュペーションを伝えることで、子どもたちが自分たちの文化が今日の産業社会につながっていることを理解し、多文化社会アメリカにふさわしい市民としてよりよく社会化されていくと考えたという（米澤、一九九二）。

ここでこれまでのことを整理してみよう。筆者は、これまで子ども博物館が生まれた背景についてのべてきた。一つは、科学・自然史教育の側面である。二つ目は、それをより十全におこない、子どもの心性を豊かな実のあるものにする実物教授の普及である。そして第三番目にのべたのは、デューイに代表される進歩主義教育の影響である。

これらの影響は、今日でも十分に生きている。アメリカの子ども博物館では、科学教育が最も重要な柱の一つである。Discovery Museumという科学を中心としたものもかなりあり、日本でも、これに類するものを子ども博物館とみなせば、すでにたくさんのものが存在することになる。科学教育が子ども博物館の最も重要な柱の一つであることは、今でも変わっていない。ただし、発足当時とまったく同じかといえば、それは若干違うかもしれない。というのも、アメリカの子ども博物館が大きく発達したのは、一九六〇年代の国防教育法によるところが大きいからである。そこでは、ソビエトに遅れるなという科学教育が重視された。これを国民国家形成のための科学教育と同じとみるかどうかは、さらに検討が必要であろう。

他方、実物教授の影響も小さくない。これは、ハンズ・オンに集約されるように、子ども博物館の学びの

図 8-13　Hull House

図 8-14　労働博物館での活動の様子
Hull House の HP より

根幹のことととらえられているからである。ただしこれも、まったく同じかといわれれば、検討の余地がある。というのも、シェルドンは敬虔な清教徒だったからである。とすればその知識観は、プラトン的であったかもしれない。そうだとすれば、デューイ等の考え方とは違うことになる。これには、今日のハンズ・オンがどのような意味であるのかの検討が必要となるだろう。

それはともかく第三番目の影響は、子ども博物館を考えるときの最も重要な視点になる。というのも文物の保存と研究を主たる目的としない子ども博物館は、教育への視点がより重要になるからである。デューイやアダムズが直面したような課題をもたなくては、それはただの箱か安全な遊び場以上のものにはならなくなる恐れがある。米澤の論文は、デューイやアダムズらが、強い学校批判の上に、産業博物館なり労働博物館なりを構想していたことを教えてくれる。私たちは、子ども博物館の成立における、この第三の影響から何を学ぼうとするのか、それが重要であるように思われる。これこそが本稿の目的にほかならない。

5　子ども博物館の存在意義――隔離された学びからの解放

これまでのべてきたように、アメリカで子ども博物館が生まれるには、それなりの背景があった。とりわけ移民の子どもたちの問題は重要である。子ども博物館が、大人のための博物館の単なる子ども版ではなく、それ独自の存在意義をもつとすれば、それはどこにあるのか。Brooklyn Children's Museum の成立背景を探ってきたのは、このことの大切さを理解するためであった。

この考察から私たちは、子ども博物館が近代学校の問題性を乗り越えるための場所であることを理解できた。デューイやアダムズが正面からとらえようとしたのは、この問題であった。当時の学校が、外の世界とつながらない、もちろん移民たちの培ってきた文化ともつながらない学びをしていることを彼らは問題にしたのである。そして彼らが考案したのは、学校の学びを外の世界につなげるための産業博物館という名の学校博物館であり、移民の過去の文化とつながる労働博物館であった。

では、私たちの日本ではどうなのだろうか。私たちは、どのような意味を日本の子ども博物館に見いださなくてはならないのか。というより、そこから何を学ばなくてはならないのか。それにはやはり、アメリカの場合と同じように、二つの問題を考えなくてはならないだろう。それは、子どもたちの教育にかかわる社会的な問題と、学びと知識に関する理論的な問題である。

社会的な問題とはなんだろうか。子どもたちといっても、子ども博物館の主な対象である幼児と小学校高学年くらいまでとでは自ずと問題が同じではないかもしれない。しかし大きな視点でいえば、幼児だろうと小学校高学年だろうと同じ問題をかかえているのではないか。それは、子どもたちの学びや育ちが、さらに一層隔離的になってきているという問題である。つまりそれは、アダムズやデューイが一〇〇年も前に乗り越えようとした課題が、日本の今において解決されるどころか、かえってさらに悪化しているのではないかという問題である。

今ますます、家庭の中から社会とのつながりが見えなくなっている。道具はブラックボックスになり、食物はトレーパックにのせられてくる。地域ともつながらず、バスや電車で運ばれ幼稚園や学校にとじこめられる。家庭からも地域からも、子どもがかかわる社会とつながる仕事がなくなり、一人一人が無菌のパスツールの白鳥の首型フラスコの中に閉じ込められている。その光景は、映画「マトリックス」にでてくる、チューブをつけられて生かされている人間のようである。

「マトリックス」の人間はまだましである。バーチャルであっても、リアルだと思わされているのだから。しかし日本の子どもたちは、リアルなのにバーチャルにされている。無菌フラスコの中に一人一人隔離され、社会とも自分ともつながりのないバーチャルな学びを日々させられているからである。こうした子どもたちが、学びへの興味どころか、自分の将来にすら興味をもてないのもなんら不思議ではない。

ＯＥＣＤのＰＩＳＡの調査で、日本の子どもたちが世界一群を抜いて学習にも将来にも興味を失っている結果が示された。だが、大人たちはその結果には目もくれなかった。今は、いわゆる「ゆとり教育」批判に始まった「学力向上」の時代である。子どもの体験を重視する子ども博物館を切望する空気はない。大人たちが求めるのは、安全で汚れない、他者とつながらないパック化された学びである。

こうした子どもをとりまく社会的な問題は、第二の理論問題にもつながっている。社会的に隔離されている子どもたちは、同じく学びや知識の理論においても隔離されている。デューイが一〇〇年も前に『学校と社会』で考えたことは、オキュペーションという社会とつながる作業的活動を学校の中核にすえることであった。ここでの学びや知識の理論は、私たちの多くが理解しているのとは根本的に違う。

今日、学びとは個人的なそれ自体として特化できる行為であり、知識とはそれによって外から個人の脳みそに取り込まれるモノのようなものと考えられている。しかしデューイは違う。学びも知識も、社会とつながり社会の中に生きること、そうした活動そのものだと考える。だからこそ学校を小さな社会にすべきだと考えたのである。学校で社会につながる活動をするのは、学ぶための手段ではない。活動することそれ自体が学ぶであり知識であり社会をつくることだからである。学び、知識を身につけ、そして社会にでるのではない。

こういうと従来の考え方にならされた私たちには難しくみえる。だがこれは、むしろ普通の姿である。学校では、これらが切り離されている。この方が、極めて特殊である。私たちは知っているはずである。会社に入って仕事を覚える時、こうした分断はおこらない。様々な仕事をさせられ、自分なりに見よう見まねで取り組むことそれ自体が学びであり、それ自体が知識であり、それ自体が会社の一員となることである。会社に入って、まず学習し、業務の知識を覚え、「はい、今日から社員」というのではない。

さて、こうしてみてくると、子ども博物館が生まれた時代の問題状況が、今の私たち日本においても、なんら変わらずにあることがわかる。つまり学校が社会から隔離されてあるという状況、そこの中の学びが、その中だけで意味をもつものになっているという状況は、なんら変わっていないのではないだろうか。

現代の子どもたちの学びの状況を、ある人は「学びからの逃走」と表現した。だが私はむしろ、「学びからの隔離」と表現したい。学びは、社会や環境とつながってこそである。そこから切り離して、個人内で学校の中で完結させる学びは、無菌室に閉じ込める「隔離された学び」である。子ども博物館の成立史は、私たちにこのことを教える。

＊本稿は、拙著「日本における子ども博物館のこれから」(『JMMA会報』No. 55)と、二〇一一年六月に刊行の筆者他編『博物館教育論』の第1章2節2項「博物館と学校教育」)の内容を加筆・補正・再編成したものである。

〔引用・参考文献〕

Alexander, E. P.（1997）. *The museum in America: innovators and pioneers*（8. Anna Billing Gallup: Popularizes the first children's museum）, Walnut Creek: CA, Alta Mira Press, p.133–146.

Gallup, Anna B.（1907）. The work of a childrens museum. American Association of Museums. Proceedings. 1: 144–149.

Hein, George E.（2006）. Progressive Education and Museum Education Anna Billings Gallup and Louise Connolly. *Journal of Museum Education*, 31（3）: 161–174.

Monroe, Paul. ed.,（1911）. *A cyclopedia of education.* New York : Macmillan.

小笠原喜康（二〇一〇・三）「日本における子ども博物館のこれから」『ＪＭＭＡ会報』No.五五－一四（四）、一四－一七頁

小笠原喜康・並木美砂子・矢島國雄共編（二〇一一）『博物館教育論』ぎょうせい

Saettler, P.（1955）. History of A-V education in city school systems. *Audio-Visual Communication Review*, 3（2）: 109–118.

Schofield-Bodt, Cindy.（1987）. A History of Children's Museums in the United States, *Children's Environments Quarterly*, 4（1）: 4-6.

米澤正雄（一九七九・六）「デューイの思想形成にはたしたジェーン・アダムズの意義（二）―「オキュペーション」導入にもとづいた学校論の再構成―」『日本デューイ学会紀要』二〇、四五－五〇頁

米澤正雄（一九九二・六）「ジェーン・アダムズのセツルメント論（四）―労働博物館（Labor Museum）の構想と実践―」『日本デューイ学会紀要』三三、六一－六六頁

第9章　キットとワークショップ教材の構成原理とその役割

1　博物館教育の今日的課題

博物館は、社会教育の一つの重要な施設である。このことは、これまでも認識されてきた。しかしながら、博物館の活動の中で、教育は必ずしも十分に位置づけられてきたとは言い難い。このことは、すでに多くの人が認めていることである。これまでの博物館は、主に資料の収集と研究そして保存に、大きな力を注いできた。それはもちろん、やむを得ないことでもあった。日本に博物館といわれるものが誕生して一四〇年以上がたっている。とはいえ、大きな発展をみせたのが戦後であり、それも高度成長をとげた後の一九七〇年代以降だからである。

しかしここにきて、急速にその教育機能に注目が集まるようになってきた。そしてまた、今後もその必要度が高まっていくと思われている。ではなぜそうなってきたのか、その要因はいくつかあげられる。それには、博物館内部の要因と、博物館の教育活動に期待する外部の要因とがある。それぞれに分けてのべると、それは次のような要因といえるのではないか。

〔博物館内部の要因〕

一つには、長引く不況の中、新自由主義の浸透にともない、博物館が独自にその運営経費の調達を求められるようになってきたことがあげられる。象徴的には、国立博物館の独立法人化があげられるが、他の多くの公立博物館でも同様の傾向がみられる。こうしたことを受けて、多くの市民の利用を働きかける中で、親子連れや学校への様々なサービスを進める傾向が強まってきた。

二つには、一つ目と似ているが、地方公共団体の予算が厳しくなるにつれて、博物館が予算を使うことの理由を議会に認めさせなくてはならなくなったことがあげられる。いまだ決して高いとはいえない文化行政への意識が、博物館を金食い虫の「ハコ物」とみなす圧力をかける。博物館は、その圧力を和らげるために、市民によく利用されていることを証明しなくてはならなくなった。

三つには、博物館内部の人々の意識の変化があげられる。博物館と一言でいっても、日本では、この中に動植物園も美術館も科学館も文学館も入る。この多くの種類の博物館の中、一つは動物園での変化があげられる。動物を虐待しているのではないか、単なる見せ物小屋ではないかという批判と、動物園は長く闘ってきた。彼らは、癒しの園としてだけでなく、種の保存の場として、動物愛護の場としての動物園の存在意義を社会に訴える必要があった。そうした傾向は、美術館や歴史系博物館でも同様である。美術館は、市民に寄り添い、共につくっていく場へと変わってきている。歴史系博物館も、市民とともに過去を体験し現代を問い直す場へと変わってきている。

〔博物館外部の要因〕

一つには、人々に余裕がでてきて、それに寿命の延長がともない、リタイヤした人々が、博物館で学びたいとかボランティアをしたいと希望するようになってきたことがあげられる。この傾向は、いわゆる団塊の世代が増加する今後、さらに強まると思われる。

二つには、平成四年（一九九二）から学校週五日制完全実施がなされ、土日の子どもたちの学びの場所として博物館が期待されるようになったことがあげられる。それまで休日の子どもたちの受け皿は、リトルリーグなどのスポーツ系や塾やお稽古ごとであった。その中、五日制完全実施で一番懸念されたのが、塾での受験勉強の加熱であった。そこで博物館での、より体験的な学びが期待されることとなった。

三つには、平成一四年（二〇〇二）から「総合的学習の時間」が設けられ、子どもたちの主体的・探求的学習が推奨されて、博物館がその教材や情報の提供および相談機関として期待されるようになったことがあげられる。これは、二〇〇二年から完全実施であったが、それ以前のかなり早い段階での試行が広くおこなわれたこともあって、その相談がかなり前から増加するようになった。今日では、学力向上の風潮の中、かなり後退した感もあるが、これから始まる大学入試の変革では、改めて見直される可能性がある。

四つには、こうした学校の変化が、一九九〇年代初頭からの「新しい学力観」と連動した動きであることがあげられる。これは、それまでの一律の学力ではなく、一人一人の個性的な学力を求めるものであった。

こうしたことが、教科書による学習から実物に触れた学習を重視する「体験重視」の学習観を促した。現在、いわゆる「ゆとり教育」からの揺り戻しがあるものの、おそらくそれは一時的なものである。なぜなら体験重視の学習観は、これからの社会においてさらに強まることが予想されるからである。

こうした博物館内外の様々な状況が重層的に重なり、日本の博物館に教育重視の傾向を生み出してきたのではないかと思われる。博物館の教育活動をめぐる状況は、二〇年ほど前からみれば、大きく変わってきている。従来の古びて薄暗く重々しいといったイメージは、今の博物館とは全く異なるといっても過言ではない。しかし、実際にその教育活動が大きく進展したのかどうかとなると、必ずしも楽観できない情勢である。というのも、外部の教育要求に応えるためには、十分な人員が必要であるが、現実はさらに悪化しているからである。予算が厳しくなる状況の中、従来から十分な人員があったわけではないのに加え、多くの要求が博物館に寄せられるようになり、むしろさらに悪化しているというのが現実である。そうなると、意識はあっても、とても十分に対応できない状態におちいる道理である。

とはいえ、近年ますます教育活動への要求が高まっている。とりわけ従来の教育プログラムに加えて、学校とのコラボレーション、すなわち博学連携の要求が高まっている。これまでの、学校遠足の「雨宿り利用」からの脱却を図るには、様々な取組が必要とされてくることは確かである。しかし現実には、そうした要求に応える人員も、そのための教材開発もままならない状況である。では今後、学校からの要求に応えて、よりよい連携をするにはどうすべきなのか、次節で少し原理的な問題にもふれて考えてみたい。

2　博物館と学校教育のかかわり

前述したように、近年、学校から様々な要求が博物館に寄せられるようになってきている。博物館と学校とのかかわりは、従来は、いわゆる「雨宿り利用」が大半であったことは否めない。たとえ社会科見学の一貫で、博物館の利用を目的として来館しても、学芸員にまかせっきりで、しかもあまり長居しないことも決して珍しくなかった。

しかしながら、少し歴史をふり返ると、その関係には深いものがある。というより、博物館はこれまで、何度も学校教育のあり方に大きな影響を与えてきたことがわかる。アメリカでは、一八五九年にオンタリオ湖の東岸にあるニューヨーク州オスウィーゴー（Oswego）の教育長E・シェルドン（Edward A. Sheldon）が、対岸にあるトロントの国立教育博物館を訪問して、そこにあったペスタロッチー主義の教具などをみて帰り、すぐに「実物教授」を開始したことは有名である。これは、明治五年（一八七二）から始まった日本の近代教育にも「庶物指教」として取り入れられた。いわゆる「掛図」による教育である（小野、一九八三、村山、一九七八、Saettler. 1990、前章「子ども博物館の成立史の意味」において少し詳しくのべているので参照されたい）。

その後も、一八九〇年頃に普及した学校博物館に採り入れられたスライドから、近代的視聴覚教育がスタートし、さらにケルシェンシュタイナーが、一九一三年に設立が始まったドイツ博物館で実験室と教員研修を始めたことで、その後の科学技術教育の進展に大きな影響を与えたことも知られている。日本の国立科学博物館も、最初は教育のために設立され、明治時代は「東京教育博物館」と称していたことは有名である。元々、近代学校と博物館は、近代市民社会をおしすすめる車の両輪であった。学校は次世代の育成を担い、博物館は大人の市民を啓蒙する装置として働いてきた。

こうした歴史のことはともかく、現在の日本の博物館と学校のかかわりということになると、それはまだまだ不十分であることは衆目の一致するところである。それは、どうしてなのか。そしてそれは、どのように改善されるべきなのか。こういった問題を今後、その根本から考えていかなくてはならない。学校は、なぜ博物館を十分に利用していないのか。この問題は、「学校」と呼ばれるものの性格を理解しなくてはならない。今の学校は、「近代学校」と呼ばれる。この近代学校は、日本では明治と共に始まる。西欧でも一九世紀半ばから整備が始められるが、この近代学校の特徴は、大きく二つに分けられる。一つは、時間主義である。そしてもう一つは、教科書による同一内容主義である。

時間主義は、すべての活動が時間によって区切られるのが特徴である。近代学校は、等間隔で刻まれる物理的な時間を規準にしたシステムを特徴とする。それ以前の寺子屋やヨーロッパの「おかみさん学校」と異なり、同一年齢・同一学年・同一入学・同一進級・同一卒業、そして時間割による授業という、すべてを「時間」を規準単位として進めるシステムである。これは、工場モデルといわれるもので、まさにベルトコンベア方式、あるいは日本でいえば、ところてん方式と呼ばれるものである。このシステムでは、興味がある勉強でも途中で打ち切られ、興味がない勉強でも続けなくてはならない。学習者は、人間というよりも、組み立てられる製品である。

同一内容主義とは、いうまでもなく教科書中心の基礎基本教育である。時間主義で細かく区切られた中で効率よく教育をおこなうには、学習内容の個別化は都合が悪い。その典型は、ベル・ランカスター法（助教法）として知られるが、数百人の子どもを対象に、同一時間に一挙に同じ内容を教えるという効率が追求された。日本では、教科書の内容を統一し、さらにはとりわけ戦後、大量の副教材を個別に購入させることで、徹底した同一内容の注入に成功してきた。そこには、学習者自身の主体的なかかわりが入り込む余地などなかった。

こうした方式の近代学校では、近代工場で働かせるために、画一化したはみ出さない道徳を身につけた人間の育成が目ざされた。時間を守り、文句をつけずに物言わぬ労働者、理解はするが主体的には考えない労働者、個々バラバラに自由にふるまうのではなく、集団で時間に合わせて規律正しく行動する労働者の育成を主目的としてきた。それはまさに、チャップリンの「モダンタイムス」の世界である。

だがしかし、二〇世紀の最後の四半世紀となると、経済や文化そして人々の交流がグローバル化するに伴い、先進諸国は産業革命以来の新たな時代に入っていくことになる。それはすなわち、知識産業時代、ポスト産業主義時代などと称される時代である。それまでは、重厚長大・大量均一の製品であった。だがこの知識産業時代では、軽薄短小・多品種が求められるようになってきた。観光旅行一つとっても、大人数でブロイラー的なパック旅行ではなく、少人数の個性的な旅行が求められるようになってきている。「イタリア六日間」といった漠然としたものではなく、「フィレンツェ・ウフィツィ美術館のあの名画をみる旅」といった具合である。そして膨大な利益を生みだしているのが、形のないコンピュータ・ソフトウェアである。

こうした時代には、同じパターンの商品は、すぐに飽きられるし、コピーされて優位性を維持できなくなる。そのためこうした時代には、それまで近代学校が担ってきた画一的な能力の人間の育成ではなく、より個性的な人間の育成が求められるようになってくる。しかしすでにみたように、現在の学校は、こうした要求に応えることのできないシステムである。とりわけ日本は、「年齢主義」をとっていて、個々の学習者の事情を考慮することはない。病気で数年療養してから学校に戻るということはできない。こうしたシステムは、あきらかにこの時代に合わなくなっている。このことは、衆目の一致することである。

だがこれを越えて、新たな学校に移行することは現実的には難しい。なぜなら新たな学校は、近代学校の特徴を否定するものでなくてはならないからである。将来的にはおそらく、従来の親の義務である義務教育に加えて、さらにその前後に幼稚園・高校を入れた保障教育になるだろう。幼稚園と高校をいれると、最低一五年間の教育を保障するというシステムになる。その中に基礎学校と少し好きなことを学べる個性学校、あるいはさらに職業学校やある分野だけを中心に学ぶ専門学校というような学校を設けて、そこにどのように通うかは自由とするシステムが将来的には求められるようになるだろう。しかしそうなるには、少し長い時間を必要とする。

こうした方向に将来向かっていくには、人々がそうした個々バラバラな学び方を当然視するようになってこなくてはならない。ただ単に教育制度を変えればよいのではない。この新たな方向に進むのに、博物館はその力を発揮できないだろうか。事実、アメリカではすでに、博物館の中に学校をつくることがおこなわれている。日本ではそこまでは、すぐには難しいとしても、教科書中心の現在の教育から幾分かでも抜け出す方向を試みる価値はあるのではないか。

ただしそれは、単に学校学習に博物館が協力するのであってはならない。現在、博物館が提供している学校への援助には、来館利用、出前授業、キットの貸出、教員の研修などがある。これらの援助が、単に教科書の内容理解のためになされるのでは、近代学校の問題を抜け出すことにはつながらない。したがって博物館の学校への援助は、同一内容の効率的理解という要求に奉仕するものであってはならない。

博物館の教育活動は、実に多様性に富んでいる。およそ考えられるあらゆる学習形態を提供しているといっても過言ではない。通常の講義から実践的なワークショップ、そして学校や地域への出前や、今日的にはインターネットによるバーチャル・ミュージアムの手法まで、それこそありとあらゆる教育サービスを提供している。こうしたこれまでの多様性の良さを活かして、さらにこれまでの学校と博物館の改善につながるようにするには、どのようにすべきか。それには、単なるテクニックの問題を越えて、学習とか理解というもの、さらには知識という問題への考え方の変更も必要になってくる。それは近代の特徴である、啓蒙主義を超えるものでなくてはならない。それは本章の課題である「キット」や「ワークショップ」の教材の性格にも影響してくる問題である。そこでこの問題については、本章の最後において検討したい。

3　キットの種類と形態

(1) キットやワークショップ教材の種類

なぜキットやワークショップにおける教材を本節で考えようとするのか、まずそのことをのべるべきだろう。博物館は、陳列すなわち見せる展示から、本書の題名であるハンズ・オン、すなわち触らせる展示へと発展してきた。だがしかしこの展開は、まだ十分なものではなかった。というのもこれまでのべてきたように、知識がかかわりの別名であるとすれば、そのかかわりを生み出すことに、従来のハンズ・オン展示は十分とはいえなかったからである。

ハンズ・オンとは、本来「実地」を表す言葉で、「ハンズ」からイメージされる手で触るといったものではない。アメリカでは、車の路上教習をハンズ・オンという。日本でもこれは、参加型展示とか体験展示と訳されている。だがそれにもかかわらず日本では、この「ハンズ」のイメージに引きずられて、触ることのできる展示と矮小化されてしまったきらいがある。本節で、キットやワークショップの教材をとりあげるのは、この本来の意味でのハンズ・オンに、キットなどの教材の形がより近い状況を生み出せるかどうか、それを考える為である。もちろん、キットであれば必ずハンズ・オンになるわけではない。

というのも「教材」とは、教科書のような物理的なモノや、歴史的事実などのコトそのものをさすのではないからである。これには少しややっこしい議論が必要だが、簡単にいってしまえば、「教材」とはモノやコトの概念ではなく、働きの概念だということである。なにかのキットがなにかの知識を担っているとしても、それが学習者の中で認識を生みださなくては、何の意味もなさないからである。民族衣装をいれたトランク・キットがあるが、それを身につけても、その民族のことに何の関心ももたなければ、残念ながらそのキットは、教材としての働きをなさなかったことになる。そこで私たちは、なにかのキットを作成するとき、それがトリガー（引き金）となって、どういう認識を生みだすことになるのか、それを注意深く予想しておかなくてはならない（小笠原、二〇一四、参照）。

以下、教材キットの種類を検討しながら、この問題を考えてみたい。ここで以下「キット」というのには、ボックスやトランクに入れられたものばかりでなく、昔の草履を作るといったワークショップで使用するものを含むこととする。しかし、展示室の説明パンフレットは含まないことにする。というのも展示室のそれは、キャプションの延長と考えられるからである。教材の観点から見れば、改善の余地が多々あるが、別稿に譲った方がよいだろう。ではどのようなキットでなくてはならないのか。筆者は、以前それを使用形態と学習方法によってわけていた。それは次のような分類方法である（小笠原、二〇〇九）。

《使用形態によるキットの分類》

〔館内〕

展示補助キット＝展示物の脇において使う「はてな？ボックス」など。

個別学習キット＝実験室などで個別に借り出して学習するキット。

演　示キット＝館員などが演示あるいはワークショップを行う場合に使用するキット。館外使用もある。

〔館外〕

ローンキット＝学校などに貸し出すキット。

移動博物館キット＝学芸員が出張して展示するためのキット

《学習方法によるキットの分類》

資料・標本キット＝実物標本・レプリカ・ＡＶ資料・図書資料（衣装や道具も入る）。

実験・観察キット＝実験観察道具と方法書など。

工作・作製キット＝標本作製具・レプリカ作製具・組み立てキットなど。

参加・体験キット＝火起こしや火打ち石などの体験道具・参加プログラム。

このうち、《使用形態によるキットの分類》方法は、物として見えやすいので確かに一つの方法である。だがこの方法の欠点は、同じものでも使用する場所によって違ったものになるのかどうかが問われるところにある。要するに、あまり意味のない分類方法だということになる。それに比べて《学習方法によるキットの分類》は、確かに一つの重要な方法だが、今度は行動として重なる部分、あいまいな部分が大きくなってくる。参加・体験キットと工作・作製キットや実験・観察キットを分けることが困難になる。

だがこの二つには、キットを開発したり見直したりする場合に役立たない分類方法だという、より根本的な問題がある。つまりキットが教材である限り、それがどのような認識を学習者にもたらすかが重要であって、その物理的な形態や行為ばかりの視点ではそれが得られない、という根本的な問題があった。そこで筆者は、より原理的な視点に立つために第5章で援用したパースのカテゴリー論を再度使うこととした。

まずキットは、どのような条件が満たされなくてはならないか。それには、パースのカテゴリー論の視点からの、少なくても三つの条件があるのではないか。

第一に、感覚的に理解される部分を大事にしたものでなくてはならない。

第二に、それにふれる学習者が、より能動的にかかわれるものでなくてはならない。

第三に、そこに自分なりの物語を見出せるものでなくてはならない。

だがもちろんこれは、抽象度の高い基準である。こうした基準は、具体的なものを考えるときの、注意点ではあっても、具体的な方策を示すものではない。そこで具体的なキットを開発するためのヒントを考えるために、すでに作られているものを整理してみてみたい。キットには、それが学習者の認識にもたらす影響によっていくつかのタイプがある。このタイプも、第5章でのべたカテゴリーを援用してみよう。キットは、次の三つにわけられるのではないか。

標本型キット＝標本資料そのものを五感によって感ずることで理解してもらうキット。
制作型キット＝組み立てや制作といった能動的なかかわりによって対象を理解してもらうキット。
物語型キット＝実験観察や探求によって自分なりの物語をつくることで対象を理解してもらうキット。

いまのべたように、この三つは第5章のパースのカテゴリー論に準拠している。詳しくは、本書の第5章を参照していただきたいが、この後の論理にかかわってくるので、簡単にそのカテゴリーを振り返っておこう。パースのカテゴリーは、三つであった。原文の訳ではなく、意味をとった振り返りをしてみよう。

第1性は、それ自体の力によってせまるもので、認識者はいわば受け身になるもの。
第2性は、ぶつかり合いで、こちらの働きかけに対する応答によって認識が働くもの。
第3性は、第1性と第2性とをつなぐ媒介の働きで、文脈と意味を与えるもの。

ここから、前述の三つのキットの条件がでてくる。この条件は、第一に、なにより感覚的なものを重視しなくてはならないが、第二に、よりわかろうとすれば、能動的に対象にぶつかってみなくてはならない。そしてさらに第三に、文脈を見い出し意味をつかまえるならば、より深く理解され、かつ発展の可能性をもつようになるといった考え方で立てられている。

キットの三つのカテゴリーも、このパースのカテゴリー論からたてられている。標本型キットは、それ自体の力によって学習者にせまるキット。制作型キットは、実際になにかを作ることで、そこから得られる感覚を通じて対象を能動的に理解してもらうキットである。そして最後の物語型は、第1性的理解、つまり受け身的な感覚理解と、第2性的な物理的ぶつかり合いから生まれる能動的な理解とに、文脈を与えて意味を把握させ、そこからさらに自分なりの物語の紡ぎ出しへといたる理解のためのキットである。

これがキットのカテゴリーであるが、それぞれはさらに、パースのカテゴリー論にそった三つのサブカテゴリーをもっている。したがってカテゴリーの数は、3×3＝9となる。また第5章の展示の場合と同じように、このカテゴリーに単純にあてはまるキットもあれば、これらが使い方によっては複合する場合もある。これについては、事例を通じてこの後説明していこう。

なお最初に断っておかなくてならないことは、これから説明するカテゴリーは、なにかのキットを単に分類するためのものではないことである。このカテゴリー・システムは、学習者の認識の状態を知るためのものである。つまりある教材を使って、どのように対象を理解しようとしているのかをみとるためのものである。したがって、同じ一つのキットでも、そのキットを使ってどういう理解をさせたいかという目的のとらえ方、あるいはその使い方によって、別のカテゴリーの要素を含んだものになることもある。

前述したように、「教材」とはモノやコトの概念ではなく働きの概念だとすれば、教材はそれ自体として「ある」ものではなく、学習者の中で「なる」ものである。したがって、こうしたキット教材の場合も、モノやコトとしてどういう意味をもつかではなく、学習者の認識への働きとしてどのような意味をもつかの視点で見ていく必要がある。最初に説明する標本型のキットであっても、表面的にはそのようにみえても、働き的には物語型になることもありうることになる。このことは、これからの説明で繰り返し随所にしていくつもりだが、キットをモノ・コト的にとらえないことを忘れないようにしながら、以下の議論をしていきたい。

(2) 標本型キット

このタイプのキットは、パースのカテゴリー論でいえば、第1性のタイプに該当する。つまり、その内容が直接それ自体の力によって、「せまる」タイプである。この形のキットは、もっとも多くが作られている。

標本型キットは、その名のとおり、実物やレプリカを入れてあるキットである。ただその実物だけという場合もあるが、簡単な説明がつけられているものも多い。このタイプの代表格は、鉱物標本である。多くの自然系博物館でこのタイプが作られていて、一部には貸し出しもおこなわれている。実物といっても、岩石標本や動物の骨格標本のように、対象を識別することに主眼がおかれているタイプと、民俗学系で多文化の衣装などのタイプがある。後者は、それを身につけたり使ってみて文化を認識しようとするものである。

この標本型キットには、他に実物でもレプリカでもないものがある。それは、見ることに主眼をおくのではなく、それを使った活動によって認識を深めようとするタイプである。典型的には、美術館に多いアート・カード、科学系博物館におけるワークブック、歴史博物館における塗り絵などのアクティビティーブックなどがある。

またさらにこの標本型キットには、学芸員が解説と操作を加えることで、より深い理解をうながすためのものもある。その内容物が操作によって変化することで、その標本の理解がさらに深まるタイプのキットである。いくつかの事例を紹介しながら、この三つのサブカテゴリーを検討してみよう。

図9-1～3は、標本キットの典型である。純粋に標本だけのものもあるが、同時にその利用方法について解説されているものや、アンモナイト・キットのような制作要素も加えた、次の第二カテゴリーである制作型キットに類するものもある。しかしどちらにしても、このタイプは、実物標本自体の力によって学習者にせまることに主眼をおいたキットである。このタイプを、標本型キットの中心である「標本型」と呼んでおこう。

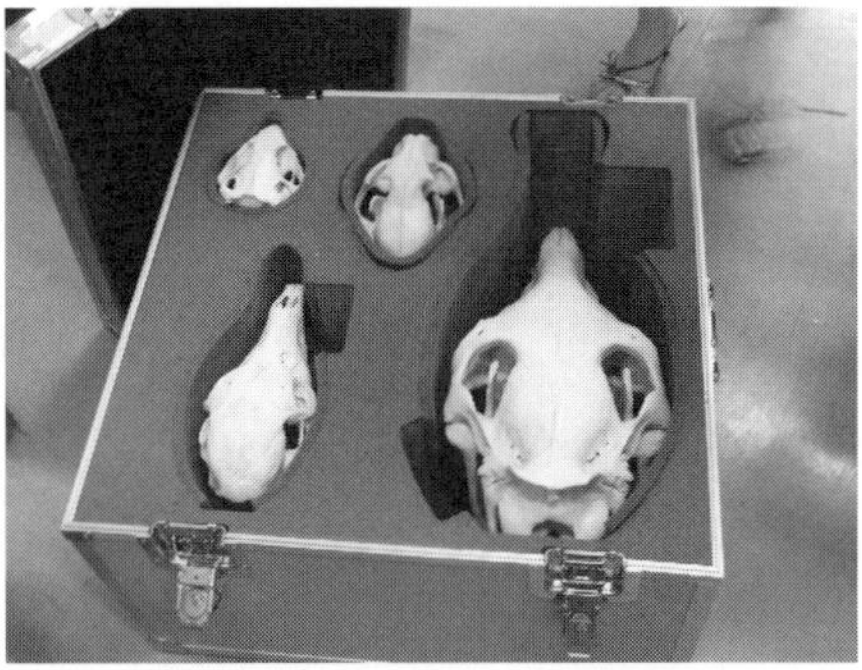
図9-1　茨城県自然博物館　動物頭骸骨標本キット

図9-2　桜美林大学　多文化理解キット

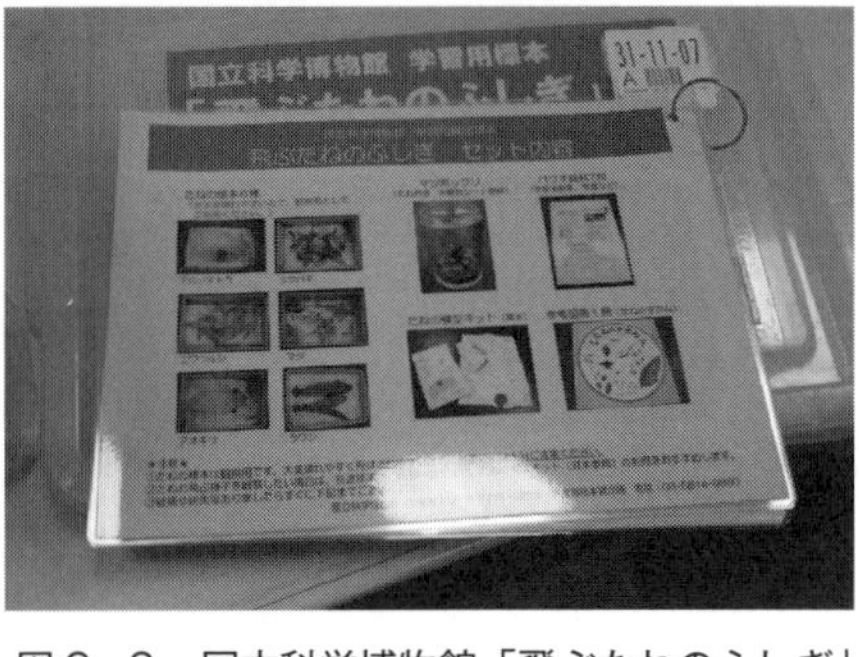

図9-3　国立科学博物館「飛ぶたねのふしぎ」標本

図9-4は、筆者等のChildren's Museum研究会が杉並区立科学館で作った、幼少児向け学習キット「杉並夢たまご」の「光のへや」「鏡のへや」「光と影」の光学習3セットの一部である。この場合は、このキットに入っているものそれ自体が標本ではない。この場合は、それを使って様々な光の体験をすることが標本内容となっている。そうした意味では、標本からの印象をただ受け取るというよりも、能動的に働きかけているという点からすれば、第2性的である（この詳細は、筆者が研究代表となっている科研費研究の報告書を参照されたい。小笠原、二〇〇八）。

同様に、学習者の能動的働きを引き出して、その標本がもつ意味を伝えようとするものに、アート・カードによるキットがある。図9-5は美術館の収蔵作品を縮小したアート・カードのキットである。これは、

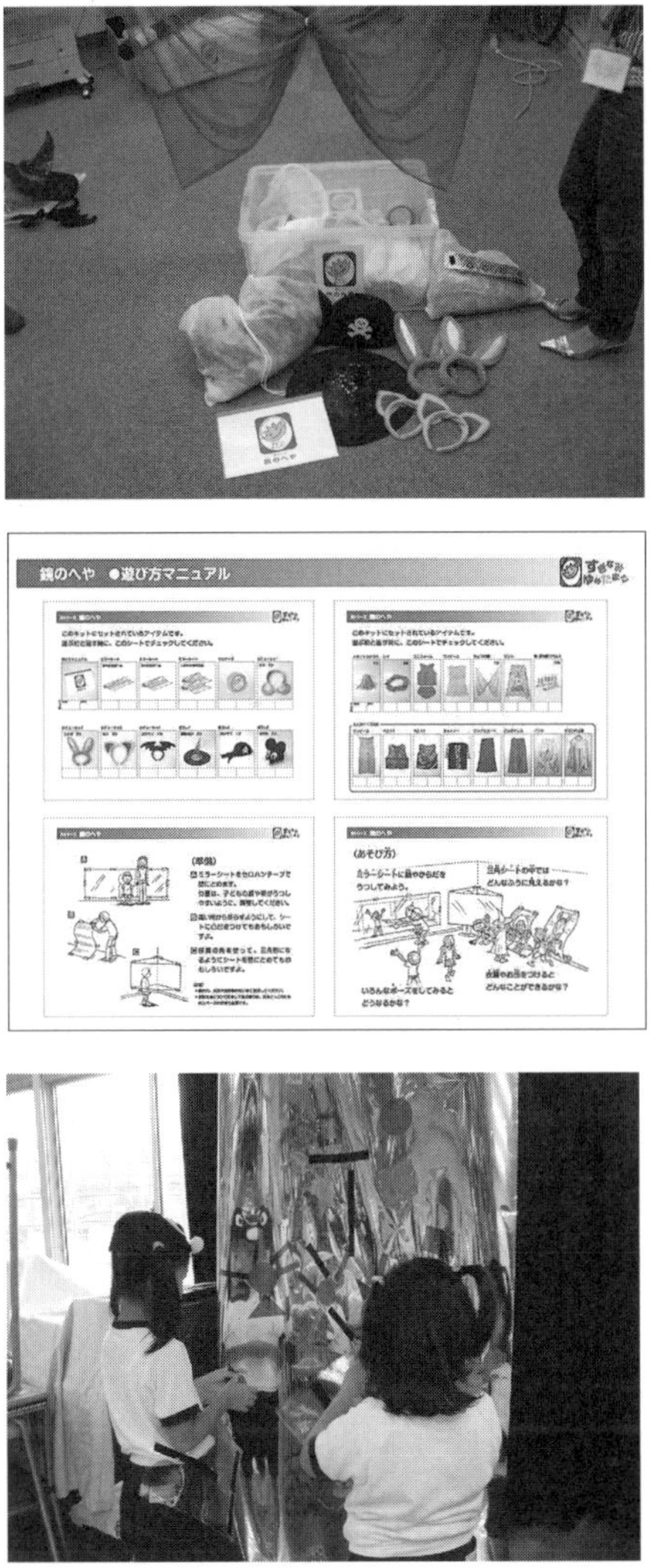

図9-4　杉並科学館の「杉並夢たまご」

上は、「光のへや」キットの内容物
中は、運用マニュアルの一部
下は、小学１年の子がこのキットで遊んでいるところ

図9-5　滋賀県立美術館　アートゲームボックス

◇アートゲームの種類

1. マッチングゲーム
   1A 七並べバージョン
   1B 神経衰弱バージョン
   1C 対決バージョン
2. ジェスチャーゲーム
3. キワードゲーム
   3A 通常バージョン
   3B 年少向けバージョン
   3C キャラクターバージョン
4. かるたゲーム
5. お話し作りゲーム
6. 展覧会作りゲーム

（同館ＨＰより）

いくつかの美術館で作製されており、使い方も様々である。写真のものは、滋賀県立美術館の「アートゲームボックス」である。このボックスには、三〇〇枚の絵画などの美術品のカードと、教師用ガイドブック、実施方法の解説ビデオなどが入っている。ボックスの使い方は、六通り一〇種類もあり、鑑賞だけではない使い方が紹介されている。こうした試みは、埼玉県立美術館や千葉県立美術館の「アート・カード」でもおこなわれている。

こうしたものは、実物自体が直接働きかけるのではなく、学習者の操作によってよりよく標本が理解されるので、図9-4と図9-5のタイプを標本型キットの「**操作型**」と呼んでおこう。ただしアート・カードだから操作型なのではない。あくまで第2性的に、能動的働きかけによって、対象が実物のモデルとしての印象を学習者に与えるからである。なお、事例のアートゲームボックスのゲームの種類によっては、別のカテゴリーに属する働きをすると解釈できるものもある。

この標本型には、もう一つ重要なタイプがある。それは、ファシリテーターによってその標本の特徴を、よりよく引き出すことを含んでいる標本型キットである。この場合は、最初の見えとは異なる新たな見方が引き出されるので、これを「**誘起型**」と呼んでおこう。そうした意味では、アート・カードを使った場合でも、ファシリテーターが問いかけをして、新しい発見を引き出す場合には、この第3のサブカテゴリータイプのキットになるかもしれない。

図9-6　千葉市動物公園　子ども動物園キリンキット

上は、チャック付ビニール袋に入れられたキリンのお面キット。

下は、並木自身が演示しているキリンの舌を伸ばしたところ。舌が巻いているので、写真では見えづらい。

同園のキリン舎は、目線で葉を食べる様子を観察できるので、このキットでの説明を実際に確かめることができる。

次の図9‐6の写真は、千葉市動物公園の並木美砂子（元同園飼育員、現・帝京科学大学教授）らが開発したキリンのキットである。これは、ファシリテーターがキリンのお面をかぶって、話をしながら長い舌を引きだしてみせるものである。対象の特徴を観察させることを目的とする場合には、こうした工夫が必要となる好例である。一つ前の操作型と誘起型の違いは、前者が能動的な働きかけによって、いわば体験的に理解するのに対して、後者はそこに「説明」という物語性を入れていることである。ただし説明には、言葉による場合もあるが、ここでのように提示順序によって意味を与える場合もある。

以上の事例をまとめると、この標本型キットには、次のサブカテゴリーを設定できるのではないか。

〔1 標本型キットのサブカテゴリー〕

1・1 標本型＝実物やレプリカを標本として入れて、それを直接感じさせるタイプ。

1・2 操作型＝模型や作品カードなどを入れて、それを操作させて資料を感じさせるタイプ。

1・3 誘起型＝実物や模型に説明を加えることで、その特徴を発見的に理解させるタイプ。

《標本型の課題と注意点》

以上のように、標本型キットといっても、必ずしも実物あるいはレプリカだけが標本なのではない。とりわけ筆者らが作成した「杉並夢たまご」のようなものは、参加体験型キットと呼ぶ方が適切であるかもしれない。しかし前項でものべたように、そうした分け方は一見わかりやすいが、他方で「参加体験」の意味があいまいなために、他のものとの区別がしづらくなるという難点がある。例えば、滋賀県立美術館の「アートゲームボックス」の「2．ジェスチャーゲーム」は、参加体験型になるのだろうか、といった問題がでてくる。

しかし問題は、そうしたところにあるのではない。「参加体験型」といった分類法が問題なのは、学習者の認識状態からではなく、目に見える表面的な行動を基準にしているところである。それは今のべたように、分類が困難になるだけでなく、そのキットの学習への意味を見失わせる恐れがある。

もちろん筆者が提案している本章のキット・カテゴリーも、きれいに既存のキットを分けられるわけではない。しかし分類が重要なのではない。このカテゴリー・システムが提供しようとしているのは、私たちの反省的思考への手がかりである。様々なキットで私たちは何をしようとしているのか、学習者にどのような学びの経験を提供しようとしているのか、それに対して私たちが自覚的になろうとするときに、こうした学習者の認識の視点からのカテゴリー・システムが役にたつのではないか。

こうした視点から、標本型の課題をみてみると、次の点があげられる。

・標本型の場合、その標本でどのような認識を提供しようとしているのか、純粋な標本型にとどめるのか、もしくは操作型の要素をいれるのか、それを意識しなくてはならない。ただし標本型にとどめるのが良くないのではない。対象や目的によって、それらは決められるべきであって、ただの標本だから良くないというのではない。

・操作型の場合、注意しないと、本来の目的が脇にいって、ゲームそのものへの興味に終わってしまうことがある。操作型の本来の目的は、操作することで、展示をよりよく見るようになったり、そのテーマをより深く感じることができるようになることである。しかし楽しみながら、かつ興味をもつというのは、その両立がなかなかに困難であることは確かである。

・誘起型の場合、学習者に操作させる場合には、ただ動く部分を動かしておしまいということも珍しくない。それでは、悪い意味の操作型に終わってしまうので注意が必要である。

(3) 制作型キット

制作型は、パースの第2性のカテゴリーに該当する。第2性は、ぶつかりあいである。パースがあげたものにドアの例がある。ドアを押してみて、その反発を感じることで、初めてその存在を感じるといったことがあげられている。もちろんドアは、それらしい形をしているからわかるのだが、少し重いドアなら、押した時の手応えから、その向こうに新たな世界を感じるかもしれない。それはともかく、私たちの対象認識は、やはりこちらから、あるいは向こうから、なにかのアクションを起こし起こされることで、よりはっきりとわかるようになることも確かである。

制作型もそのサブカテゴリーとして、第1性的な「**組立型**」と、第2性的な「**制作型**」、そして第3性的な「**創作型**」にわけることができる。組立型は、決められた通りに何かを組み立てたり作製する受身的なものである。制作型は、ある程度は枠組みが決まってはいるものの、学習者の創意工夫の余地も大きいタイプのキットである。そして最後の創作型は、字義どおり学習者がなにかのテーマで自由に創作するタイプのキットである。これも幾つかの事例を使って説明してみよう。

図9-7は、秋田県立博物館「わくわくたんけん室」のキット「桶を組み立ててみよう」という「**組立型**」

ボックス。これは、手順書のカードにしたがって分解・組立をおこなうことで、桶の仕組みがよくわかるキットである。極めて単純なものであるが、こうした機会は博物館ならではのものである。今日では桶そのものを見ることも珍しくなったが、木組みをして締めるというのは、箍《たが》による結物という、最も重要な接着剤を使わない先人の知恵を示す格好の資料である。これこそ、やってみなくてはわからない、の代表かもしれない。

図9-8は、新潟県立歴史博物館のワークショップ、「手のひらサイズの体験プログラム」で使われるキットの一つである。これは、シリコンの型にオーブン粘土を押し付けて小判のベースを作り、それに打ち目を打って、花押などの刻印を押して、ホットプレートで少し熱して乾燥を早めるワークショップである。学習者は、これによってより正確に小判を観察するようになる。これも一つの組立型になるだろう。

図9-7　秋田県立博物館「わくわくたんけん室」のキット
オケを手順書にしたがって組み立てるキット。

「わくわくたんけん室」は、330平米にもなるHand's Onの部屋である。ここには、様々なタイプのキットが100あまりあり、おそらく日本では類のみない豊かさである。平成16年に作られた。下は、ボックスの形。

しかし図9-9の同じ体験プログラムのもう一つは、同じくオーブン粘土を使うものの、今度は自分の創意で縄文土器を作らなくてはならない。こうなるとテーマは決まっているが、そこに学習者自身の創意が加わるという意味で、「**制作型**」になってくる。それは一見遊びのように見えながら、それまではただ見た目だけに関心があったものが、制作後はその作り方の微妙さに関心がいくようになる。「ここのところはどうやって作ったのか」と、縄文土器の優美さや力強さが、さらに伝わってくるとともに、その制作過程にも関心が及ぶようになる。

では、制作型キットの最後のカテゴリー「**創作型**」はどうだろうか。創作型は、読んで字のごとく何かを創作するキットである。図9-10・11は、筆者らがおこなったワークショップでの作品である。図9-10は、

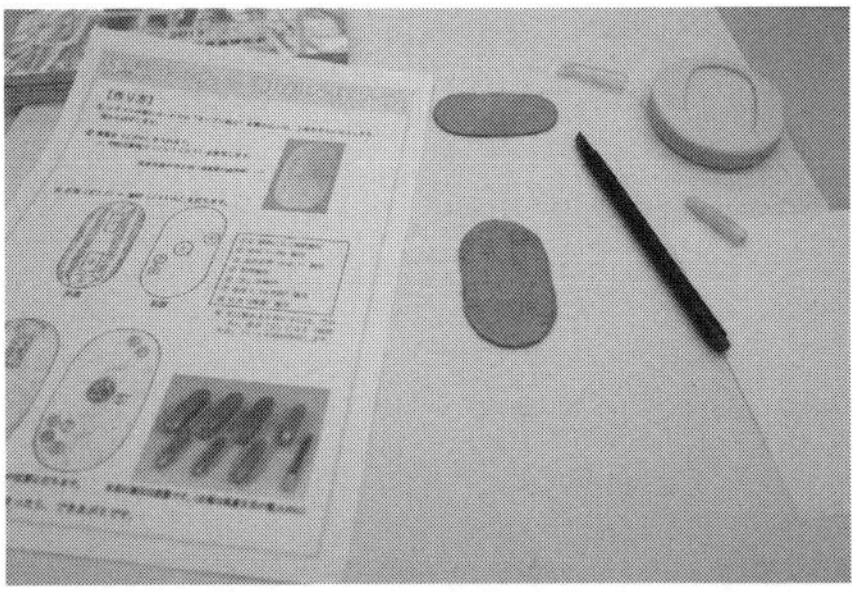

図9-8　新潟県立歴史博物館「手のひらサイズの体験プログラム」
右上が楕円形のシリコン型。黒い棒は、打ち目をつける道具。

図9-9　新潟県立歴史博物館「手のひらサイズの体験プログラム」
色の違うオーブン粘土を練りあわせて色を出し、それでミニ土器をそれぞれの創意で作成する。右にホットプレートがあるので、大きさがわかる。

東京都水の科学館でおこなった、間伐材で動物をつくろうという「森のなかま作り隊」での作品写真である。対象は幼児から小学校低中学年。木材片やどんぐりなどをホットボンドで接着するという簡単なものだが、参加度の高いワークショップになる。

図9-11は、神奈川県立近代美術館・葉山館で学芸員の稲庭彩和子が近くの学校の教員と一緒におこなった写真のワークショップである。対象は小学校六年生であった。ここでは、展示作品も含めて館内のあらゆるところを撮影してよいことになっていた。「森のなかま作り隊」は、素材の選択から表現まで創作の余地が広いのに対して、写真の方は限定されているようにみえるが、実際の作品は、斬新で創造性の高いもので

図9-10　東京都水の科学館ワークショップ「森のなかま作り隊」での子どもの作品
水のために森林を保全しなくてはならないことを、制作に入る前にパネルで説明。

図9-11　神奈川県立近代美術館　葉山館ワークショップでの作品
参加者の写真はすぐにすべて印刷し、その中から気に入ったものを台紙に貼り付けて、キャプションをつけるという作業。

あった。
以上のサブカテゴリーをまとめると、制作型キットは次のようになる。

〔2 制作型キットのサブカテゴリー〕

2・1 組立型＝テーマ・手順・結果が決まっていて、一定の手順で組み立て制作することで、その対象の構造や性質を理解するタイプ。

2・2 制作型＝テーマや手順は決まっているが、制作の結果はそれぞれなタイプ。これによってより強く展示物などを観察するようになる。

2・3 創作型＝テーマは決まっているが、それをどう表現するかは自由なタイプ。学習者は、思い思いの表現をすることで、対象への自分の理解を決めていく。

《制作型の課題と注意点》

制作型は、実際にやってみる経験してみるキットである。そうした意味では、参加体験型といわれるものに近い。しかしながら、第2章第3節のデューイ経験論のところでのべたように、ただ経験するのであってはならない。「経験主義者とは、同じ過ちを繰り返す人のことである」という表現があるように、そこに何らかの問いがなくてはならない。経験は、言語化された問いに変換されて、反省的な実験にかけられて試されなくてはならない。もちろんそうでない経験は、すべてダメというのではない。第7章でのべたように、豊かな経験の海というのも必要である。制作型の場合、こうしたことを考えながら、キットの開発をしなくてはならない。なぜならそのあたりの反省的思考がなくては、漫然とワークショップを展開することにもなりかねないからである。こうしたことから、制作型の課題をのべれば、次のようなことがあげられるだろう。

・組立型キットは、比較的短い時間に作業が終わるので、テンポラリーな普通の来館者には、利用しやすい。だがその反面、ただの遊びになってしまわないように注意しなくてはならない。よくみる土器の破片組立などは、そうした危険をはらんでいる。

・制作型も、同様の危険をはらんでいる。オーブン粘土を使ったワークショップは、その扱いやすさからあちこちのワークショップで実践されているが、その目的を明確にしておかないと、創作性が高い分、かえってそれ自体の面白さに引きずられる危険性がある。

・創作型は、なにかを伝えるというよりも、なにかを発見させる、あるいはその行為自体に主眼をおくキットである。したがって、その創作によってねらう目的をその行為自体から生まれるものにしておかないと、しばしば単なる創作ごっこに終わることもある。筆者らの図9-10「森のなかま作り隊」は、そうした危険をはらんでいると評価できる。

(4) 物語型キット

第三のタイプのキットは、「物語型キット」である。これはもちろん、パースの第3性に該当する。これにもやはり、次の三種類を認めることができる。標本型は感性的に理解するキットであり、制作型は体験的に理解するキットであったのに対して、この第三の物語型キットは、文脈的に理解するキットである。それにも、受身的に物語をイメージ化する理解と、一定の手順の枠内ではあるものの、より能動的な対象理解と、さらには自ら語ることで、対象との関係を想像するタイプに分かれる。まずこの三タイプのサブカテゴリーを示してみよう。

〔3 物語型キットのサブカテゴリー〕

3・1 読書型＝ストーリーを読み、あるいは聞くことで、対象へのアプローチをイメージ化するタイプ。

3・2 探索型＝観察や実験によって対象に直接触れることで自分なりの理解を構築するタイプ。

3・3 物語型＝擬似的あるいは模倣的な物語に参加することで、対象と自分の関係を創造するタイプ。

物語型キットの最初の「**読書型**」は、紙芝居や絵本のキットが代表的である。図9-12は、千葉市動物公園で作られている、動物の生態についてお話しする手作りの紙芝居である。紙芝居は、だれでも思いつくものだが、博物館ではあまり積極的に作られてはいない。話に合わせてめくる紙芝居は、日本が誇る文化といってよく、物語のイメージを作るのに適している。もう少し博物館でも見直してもいいのではないだろうか。図9-13は、長崎歴史文化博物館での、日本では珍しい再現劇である。これはキットではないが、観客が奉行の立場になって参加する一種のワークショップといってよく、これも今後様々な形で開発されてもいいのではないだろうか。演劇の表現は、観客と一体となるところが絶妙な意味をもっている。なお、これに類するもので、ヨーロッパで盛んな人形劇も考えられて良いのではないだろうか。図9-14は、ドイツのマインツにあるグーテンベルク博物館の人形劇の一コマである。

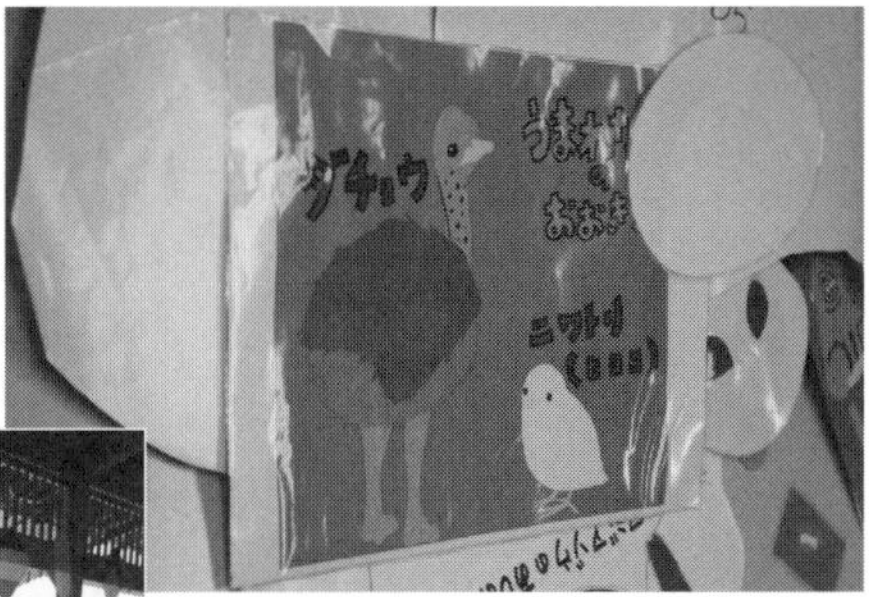

図 9-12　千葉市動物公園の子ども動物園の紙芝居キット

図 9-13　長崎歴史文化博物館
お白洲の再現劇

図 9-14　グーテンベルク博物館
グーテンベルクの生涯の人形劇
ここには子どものための印刷工房が併設されている。

図 9-15　リーズの医学博物館
Thackray Medical Museum Leeds 1842 と題される展示では、入り口で実際に生きていた子どものカードを選んで展示をみていく。

読書型は、本や紙芝居だけではなく、こうしたように広くとらえることができる。読書型は、ストーリーに参加することととらえると、再現劇も人形劇もその変形ととらえることができるだろう。そうとらえると、例えば、イギリス中部の都市リーズ（Leeds）にあるThackray Medical Museumの展示もその一つととらえることができる。ここでは、入り口で一九世紀に実際に生きていた子どもたちの名前のカードを選んで、その子たちが不衛生で児童労働も当たり前だった石炭集積地の町リーズで、どのようにして生きていったのか、いつどういう理由で死んだのかを、当時を再現した街並みを歩くことで追体験するようになっている（図9-15）。こうした意味では、この読書型は、まだまだ開発の余地がありそうである。

物語型キットの次は、「**探索型**」である。これは、いわゆる実験・観察による探求がその中心だが、もちろんそれだけではない。これまでものべてきたように、このカテゴリー・システムは、その物的な形状や目にみえる行為によっているのではない。したがってこの「探索型」も、探索行動を伴うことから命名されているのではない。探索型と呼んでいるのは、学習者が疑問や目当てをもって探索することに主眼をおいたキットだからである。疑問や目当てがなく、またその探索結果を自分の中で組み立てることのない行為は、ただの手慰みになるだろう。科学博物館によくある、動かすことのできるレバーをただガチャガチャ動かしたり、ビデオのスイッチを押してすぐに次に移動してしまうタッチ・アンド・ゴーのようなものである。

では、これにはどのようなものがあるのか、いくつかの事例でそのバリエーションを見てみよう。最初に紹介するのは、実験・観察のキットである。図9-16は、ロンドンのサウスケンジントンにある自然史博物館の中にあるInvestigateと呼ばれる実験観察専門の部屋の観察キットである。キットの中には、観察資料と道具が入っていて、パソコンと連動して実験観察ができるようになっている。

図 9-16(1)　Investigate の内部写真

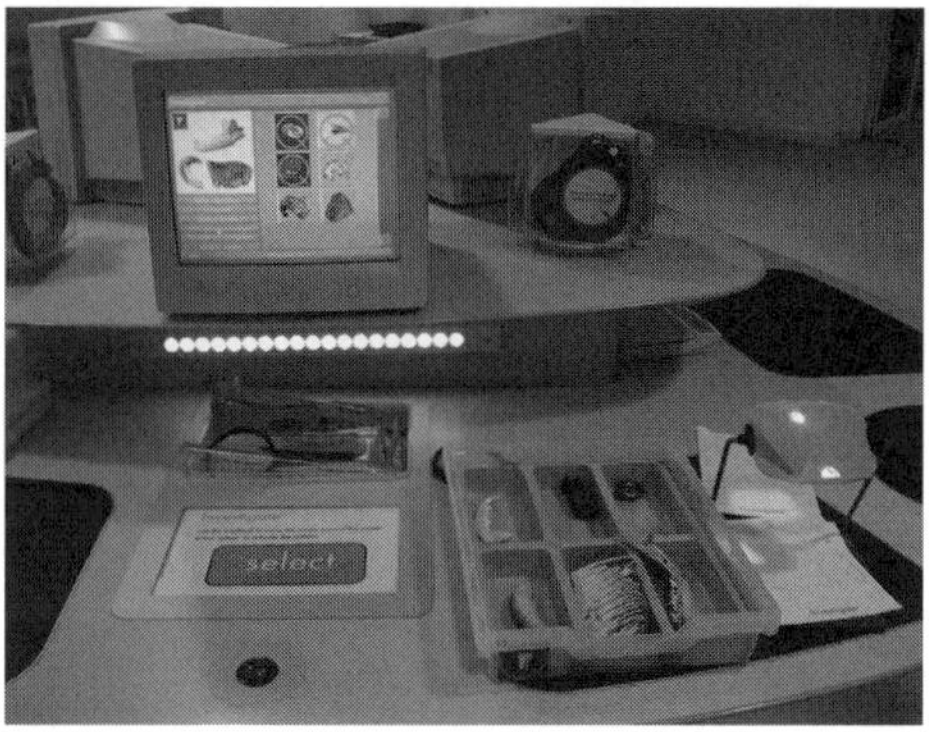

図 9-16(2)　キットを拡げたところ
観察の方法などは PC 画面に表示される

図9‐17は、茨城県自然博物館のバックパック観察キットである。この博物館は広い自然観察園をもっていて、そこには動植物が多く、鳥たちもやってくる。そこでこのキットには、そうした動植物を観察しスケッチするツールが入っている。発見した鳥を調べる冊子は、その声を聞くことのできる道具が付属している。来館者は、これを用いて自然観察園の中で自由に観察する。この点において、前述の Investigate の場合とは異なる。Investigate の場合は、学校の利用が前提になっていて、事前学習であらかじめ探求する課題が明確になっている場合のキットである。

もう一つの図9‐18は、ロンドンの現代美術館テイト・モダンにある教材キットである。このキットには、

図 9-17　茨城県自然博物館の自然観察キット

図 9-18　Tate Modern のキットの中身
Find-a-link then Discuss の標語で見つけ出し議論しようと呼びかけている。

電池や針金や毛糸など、およそ美術作品とは縁のないようなものが入っている。これは実は、常設展示の中にある作品に使われている素材である。テイト・モダンは、現代アートなので、オートバイのオブジェや、様々な素材を使った作品が展示されている。これを使う対象は、主に幼児から小学生までであるが、子どもたちは、この素材がどこでどの作品に使われているのかを探す。そして、ここが肝心であるが、この探索活動はそれで終わらない。これらの素材を使っている作品を探すと、その後でみんなでその作品について話し合う。ここが重要である。話し合うことで、自分なりの解釈や物語を紡ぎ出すのである。

　この事例にみるように、観察・実験は、ただの手慰みではない。本来「観察」とは、observation であり、その語義は、召使い（servant）を監視（ob）するという意味である。つまりただ対象をみるのではなく、目当てをもって、こちら側から光を当てて対象をみることである。また日本語訳の観察は、「かんざつ」と読む仏教用語で、心を鎮めて対象を心の目でとらえる、つまり深く静かに洞察することを意味する。こうした意味で、観察も実験も、対象の中に自分なりの意味を構築しなくてはならない。Investigate も自然観察キットも、そしてテイト・モダンのキットも、記録したり話し合うことで、一つの物語を構築している。ただ見てみてやってみて、その反応から何かを感じるのは、観察や実験ではない。それは、このカテゴリーではなく、制作型のカテゴリーになってしまうだろう。

さて最後の物語型キットの**「物語型」**は、いわばこの物語型カテゴリーの中心であるかもしれない。大英

図 9-19(1)　大英博物館のバックパック・キット

図 9-19(2)　ガイドブック

◇ これを調べた横山によれば、7種類ある。
- African Adventure（アフリカの冒険）
- Life in ancient Greece（古代ギリシャの生活）
- Egyptian mummy（エジプトのミイラ）
- Jobs in Roman Britain（ローマ時代イギリスの仕事）
- Religions across Asia（アジアの宗教）
- Become an archaeologist（考古学者になろう）
- Marvelous Mexico（すばらしきメキシコ）

（横山 , 2014, p. 20）

図 9-20(1)　ミニ・ミュンヘンの案内板

図 9-20(2)　市議会の様子

図 9-20(3)　手作り足こぎタクシー

博物館のバックパック・キット（図9-19）は、形としては図9-17の自然観察キットと似ているが、内容的には大きく異なる。大英博物館の場合は、このキットにいくつかのミッションが設定されており、ガイドブックにしたがって、そのミッションにそったアクティビティーをおこなう。例えば、「考古学者になろう」というミッションでは、発掘隊に参加して考古学者の手伝いをしながら、六つのアクティビティーをおこなう設定になっている（詳しくは、このキットを詳しく調べた横山千晶の論文を参照されたい）。それはいわば、ある種の専門的な経験を擬似的・模倣的に体験することで、その探検の物語に参加することである。

最後に、これを博物館ということに抵抗を感じる人もいるかもしれないが、物語型の一つの成功例としてあげられるのは、ドイツのミュンヘンで一年おきに夏休みに開催される、子どもたちが作る町、ミニ・ミュンヘンの実践を簡単に紹介したい（図9-20）。参加の子どもたちは、まず職安で仕事を紹介してもらい、そこで働くとこのミニ・ミュンヘンでのみ通用するお金を得ることができる。また子どもたちは、手に職をつけるために学校にいくこともできる。そして働いて得たお金で、子どもたちが作ったお面などの作品をデパートで買うこともできる。町の中には、一部の運営スタッフ以外の大人は入れない（正確には一箇所に固められる）。市役所もあり、市議会も警察も新聞社もテレビ局もある。それは、一から子どもたちが作る町であり、そこでの暮らしぶりも、すべて子どもたち自身がつくりだす。近年日本にも進出しているキッザニアが、その模範としたワークショップである。だが表面的には似ているが、キッザニアのそれは、全く正反対のごっこ遊び施設である。

以上がキットのカテゴリーの説明であるが、改めてキットの一覧をみてみよう。

1　標本型キット

1・1　標本型＝実物やレプリカを標本として入れて、それを直接感じさせるタイプ。

1・2　操作型＝模型や作品カードなどを入れて、それを操作させて資料を感じさせるタイプ。

1・3　誘起型＝実物や模型に説明を加えることで、その特徴を発見的に理解させるタイプ。

2　制作型キット

2・1　組立型＝テーマ・手順・結果が決まっていて、一定の手順で組み立て制作することで、その対象の構造や性質を理解するタイプ。

2・2　制作型＝テーマや手順は決まっているが、制作の結果はそれぞれなタイプ。これによってより強く展示物などを観察するようになる。

2・3　創作型＝テーマは決まっているが、それをどう表現するかは自由なタイプ。学習者は、思い思いの表現をすることで、対象への自分の理解を決めていく。

3　物語型キット

3・1　読書型＝ストーリーを読み、あるいは聞くことで、対象へのアプローチをイメージ化するタイプ。

3・2　探索型＝観察や実験によって対象に直接触れることで自分なりの理解を構築するタイプ。

3・3　物語型＝擬似的あるいは模倣的な物語に参加することで、対象と自分の関係を創造するタイプ。

	標本型	制作型	物語型
第1性	1・1 標本型	2・1 組立型	3・1 読書型
第2性	1・2 操作型	2・2 制作型	3・2 探索型
第3性	1・3 誘起型	2・3 創作型	3・3 物語型
パース カテゴリー	第1性	第2性	第3性

以上のカテゴリーをマトリックス表にまとめると、上のようになる。標本型・制作型・物語型のそれぞれが、パース・カテゴリーの第1性・第2性・第3性に対応するとともに、そのそれぞれの中に第1性・第2性・第3性に対応したサブカテゴリーを持つという構造である。だが前述したように、このカテゴリー・システムは、キット教材を明確に分類するものではない。それぞれのサブカテゴリー間の区分は、あいまいで漸進的である。だがこのことは、このシステムの欠点ではない。

この曖昧さは、自分たちが作る、あるいは計画するキットがどの辺りにあって、どういう認識を学習者にもたらすものであるかを評価する実践的な評価モデルになるだろう。すなわちこのシステムは、より感覚的なものを大切にするのか、より身体的な経験を重視するのか、あるいはさらに物語性を入れるのか、といった評価を可能にする。第5章の2節でのべたように、このシステムには、〈1→2→3〉といった漸進性が認められる。〈感覚→体験→文脈〉あるいは、〈みるさわる→かかわる→語る〉といった漸進性である。しかしこれは、1よりも2が、2よりも3がいいといったものではない。

実際のキット開発は、議論の中で偶然的にアイデア的に作られていくものである。その時、議論の段階で、対象の年齢やキットの学習目標を考える時に、こうしたカテゴリー・システムが役立つかもしれない。学んでもらいたい内容が、具体的な物体的なものならば、やはり標本型が選ばれるだろう。しかし歴史的な出来

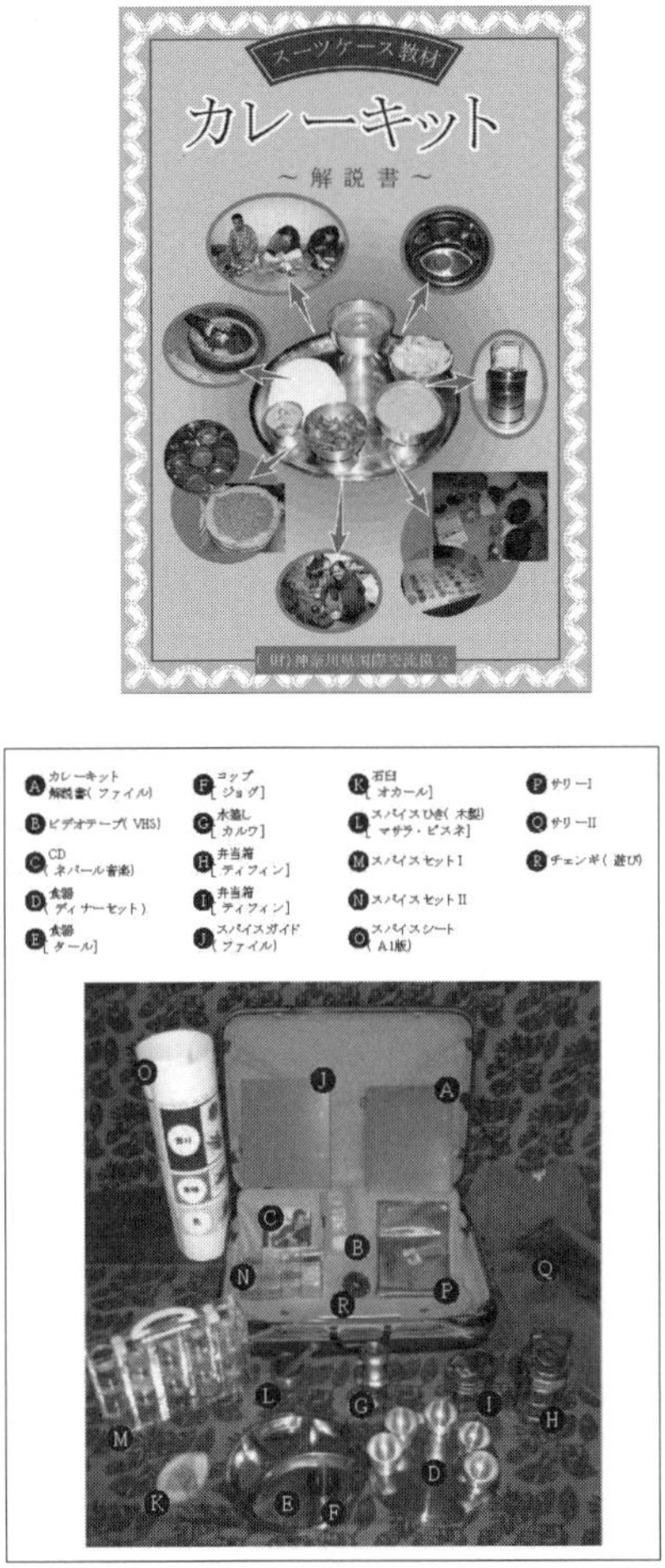

図 9-21　神奈川県立地球市民かながわプラザの「カレーキット」解説書の表紙と中身の説明

事を理解してもらおうという場合には、物語型が選ばれるかもしれない。あるいは、これらが複合することも多いかもしれない。その複合には、このカテゴリーの漸進性を利用しようと考えてもよいかもしれない。

どちらにしても、こうしたカテゴリー・システムは、これによってキットを分類することに主眼をおくべきではない。そうではなく、これを開発や見直しの一つのメルクマールにして、学習者の認識によりそっているかどうかを理解するための道具として活用すべきである。もっともまだあくまで提案の段階であるので、筆者自身これを活用してみて、さらにブラッシュアップしていかなくてはならない。

最後にこうした様々なカテゴリーを複合した事例を紹介しておきたい。これは、神奈川県立地球市民かながわプラザで貸し出している、筆者等 Children's Museum 研究会と、中央大学の森茂岳夫と帝京大学の中山京子（開発当時は東京学芸大学付属小学校教諭）が開発した国際理解のための「カレーキット」（図9-21）である。これは、学校の授業で教師の指導の下で使うことを前提にしている、標本型、制作型、物語型の三つの型の一部を総合的に含んだものである。これからは、こうした複合型もつくられていくかもしれない。

以上、提案するキットのカテゴリー・システムとその実例を簡単に紹介してきた。しかしこれまでも再三のべてきたように、この分類と実例は、あくまで学習者の認識状態にそったものであり、相対的なものであることに注意していただきたい。実際上では、これらは互いに複合的である。また近年のキットでは、以前の標本中心から、今紹介した「カレーキット」ように、内容物の説明書、そして使い方や授業案などを含んだものが作られるようになってきている。それは、ある面で作製する博物館側のより積極的な姿勢の現れでもある。

では、こうしたキットは、どのように今後発展・開発させるべきなのだろうか。前述したように、これがこれまでの近代学校システムに単に奉仕するものであってはならない。それでは、これからの時代の要求に応えることにならないからである。しかしそうはいっても、これまでこのキットに関する研究は、ほとんどなされていない。そしてもちろん、その原理的な研究は皆無である。そこで本稿では、その有り様を考えるために、次節で少し突っ込んだ議論をしてみたい。

4　キット開発の基本的原理問題——知識観と学習観の転換の必要性

これまでの日本の博物館では、それほど多くのキットを作ってこなかった。作られたものも、その大半が鉱物の標本といったもので、博物館の教育・普及の中心は、展示と館内のワークショップや講座などであった。しかしすでに1節で検討したように、博物館をとりまく近年の変化にともない、来館者が気軽に学習したり、学校からの教材借り出しの要求が増えるようになってきた。

本節では、こうしたことを背景に、今後こうしたキットを開発するには、どのようなことを考えていくのがよいのか、その理論的な問題を検討する。それは、「知識」「学習」といった、最も基本的な概念である。なぜなら、これをどういう概念でとらえるかで、キットの作製とその活用の方法が違ってくるからである。そこで、以下この問題を検討してみよう。

(1) 知識観の転換

近代学校の求めるものではない「学力」なり人間を育てるには、やはりその根本になっている近代的知識観を問い直さなくてはならない。というのもこれまでは、知識をなにかそれ自体として「ある」ものとみなしてきたからである。そして学校は、それを効率的に植えつける工場と考えられてきたからである。私たちは、ここから抜けださなくてはならない。

しかし「知識」というものが「ある」というコンセプトは、決して昔からではない。確かに「知識論」では、それこそギリシャの昔から議論してきただろうけれど、一般人にとっては、「知っている」ことと、日常生活をふさわしく生きることとは、決して切り離されていなかった。つい先日までの村落共同体の世界では、いってみれば、「知識」と「知恵」とは別物ではなかった。これが切り分けられるようになったのには、むしろ近代学校教育の浸透がかかわっている。

その昔は、村の長老にしろ、お坊様にしろ、知を体現している人がいた。彼らのその肉体には、やおよろずの神々の意志や、御仏のご加護がしみていた。彼らの知識は、その肉体と不可分であり、そのコトバは言霊であった。しかし近代になるにしたがい、都市が発達し、知が「情報」という形を取り始めるにしたがって、それは文字化していく。肉体を離れ、書物の上に移し換えられるにしたがい、それは個々バラバラに独立性をもったものとして「モノ」化するようになる。

この傾向は、近代学校が始まると決定的になった。知の体現者は、村の長老から学校の教師に移った。しかしそれは、単に移ったのではなかった。それまでの知識は、その長老と生活を共にする人々をとりまく、村の土地や里山とも結びついていた。まさに、知識が生きて働く場面を共有していたわけである。

しかし「学校の教師」は、そうではなかった。町からやってきた「教師」は、場面を共有していなかった。子どもたちの前に立った教師は、子どもたちにも、日々の村の場面を断ち切ることを迫った。こうして、「知識」が生まれた。「知識」とは、教科書に書いてある文言そのものとなり、「学力」とは、そうした日々の村の場面と切り離された、「モノ」化された「知識」の量に過ぎなくなった。長野・松本の旧開智学校の展示品をみると、近代学校が始まってすぐの明治一〇年代には、すでに点数による量的評価が、なされていたことを知ることができる。

私たちは、「知識」をかなり誤解しているところがある。それは、「知識」というのは、具体的にさし示すことができるようなものだという誤解である。私たちは、ごくあたり前に、「彼はすぐれた知識をもっている」とか、「あの人は知識がある」といったいい方をする。この「もっている」とか「ある」といういい方に、こうした見方が現れている。私たちは、あたり前のようにこうしたいい方をして、「知識」と呼びうる何かが「ある」と考えている。それはまるで、ボールのように、一個・二個と数えることができるかのようである。しかしそうなのだろうか。違うのではないか。「はい」と見せるどころか、数えることすらできないのではないか。それは、ある場面への私自身のかかわりそのものであって、私と場面とから独立して、それ自身として、どこかにあったりなかったりするようなものではないのではないか。

実際、その「ある」という「知識」とは、どういうもので、どこにあるのかと問われると、すぐに返答に窮してしまう。「ある」のだから、具体的に示すことができなくてはならない。しかし、いざそれをやろうとすると、それができないことに、だれでもすぐに気づくことになる。たとえば、理科の教科書に書いてある「水の沸点は、一〇〇℃である」という「知識」を表す文字は、実際には「インクのシミ」にすぎない。

それを声に出して読めば、「音波」であるにすぎない。

にもかかわらず私たちは、どこかに「知識」と呼ばれる何らかのものが「ある」、という前提にたってきた。こうした「ある」という感覚でとらえる「知識」観を「モノ的知識観」と呼ぶことにすると、私たちはこれに縛られてきた。近代学校では、教科書に記されているこうした「知識」を教える。そのため、こうした「知識」が、これ自体としてそこにあるような錯覚に陥ってしまう。私たちは、ここから自由にならなくてはならない。

「知識」というのは、それが働く諸条件やそれが意味をもつ場面と切り離されて、独立して「さし示す」ことのできるようなものなのだろうか。確かに例えば、先ほどの「水の沸点は、一〇〇℃である」という知識を私がもっていることを示すには、人に聞かれて正しく答えたり、「水の沸点は、（　　）℃」という穴埋め問題のテストで、「一〇〇」という数字を括弧に入れることができればよい。

こういうと、いかにも筆者が、こうした「知識」を自分の中からとりだして、示しているようにみえる。しかしこの場合をよく観察してみると、この筆者の行動が、これだけで意味をもっているのではないことに気づく。この行動は、これを適切なものとする場面とセットになっている。いうまでもなくそれは、問いに対して答えるということが「ふさわしい場面」である。私が、やみくもに、辺りじゅうに「一〇〇」という数字を書き連ねるならば、医者に行くことを勧められるだろう。

さらにこの事態をよくみると、この行動は、単に「知識」を示しているというよりは、その場の相手の期待に応えた、「役割期待行動」であることに気づく。つまり私がおこなっているのは、場面から切り離された特定の「知識」を表示してみせているのではなく、場面に要求された「役割期待行動」であるということができる。だから場面が変われば、筆者の行動も変わることになる。標高三〇〇〇メートルぐらいの高山では、「水の沸点は?」という問いに対して、一〇〇℃と正しく答えても何の役にもたたない。温度を答えるのではない行動をすることが、適切である場合もある。飯ごうで米を炊いているときに、仲間の「このあたりじゃあ、沸点はどのくらいかなあ?」という問いかけに、「そうだねえ、きっとかなり低いから石でも乗せたほうがいいね」と答えて、適当な大きさの石を探す行動にでるかもしれない。

こうしてみると、「知識」とはどういうものかと問われると、「ある場面で、その場面にふさわしいなんらかの行為をすること」という以外には、答えることができないことになる。つまり、「知識」というのは、そういう行為的な事柄であって、どこそこにあったりなかったりするものではないということになる。ただし、そうした行為そのものが知識なのではない。あることに対する認識が、その場にふさわしい行為に結びつく時、その関係づける働きを知識と呼ぶのである。そこで、筆者はこれを「関数関係的知識観」と呼ぶことにする。

これをもう少しまとまった別の言い方をすると、次のようになるのではないだろうか。

> 「知識」とは、どこかにあったりなかったりするのではなく、ある場面の要求にふさわしい私のふるまいに関わった諸条件（私の認識と身体と環境）の関数的関係である。

ただし、その場面に「ふさわしいふるまい」を要求するのは、必ずしも人とは限らない。それは、時間も含めた物理的環境や、社会的・文化的な環境やシステムであるかもしれない。例えばそれは、飛び越えなくてはならない「溝」という物理的環境だったり、「受験」という社会システムであったりする。どちらにしても「知識」といわれるものが場面へのかかわりであるということは、これが非常に場面依存的であることになる。

それはまたコトバを換えていえば、「一般知」というものがないという立場をとることになる。これは、それが使われる場面などの具体的な物体や状況を捨象して抽象化し、独立させて普遍化させた知識という意味での「一般知」というものは、そもそもないのだという立場である。実際、「一般的な犬」も、「一般的な車」もない。いくらセダンタイプの車が多いからといっても、実際に指し示そうとすると、それはいつもどこかのメーカーの何かの独個的な「ある車」でしかありえないからである。

このように、もしあらゆる「知識」が、場面依存的であって、「一般知」といえるものはないという立場をとるとすると、それは学習のあり方に直接かかわってくる。というのも、ともかくもコトバとしてだけでも学んでおけば、いつかは役にたつということは、もうほとんど望みのないことになるからである。

ここに博物館での学習の価値が意味をもってくる。というより博物館の学びは、学校のような記号による学びであってはならない。学校での学びは、具体的な状況とのかかわりが希薄だからである。だが、ここですぐに、だから博物館では、「モノ」を直接見て学ぶのだといってしまえば、それはまた新たな「モノ的知識観」にたったものに陥ることになる。なぜなら、みたところで、それが自分とどのようにかかわるのかわからないからである。学校と博物館の学びは違うと力説しても、展示のキャプションを読むだけでは、大して違わないないか、あるいはややもすれば、かえって悪い学びになる可能性すら否定できない。ここにキットの存在意義が出てくる。

(2) 学習の考え方の転換——正統的周辺参加としての学習

この節では、「知識」を「学ぶ」とはどういうことなのか、そしてその結果として「わかる」とはどういうことなのかという議論をしたい。結論からのべるとそれは、「知識」も「学ぶ」も「わかる」も、同じ一つの現象を違ったコトバで述べているのではないかということである。近代教育の中で、私たちはこれらの概念を切り離し、「知識」という「モノ」を「学ぶ」という方法のコンベアに乗せて組み立てて「わかる」に至る、という工場モデルを当然視してきた。この節では、私たちのこの常識を問い直してみたい。

いままでは、「知識」は食べ物であった。それを食べて消化するのが「学ぶ」である。そして「わかる」は、いわば自分の筋肉にするというイメージである。こうして私たちは、いつしか、「知識」を一つ一つ物理的に独立している食物のような感覚でとらえるようになった。だがしかし、これとは違ったイメージでとらえることもできるのではないか。

たとえば、このようなイメージはどうだろう。「学ぶ」というのを、なにがしかの共同体に「参加」し、その中で様々な役割を担っていくというイメージでとらえるのはどうだろうか。学校での学習のように、なにか特別な行為をしていなくても、どっかの仲間集団の中で役割を担うこと、それ自体を「学ぶ」ととらえることはできないだろうか。

こうしたところでは、「学ぶ」が、その集団に「参加」する行為と同じである。「参加」し、役割をこなしていくこと、それ自体が「学ぶ」であり、「わかる」である。そこでは、どこまでかが「学ぶ」であって、どこからかが「わかる」になるわけではない。「学ぶ」過程は、「わかる」過程そのものであり、「わかった」

からといって、そこで「学ぶ」が止まるわけではない。それは、連続的につながっていくし、いつまでも終わることはない。

「学ぶ」と「わかる」の一体化、こうした考え方は、近年の学校教育への反省から徐々に育ってきた。そこでその代表として、本書で何度もとりあげたレイブとウェンガーという人の「正統的周辺参加論」の視点に立ってみたい。彼らは、「学ぶ」を共同体への「参加」という概念でとらえる。これは一部で誤解されているが、単に徒弟制の学習論ではない。学習の一般論である。

彼らによれば、学習とは、ある実践共同体に参加することである。ただし実践共同体とは、必ずしも空間・時間を共有することを意味しない。学習は、その実践共同体での役割活動である。ということは、このようにみる学習の見方は、これまでの知識を内化するという考え方と違って、より一層アクティブな活動であることを意味する。つまり、学習とは単に内的知識を増大させる働きではなく、同時に、実践共同体内部での役割を増大させることであり、かつその共同体にとっては、その不断の維持と変化を意味することになる。そこでは、個人が状況の中で学ぶのではなく、状況の不可欠な一部となることになる。したがって、学習は、共同体全体の変化でもある。

レイブとウエンガー（Lave, J. & Wenger, E.）という二人が、“*Situated learning: Legitimate peripheral participation*”という本を一九九一年に出した。これは、『状況に埋め込まれた学習—正統的周辺参加』〈産業図書〉という題名で訳書がでている。この本では、すでにのべてきているように、「学習」を何らかの「実践共同体」に参加することととらえる。「実践共同体」というのは、日本語にすると少し難しいコトバだけれど、英語では、［communities of practice］であって、ともかくも何かの集団ということである。もちろんただの群衆というのではなくて、何かの目的をもった集団である。ただし、時間空間的に同じところにいなくても構わない。ヨーロッパと日本という具合に空間的に離れていても、数十年と時間が離れていて、本などで出会う関係であっても構わない。ともかくも何かの共通の目的をもった集団という意味である。

典型的には、何かの研究者集団である。例えば、筆者の同僚の物理学研究者は、超伝導の研究者集団に属している。彼は、超伝導の研究でも計測が専門だという。他に、超伝導金属を合成する専門家、それを使って実験する専門家、その結果を基に理論を作る専門家などがいるという。彼らは、もちろん世界中にいて、普段はメールや論文などで交流しているが、直接顔を会わせて話しをすることはあまりない。

そして彼らが研究上で参考にする書籍や論文は、今のものばかりでは当然ない。もちろん今の論文の方を多く参照するが、論文である限りは、少なからず時間がたっているのだから、それが長かろうが短かろうが同じことである。「実践共同体」は、時間空間の隔たりがあろうとも、ともかくもある課題にかかわっている人々の集合であればいい。

では、なぜにこうした集団に属することが「学ぶ」ことになるのか。レイブ等は、仕立屋などの徒弟制の共同体を例に説明する。そこでは、新しく入ってきた職人が、最初は簡単な仕事から始めて、徐々により技能を要する仕事を担って成長していくプロセスが観察される。こうした場合、いままでは、師匠や兄弟子による、意図的あるいは無意図的な教授と、新参者の兄弟子達の仕事の観察と模倣によって、学んでいくと考えるのが普通であった。そうした学習を通じて、周辺的な仕事から中心的な仕事へと、徐々に成長していくというモデルである。

たしかにそうした解釈もありうる。しかしここで起こっていることは、どこからどこまでが「学ぶ」であって、どこからどこまでがそうではないのだろうか。そうした区分がはっきりとできるだろうか。学校のように、はっきりとした学習時間なりカリキュラムがあるわけではない。最初は、それこそ掃除から始めるだろう。仕立屋の場合でいうと、最初はボタン付けからさせられるという。しかしそうした仕事は、なんらかの形式的な「学習」が終わってからさせられるわけではない。多くの職人的な仕事では、決してはっきりと「学習」とそれ以外とを分けられないのが普通である。

そしてここにもう一つ重要なことがある。この実践共同体の集団は、決して固定的だったり、時間の流れの中で周辺から中心へと役割が移り変わり、それによって人的新陳代謝が起こる、といったものではない。どのような集団でも、現実はもっとアクティブなはずである。その集団の若手が、新しい事態に古参者より速やかに対応したり、新たなアイディアを出して、その集団の活動を変革するということは、むしろ普通だろう。逆にスタティックな集団は、社会の変化についていけず、消滅・霧散することもあるだろう（より詳しくは、第4章および次の第10章を参照されたい）。

こうしたことを考えてみれば、学校教育の集団が、いかに特殊であるかがわかる。学校教育が浸透して、「学習」という行為が特殊化されたために、私たちはいつしかこれを実体的にとらえるようになってしまった。そして、学校での「学習」を全ての「学ぶ」行為の代表のようにとらえるようになってしまった。しかしそれは、近年植えつけられてきたものにすぎないのではないだろうか。

以上、このように「知識」と「学習」を考えてくると、ここからこれまでの学校学習とは全く違ったイメージを獲得できる。博物館での学びを近代学校での学びと違うものにするコンセプトを得ることができる。

5　キット開発の課題

このように知識と学習をとらえてくると、そこにこれまでとは違った課題がみえてくる。すなわち、いままでの知識と学習論であると、個人だけの活動であるので、それが邪魔されないようにとか、学習者自身の学習内容への動機付けが重要視されることになった。だが、この新しい視点では、別のことが重要視されることになる。つまり、「どのように参加させかかわらせるか」を意識した構成を考えなくてはならないことになる。いわば、博物館で学ぶ一人一人の参加の仕方を意識させることが重要になる。

ここで改めて第3節でのべたカテゴリー・システムの構造をみてみたい。標本型・制作型・物語型という大きな三つのカテゴリーは、1から3にかけて、学習者のかかわりが深くなる構造をみてとれる。このことは、サブカテゴリーにおいても同様である。もちろんこれは、理論上の構造である。実際には、他のカテゴリーの要素をもった活動が入ってくると、同じキットでも違ったカテゴリーへと発展することもある。

たとえば、標本型キットの操作型であっても、滋賀県立美術館のアートゲームの「6、展覧会作りゲーム」であれば、物語型キットの要素が入ってくる。再三のべているように、このカテゴリー・システムは、キットの内容による外形的基準によるのではなく、学習者の認識状態を基準にしている。そのため、個々のキットは、固定したカテゴリーに当てはめられるのではないことに注意してもらいたい。

こうしたことを踏まえれば、キットの開発や見直しにおいては、〈感覚 ↓ 体験 ↓ 文脈〉、あるいは〈みるさわる ↓ かかわる ↓ 語る〉といった漸進性を一つのメルクマールとするとともに、知識と学習の考え方の変化を反映していくことが求められる。しかしこれは実際にはどのようにすることになるのか。どのようなかかわりが必要になるのか。実践共同体というコンセプトで考える場合、キットを開発するにおいて、少なくても次のことを考慮に入れる必要がでてくるのではないか。

◇キットの作成と見直しにおいては、キット内容がどのような認識にかかわっているのか、またキットを介在した活動において、どのようにそれが発展していくのかを、提案されたカテゴリー・システムを参考に慎重にみきわめることが求められる。【認識状態の問題】

◇キットに具現化された、つまりキットが参加者に求めるかかわりの課題、別のいい方をすればキットは、どういう状況を作りだすようになっているかという問題を考慮しなくてはならない。【状況性の問題】

◇「知識」も「学習」も実践共同体への参加の問題であるとすれば、学習者は博物館への単なる来館者ととらえるべきではない。学芸員と共同体を共にする参加者とみなさなくてはならない。キットを通じて、どのように学芸員との共同体に参加するのかという問題を考慮しなくてはならない。【参加性の問題】

◇キットを使って何らかの活動を展開する場合、そこには他の人間もかかわってくることが多い。とすれば、その活動を展開する場合の、他の参加者とのかかわりの問題。つまりそこでの他者とのネゴシエーションのあり方が、各人にどういう役割を意識化させるようになっているかという問題を考えなくてはならない。【アイデンティティの問題】

学習というのは、コトの知識が生きて働いている場に参加することである。博物館だからと言ってモノから何かを学ぶのではなく、モノとのかかわりを私たちは学ぶ。知識とは、ある場・状況にふさわしく参加するコト・かかわるコトの別名だからである。

したがって私たちは、キットを開発するに当たって、「どのように参加させてかかわらせるか」を考えなくてはならないことになる。3節で紹介した多文化理解のための「カレーキット」でいえば、「多文化」というコトにどのようにかかわらせるのか、それを考えなくてはならない。そうでないと、またしても「聞かれたら答えるだけ」の「あ、それ知ってる!」知識、「みたことがある、やったことがある、さわったことがある」という運動感覚的なだけの知識になる恐れがある。そうであるとそれは、外側からの、自分を安全地帯においた階級的な知となり、国際理解ではなく他文化蔑視の理解になる恐れすらある。

私たちは、学校教育に単に奉仕するのではない、博物館ならではの学びと参加を生み出すキットを開発しなくてはならない。厳しいが、私たちはもう一度根本に立ち戻って、このことを直視したキット開発を心がけなくてはならないだろう。

〈引用・参考文献〉

Lave, J. & Wenger, E.（1991）. *Situated learning: Legitimate peripheral participation*, Cambridge: Cambridge Univ. Press.（佐伯胖訳『状況に埋め込まれた学習―正統的周辺参加』産業図書 一九九三）
村山英雄（一九七八）『オスウィーゴー運動の研究』風間書房
小笠原喜康（二〇〇八）『科学博物館における博学連携教材の開発と授業実践』科学研究費補助金・基盤（C）報告書 課題番号18530731
小笠原喜康（二〇〇九・三）「博物館教育におけるキットの役割とその構成原理」『子ども博物館楽校』四、三四-

四八頁
小笠原喜康（二〇一四・三）「機能的関係概念としての「教材」―実体から機能的関係へ―」日本教材学会『教材学研究』二五、一五－二六頁
小野次男（一九八三）「伊沢修二・高嶺秀夫のアメリカ留学」日本大学教育学会『教育学雑誌』一七、一－一三頁
Saettler, P. (1990). *The evolution of American educational technology*. Englewood, Colo.: Libraries Unlimited.
横山千晶（二〇一四・一）「大英博物館バックパックキット体験」『子ども博物館楽校』六、二〇－二六頁

第10章

博物館教育のこれから
——正統的周辺参加論のその先へ

1 「周辺性」と「実践協働体」への誤解と博物館

この最後の章では、第4章でも学習論の転換として検討した、「正統的周辺参加」論（Legitimate peripheral participation、以下LPPと略記）の視点から、博物館教育のこれからを考えたい。LPP論は、その中心的概念である「周辺性」と「実践協働体」論とを正しく理解すれば、博物館に新たな道を開く可能性をもっている。「正しく理解すれば」というのは、これがひどく誤解されているからである。第4章の3でのべた三つの誤解は、学習の概念に対する誤解であった。だがここでのべる誤解は、LPPと実践協働体という概念そのものへの誤解である。ではその誤解とはなにか。そしてそこから見えてくる、これからの博物館の姿とはなにか。

まず誤解の一つ目は、「周辺」概念についてである。それは、実践協働体への新参者が、成長・熟達するにつれて周辺から中心へと直線的に進んでいく、とする理解である。多くの理解は、「周辺」という言葉に引きずられて、周辺に対して中心があるといった具合に、形態的な図式でこのＬＰＰを理解している。だがレイブ等は、くり返しそうした図式に当てはまるものではないとのべている。対象が、家内工業的な徒弟制であったことも災いしているかもしれない。この事例のために多くの人が、新参者が周辺から入ってきて、だんだん中心的な役割を果たすように、直線的に成長していくと理解してしまったようである。だがこれも、レイブ等が明確に否定するものである。

次の誤解は、「実践協働体」を、いわばフェイス・ツー・フェイスの狭い協働体のみとする誤解である。彼らのいう実践協働体とは、そうしたものではない。顔を合わせていなくても、同じ意識でなにかに取り組んでいれば、それは立派に実践協働体である。しかしこれも誤解され、さらにしかもこれが構成主義と結びついて、教育界にも混乱をもたらしている。博物館界でも、展示と来館者の共同性としてとらえられ、展示の意味はその共同から自由に構築されるとする。

この章では、このようにレイブ等の理解への誤解を解いていきたいのだが、一つ問題がある。それは学習について彼ら自身に揺れがあるという問題である。それは、学習を外界の内化の過程ではなく、実践協働体への参加の過程だと主張しながら、なおそれを個人の成長の尺度でとらえていることに起因している。それは、不徹底を超えて、破壊的ですらある。彼らのコンセプトからすれば、学習は協働体内での成員間のもみ合いと、役割の転換あるいは交替ととらえなくてはならないはずである。そのようにとらえてこそ、実際のダイナミックな協働体をとらえることができる。そしてまたそれは、学習を個人の内的成長とする従来の進歩的学習観からの真の脱却につながるだろう。それでこそ、これからの博物館のあり方に重要な示唆を与えるものになる。

では、こうした誤解とレイブ等の問題を解くと、そこから見えてくるこれからの博物館教育の姿は、どのようなものか。それは、情報の発信基地としての博物館から、そこのテーマに興味のある人々の協働体としての博物館、というコンセプトでイメージされるものである。近代の博物館は、大人の市民を啓蒙・教育する装置として、子どもを教育する学校とともに、近代の市民社会形成のための両輪として出発した。そこでは、新奇な情報がもたらされ、市民はそれを喜んだ。それは、まさに情報の宝箱であった。

だがその後、新聞・映画・ラジオ・テレビ、そしてインターネットと、マスメディアが発展・浸透するにつれて、博物館のそうした情報発信機能が、相対的に低下することとなった。そしていつしか、言葉は悪いが、過去の遺物のガラクタ箱、あるいは敷居の高い箱ものと見なされるようになっていった。もちろん博物館と一口にいっても、動植物園や美術館そして科学系博物館などさまざまである。それらがみな、ガラクタ箱とみなされているわけではない。しかしその情報発信機能の低下は、否定しようもない現実である。そしてそうした情勢のために、人々の足が遠のくようになってきた。ここ年々1館当たりの入館者数が減り続けている（注1）。

そうした現代の博物館に、このLPPは、なにを教えてくれるのか。それが、誤解を解いて正しく理解されるところの、実践協働体という概念である。この理論は、徒弟制の観察から導きだされたものであるが、その摘要範囲は広い。実践協働体は、徒弟制にみられるヒエラルキーのある組織体のことではない。またそれは、血縁的あるいは自然発生的協働体（ゲマインシャフト）と人為的な機能協働体（ゲゼルシャフト）といった分け方にもはまらない。あえてそれを表現すれば、それは協働意識的協働体ともいえるものである。

筆者は、これからの博物館は、こうした共に働く意識をもって積極的にかかわる協働体、協働意識的協働体となるべきではないかと考えている。そこでは、学芸員と一般市民という区分も曖昧になる。学芸員も市民と共に、協働で意味を構築していかざるをえなくなる。これがいうところの、社会構成主義であるだろう。この問題は、また最後に改めて考えるとして、まずＬＰＰへの誤解を解くために、少し詳しくレイブ等の理論をみてみたい。

2　周辺と実践協働体の意味

平成五年（一九九三）の佐伯胖の翻訳によって、このレイブとウエンガーの「正統的周辺参加論」は広く知られるようになった。だがこれは、その複雑さ故に、彼らの否定にもかかわらず、従来的な徒弟制度の理論であると受け止められてしまった。確かに彼らの説明は、あちこちに矛盾する物言いがなされていて、なかなか理解し難いところがある。とりわけ分かりづらいのは、「周辺」と訳される peripheral という概念と実践協働体の構造である。

レイブらは、実践協働体を、中心があってその最外層に新参者がいるといった、空間階層的なものとは考えていない。確かに peripheral というと、辞書には次のような意味が掲載されている（注２）。

peripheral　周辺部にある、核心から離れた、皮相的な、あまり重要でない、
　　抹消の、（コンピュータ）周辺装置の、補助の、補充の

これをみると、いかにも中心に対する周辺という意味のようにみえる。だが彼らは、次のようにいう（以下の引用は、全てLave, J. & Wenger, E.（1991）からであるので、引用箇所のページ数のみを記す）。

　協働体の複雑で様々な特性を考慮すると、実践協働体の中心に向かう参加の到達点を、一定で一義的な「中心」とか、技能習得が直線的に進んでいくところと考えないことが重要である。実践協働体においては、「周辺」とさし示せる場所はない。もっといえば、核とか中心といえるところもない。（だから）**中心的参加**というと、個人の「居場所」といった意味での協働体の中心（物理的・政治的・比喩的な意味でも）があることになってしまうし、**完全参加**といってしまうと、新参者が「獲得」すべき、あらかじめ決まった測定可能な知識や技能があるかのようにみえてしまう。そこで私たちは、周辺的参加が到達するところを**十全参加**と呼ぶことにした。（ゴシック体原著斜字体、p. 36-37）

ここで重要なのは、次の三点である。
・周辺から中心へと習得が進んでいくのではない。
・なぜなら、技能的な意味でも階級的な意味でも、周辺とか中心といえるような階層が実践協働体にはないからである。

・周辺的参加が到達するところを十全参加と呼ぶ。

すなわち前ページの引用でみたように、「周辺」というのは、その対語として「中心」をもつような形態的な概念ではない。また新参者は周辺で、熟達者や親方が中心であるといったような、「物理的・政治的・比喩的な意味でも」階級的関係性の概念でもない。したがってここでの引用のように、習得が進めば技能的な意味での周辺から中心に移行するわけでも、階級的な立ち位置が協働体の中心になっていくわけでもない。にもかかわらず、なぜ周辺的参加が「到達する」ところが十全参加なのか。この表現では、やはり「到達すべき」中心に向かう、あるいは技能が高まっていっていくという、従来の徒弟モデルのようにみえる。しかし「実践協働体においては、『周辺』とさし示せる場所はない。もっといえば、核とか中心といえるところもない」とまでいわれると、混乱してくる。しかもレイブ等は、他の何カ所でも同じような言い方をしている。

Jordan（1989）は、ユカタンの産婆が、産婆術の習得に周辺から十全参加へと何年もかけることを述べている。（p. 67）

それにもかかわらず、産婆と仕立て屋とは、公式か非公式かにかかわらず、実践協働体において周辺から十全参加へのプロセスにおいて、非常によく似ている。（p. 70-71）

ではこの意味での「周辺性」とはなんだろうか。確かにこれでは、レイブ等のいうように複雑でわかりにくい。しかしこの概念を解く鍵は、彼らが強調する次の点にある。すなわちそれは、アイデンティティの確立である。アイデンティティが確立した、より積極的な参加を彼らは、「周辺」に対する「十全」と呼ぶのである。彼らのいうアイデンティティとは、「自分自身の理解の仕方であり、自分の見方である。そしてそれはまた、他者からどう見られているのかといった、かなり安定した自分への認識である」(p. 81) という。そして彼らはいう。

人は、こうしたことを通じて、新参者が古参者になるように実践者へと変化してきた。知識や技能や話し方の変化は、アイデンティティ発達の一形態なのである—手短かに言えば、実践協働体のメンバーになることなのである。アイデンティティの確立と成員性とは、モチベーションの観念と密接に関係するのである。(ゴシック体原著斜字体、p. 122)

このように彼らは、再三にわたってアイデンティティの重要性を説く。アイデンティティが高まり、協働体への参加意識が高まれば、周辺参加から十全参加になり、すなわち協働体の成員になるという考え方である(ただし後述するが、この成員になるという考え方自体に問題が内包されている)。したがって彼らのいう周辺も十全も、(それに伴って高まることがあるとしても) 技能や地位的な概念ではなく、協働体の成員の内的なモティベーションの概念であると見なくてはならない。技能が低くても、内的なモティベーションが高く、自分の立ち位置をよく理解している、アイデンティティの高い十全参加というのは、けっして珍しいことではない。

こうした地位や技能的な意味ではない、十全参加の実践協働体の例としては、お祭りの場合を考えてみると分かりやすいかもしれない。町内や神社の祭りでは、町内会長なり氏子代表が祭りの代表となる。しかしこの代表は、町内の祭り本部にいて、近所の人や他の町内などの人たちと酒を酌み交わしたりするのが仕事で、祭りそのものの運行にはほとんどかかわらない。その代わりに祭りを引っ張るのは若衆たちや、その上の頭連中である。彼らが、お囃子や引き回しの中心をになう。子どもたちは、そうした若衆に太鼓を教えてもらったりしながら、彼らにあこがれて成長する。こうした場合、これらの誰もが十全参加しているとみることができる。祭りの代表も、とても神輿など担げないが、それでも立派に十全参加している。子どもたちも、まだまだ小太鼓レベルであって、大太鼓や鐘は無理である。しかしそれでも立派に正統的に十全参加している。

とはいえ確かに、周辺的である場合、つまりまだアイデンティティが高まっていない場合には、「実践の中心的なところの前に、あまり努力のいらない、さほど複雑でもない、致命的でもない仕事が学習される」(p.96)という。こうした物言いは、誤解を生む。ここでは、学習を個人的な営みとする考えをまだひきずっているようにみえるからである。

だがしかし、このようにいいつつも、だからといっていわゆる新米だけが周辺的なのではないという。これを日本的な丁稚奉公による、徒弟的技能修得の問題と読むと、この概念は理解できない。したがって、技能的あるいは職階的な意味で周辺や十全を理解したのでは、彼らの次のような物言いを理解することはできない。

さらに、正統的周辺性というのは、力関係も含み込んだ社会構造を反映した複雑な概念である。その成員が参加性をより強めていくとき、周辺性はその力を発揮する場所になる。しかしより十全に参加することを妨げられる場合は、周辺性は力をだせない場所に変わってしまう。それ以上に、正統的周辺性は関係する協働体間の接合点でもある。(p. 36)

この意味はどういうことだろうか。「その成員が参加性を強めていくとき、周辺性はその力を発揮する場所になる」とは、どういうことだろうか。新参者であって周辺的であるならば、「力を発揮」することなどかなわないように思える。それなのに、力を発揮するとはどういうことなのか。これを理解するには、私たちの通常の徒弟制度についてのイメージを払拭する必要がある。

彼らは、実際の徒弟制というのは、決してコンサバティブで固定的なものではないと考えている。それは常に変化するものだととらえている。そのためまだ未熟である新参者でも、新しいことに挑戦してその協働体に新風を吹き込んだり、ある場合には新しいアイディアで引っ張ったりすることもある。そこには、新参者と古参者とが入れ替わったりするコンフリクトがあり、実際は動的なものだと考えているのである。しかし事例にでてくる肉屋の場合のように、決まりきった仕事をこなすだけで、低位の仕事だけをさせられてアイデンティティを高められない場合には、周辺性は力のないものになる。だがそれは、もはや実践協働体とはいいがたいだろう。したがって、彼らはいう。

新しい観点と絶え間なく相互に影響しあう限り、どんな人の参加であっても、ある意味正統に周辺的である。別の言葉でいえば、変化する協働体の将来において、だれでもある程度まで「新参者」になりえるのである。(p. 117)

すなわち周辺的であるのは、常に新米とは限らない。熟練者でも、新しい仕事や他の協働体との関係で周辺的になることもある。つまり、新しい仕事にまだ十分アイデンティティをもてなかったり、他の協働体との関係で自分のところへのアイデンティティを弱める場合である。その場合には、熟練者といえども、周辺的になる。周辺的とは、単に未熟とか下働きといった、能力や集団の中の地位的な概念ではないからである。それは高いモティベーションをもったアイデンティティの概念である。そのため、未熟であっても周辺的ではなく、十全的な参加になることもある。

こうしたことは、私たちの社会ではけっして珍しいことではない。どんな社会でも、新しく入ってきた若者が良いアイディアを出すことはある。まして、それまでになかった仕事や装置などが入ってくると、古参者が対応できなくて、若者の方が素早く対応することも珍しくない。集団における地位には影響を与えないが、実質上の動因は、そうした若者が担うことも珍しくはない。社会は、そうして動いていくものである。したがってモティベーション高く参加するこの周辺性の対概念は、中心性ではない。そこで彼らはいう。

私たちのいい方からすると、**周辺性**というのは、**積極的**な意味合いをもっている。これに対して最もはっきりとした反意語は、当該の活動に対する**無関係性**とか**無関連性**というものである。(ゴシック

体原著斜字体、p. 37）

要するに「周辺性」というのは、属する実践協働体に対して、まだ十全にモティベーションを高くアイデンティティを確立してはいないものの、しっかりとその集団にかかわっている状態のことを意味する。したがって逆に、たとえ熟練者であっても、新奇な仕事などに対して十分にモティベーションをもっていなければ、周辺になることもある、そうした概念である。こうしたことは、どの社会にもある、むしろ普遍的なことである。

と、このようにここまで述べてきて、それでもまだ拭えない問題が、レイブ等の論にはあるように思える。それは、「周辺から十全へ」という参加の問題である。彼らは、いまみてきたように、アイデンティティが高まれば、周辺から十全へと至るという。だが学習も、そのアイデンティティの高まりとともに深まるとすれば、やはり周辺から十全へという深まりがあることになる。とりわけ次のような言い方は、彼らの別の所の言い方と矛盾する。

社会的実践の観点からみれば、学習は全人格に影響する。すなわちそれは、単に特別な活動ができるようになるというだけではなく、社会的協働体との関係にも影響することを意味する。それは、十全的参加者になること、一人前の成員になること、ひとかどの人間になることを意味している。（p. 53）

この言い方であると、やはり周辺から十全へは、「一人前の成員になること、ひとかどの人間になること」

という成長発展の過程ということになる。確かに彼らのいう実践協働体は、いつも変わらない同じ到達点がある、単一技能の徒弟集団ではない。むしろ普遍的なグループ、つまりなにかの意識を共有する集団全体をさしている。とすればそこでは、常に変化がおこり、その中心的なものも変わっていくのが、むしろ普通である。というより、中心そのものがないことも多いというべきかもしれない。たとえば筆者の同僚の物理学者は、超伝導の専門家であるが、彼は計測の専門家である。他に、理論や実験そして超伝導物質の合成などの専門家がいる。その彼らのだれもが、そしてその研究のどれもが、その研究集団の中心ではない。

しかしながらそれが、直線的であろうとなかろうと、ともかくも「一人前の成員になる」ことであるとすれば、そこに周辺から中心へという従来の学習観が垣間見えることにならないだろうか。これであると、学習とは個人の内化の過程ではないといいながら、実はそのところから抜け出していないのではないかという疑義が生まれてくる。ここに多くの人が戸惑いを覚える。

この問題について、核心をついた議論をしている論者がいる。それは、遠藤ゆう子である。遠藤は、「参加や実践協働体自体も変化・変容していくものであり、向かうべきものが固定化されないことが分かる」(遠藤、二〇〇五、二三一頁)と正確に読み取った上で、しかしレイブ等の議論には、「入門期のアイデンティティからの変容が要求され、個人の協働体への同化や個人が他者のようになるプロセスが描かれている。(中略)ある種同化を促していこうとする危険が含まれていることを払拭できない」(遠藤、二〇〇五、二三〇頁)と懸念を示す。その上で遠藤は、周辺から中心へという、成長のプロセスと受け取られる原因について、次のようにのべる。

このように書かれていながらも、何故上述のような疑義が生じるのだろうか。それは本書があまりにも学習者個人に焦点を当て分析しようとするために、その先にある協働体がすでにそこにあるものとして、換言すれば所与のものであるかのように捉えられてしまうからである。これがＬＰＰがある所へ向かっていく向心的な軌跡を描くものとして解釈される所以である。（遠藤、二〇〇五、二三一頁）

これは、重要な指摘である。協働体が所与のものであり、向かっていくところが固定的にあるとなれば、そこでの学習観は、なんらこれまでのものと違うところはない。徒弟制の場合、単にそのプロセスがインプリシットなだけである。学習とは、協働体にモティベーション高く入り込んで個人の中に形成される深いアイデンティティである、といっても個人レベルでの変容を問題にする従来の学習観となんら変わることはない。そこで遠藤は、学習を個人の縦断的変化の問題としてとらえるのではなく、学習者間の相互作用そのものを横断的にみていくべきだと、次のように提案する。

（既存の協働体へのアイデンティティを高めて同化するという）混沌とした自己を一貫した自己へと導くことを目的とした学習より、混沌とした「個」同士が相互に補完し合うことが学習だと筆者は考える。補完は複雑に交錯し、繰り返し織り成される。自己の同一性を追うために他者が存在するのではなく、互いに補完し合うために互いが存在するということを主軸とした学習があるべきだ。〔中略〕学習者相互の補完が学習となるべく、「実践者間の見解の不整合や対立」を「学習内容の構成要素」として怖れず見なしていくには、実践協働体内で生起している学習を横断的に観察・分析することが問われるのだ。

（括弧内筆者、遠藤、二〇〇五、二三二‐二三三頁）

こちらの方が、社会的実践の一形態としての学習の概念ではないだろうか。教育とセットになった社会への同化過程としての個人の内的成長という、これまでの観念から自由になる道は、こちらの方である。そのところが、まだレイブ等では不徹底であるようにみえる。遠藤は、「十全参加を目指すことを超えた時、本書の持つ誤解や矛盾を解消することにもなる。そして学習がありありと描かれることになろう」（遠藤、二〇〇五、二三四頁）とのべる。

このことは、博物館教育のこれからを考えるときの大きな示唆になり、かつ警鐘にもなる。学習を個人の問題としないからである。個人の問題としないということは、博物館を単に知識の伝達機関としないことへの示唆となる。がしかし一方で、誤れば、同化の危険性をもつことにもなる。いままでの博物館は、後者を中心に考えてきたともいえるからである。

次に、実践協働体の意味を確かめてみよう。「実践協働体」とは、これまでの議論で明らかなように、なにかの目的に向かってアイデンティティをもって参加する成員によって構成される協働体である。しかしそれは、前述したように狭い徒弟制度の場面ばかりをさすのではない。高い自己認識をもって参加する何かのテーマのグループは、たとえ時間空間的に隔たっていても、それは実践協働体である。このことを端的に表現しているのは、第4章で引用した次の言い方である。

協働体という用語は、必ずしも同じ場所にいることを意味しない。輪郭のはっきりした識別可能な集団でもなければ、社会的にはっきりとした境界をもつものでもない。それは参加者が、自分たちが何をしているのか、そして自分たちの生き方と協働体とにとって、それがどんな意味をもつのかについて、理解を共有している活動システムへの参加を含意している。(p. 98)

レイブ等の正統的周辺参加論は、徒弟制だけに当てはまる理論ではない。それは、協働体のすべてに当てはまる普遍的な理論である。したがって、教室や会社や作業場といった、空間を同じくする人々の集まりだけが実践協働体なのではない(もっとも彼らにいわせれば、教室は教科学習の協働体ではなく、学校システム維持の協働体であるかもしれない)。「参加者が、自分たちが何をしているのか、そして自分たちの生き方と協働体とにとって、それがどんな意味をもつのかについて、理解を共有している」集団であればよい。

たとえば物理学の研究者であれば、学会や研究プロジェクトへの参加者が、実践協働体を形成することになる。しかしもちろん、空間を共有している必要はない。しばしば数人以上が、多い場合には一〇〇人以上もの研究者が、互いに遠く隔たって一つの研究プロジェクトにかかわる。また物理学にかかわらず、およそ学問といわれるものは、過去の人々とも協働体を形成する。書物や論文という形で議論を深め、それによって理解を共有する。だから空間も時間さえも、共有している必要はない。共有する必要のあるのは、自分たちのやっていることへの理解である。

こうした協働体の中では、様々な知識が協働的につくられていく。水の沸点一つでも、実験や理論によって一意的に定められるのではない。水の沸点は、いまは九九・九七四℃であるが、これは様々な測定方法とその結果から、科学者集団の一種のネゴシエーションによる合意によって決められる。こういうのを「異種間統合」（注3）というが、知識の意味はそうした合意によって形成される。レイブ等も次のようにのべる。

要するに、社会実践理論は、行為者と世界、そしてその活動・意味・認識・学習・知識といったものの相互依存的関係性を強調する。それはまた、意味が本質的に社会的相互交渉の中で作られることを強調する。社会的実践に参加している人々のものの見方と行為とは、本質的に密接にかかわりあっているのである。この見方ではまた、学習・思考、そして知識というものが、実践における人々の関係性として、そしてまた社会的かつ文化的に構造化された世界からわきあがるものとしてとらえられる。（p. 50–51）

だがしかし、ここで注意しなくてはならないのは、こうした意味構築の相互交渉には、過去の蓄積や科学的研究との交渉も入ることである。「社会的かつ文化的に構造化された世界」の中で意味が構築されてくるのであって、過去の蓄積や科学的研究となんのかかわりももたずに、閉じられた集団によって独自に作られるのではない。「異種間統合」が科学者たちの合意によるのだといっても、厳密な測定の結果を無視して「合意」するわけではない。

しかし学校教育では、なぜか学級という狭い世界の、しかも子どもたちだけで話し合えば、社会構成主義的に自ずと正しい意味の構築ができるとまでいわれる。例えば中原忠男は、その編著『構成的アプローチによる算数の新しい学習づくり―生きる力を育む算数の学習を求めて―』において次のように述べる。

ところで、算数の授業のプロセスや結論をそのように子どもたちの活動、とりわけ合意や選択に任せることに、問題や疑問を感じる先生も少なくないであろう。間違ったことに合意したり、良くない方法を選択しらどうするのかという声が聞こえてきそうである。それは、どちらかというと机上の議論であり、先生の司会者的役割の下で子どもたちが議論を尽くせば、ほとんどの場合に妥当な結論に達するものである。（中原、一九九九、二四頁）

中原のこうした物言いは、数学の知識が学会などの広い文脈の中で合意されて形成されることを踏まえてのものである。だがこの物言いは、博物館や教育学の人々のいう構成主義、あるいは社会構成主義を標榜する論者たちに共通する誤謬によるものである。すなわち彼ら、とりわけ教育学の人は、科学的知識が科学者集団のネゴシエーションによって形成されることを、学級集団に不当に拡大する（博物館の場合は、個人に不当拡大する）。しかし本来の社会構成主義のいう知識を生みだす集団は、学級などの狭い集団を意味しているのではない。そのためこれは、記述・説明の虚偽として知られる「軽率な概括による虚偽」（一般化の虚偽）になってしまう。

科学的知識が客観性をもつのは、過去の蓄積との連続と、実験と観察による現実の正確な事実把握、そしてそれを裏付ける理論の検討といった多くの活動と議論の末のことであって、単なる合意によるのではない。子どもたちがどんなに話し合おうと、科学的知識に容易にたどりつくことはありえない。もしあるとすれば、構成主義者たちが最も嫌う「教え込み」や強引な「誘導」によることになる。

本書の第１・２章でみたように博物館の場合は、学校とは異なり集団で話し合っての合意ではなく、彼らのいう構成主義に立って、来館者が展示を一人で独自に自由に解釈してよいのだという。展示の意味をどのように解釈してもかまわないというのならば、すでにのべたように、それは博物館であることの意味を無にする主張と言わざるを得ない。もちろん筆者は、そうした自由な解釈など不可能で不要だとは思わない。だがその自由は、この社会の中での自由であって、社会の外での自由ではない。この社会の営みをある程度理解するが故に、この社会の中での自由を獲得し、ある場合は異なった理解や行為を主張できることになる。

私たちは、まさに「社会的かつ文化的に構造化された世界」に生きている。歴史や文化に満たされた環境の中で私たちは生きている。建物や道路などの物理的世界さえもが、その社会文化的構造を反映している。だからこそ、外国の街をあるけば、違った意味合いを感じ取り、日本料理店に入ると、その物理的環境にまずはホッとする。実践協働体の「相互依存的関係性」は、なにも人との関係性ばかりではない。そこでの知識は、「実践における人々の関係性として、そしてまた社会的かつ文化的に構造化された世界からわきあがるものとしてとらえられる」のである。

こうしたようにレイブ等の実践協働体の概念は、決して徒弟制という狭い人間関係の世界に限られるものではない。同じ意識をもって参加している集団であれば、過去・現在を問わず実践協働体になる。過去の人々は、現在の人々によって協働体の一員にされる。そうでなくては、学問の蓄積も継続性もなくなる。いや、それよりも、社会そのものが意味を失う。

しかし、学校も博物館もその目的を、いわゆる文化の刷り込み的継承ではなく、子どもたち、あるいは来館者の「今ここに」に求めるのであれば、そこに実践協働体の本来の意味をみいだすことができるかもしれない。そこでは、その参加者によるダイナミックな変化を期待できるからである。どのような協働体でも、「古きを守るは、新しきをつくることとなり」の言葉に示されるように、ただ守っていては腐ってしまう。古き良き伝統を守るには、最先端の技術や考え方を取り入れていかなくてはならない。そうでなくては、変化する社会的・自然的環境に対応できず、それがもつ伝統の良いところも守れなくなる。

したがってそれは、中原のように「妥当な結論に達するもの」であってはならない。それはやはり、まやかしだからである。教えなくても「妥当な結論」すなわち数学の真理に到達することなどあり得ない。しかし逆に、博物館での来館者はどうだろうか。構成主義者のいうように、社会のどんな妥当な解釈とも合わなくても構わないといい切れるだろうか。やはりこれもそうではない。その主張も、中原と同様に、まやかしになるからである。

というのも博物館は、そこにその博物館独特の展示があり、来館者はたとえ「ついで様」であっても、それなりの目的をもってやってくる人びとであり、そこが公共の空間だからである。その意味で、その展示の解釈は完全に自由でもなければ不自由でもない。来館者同士が語り合いながら、それぞれの解釈を組み立てるのはより望ましいことであるだろう。語り合いから学ぶのではなく、その語り合いそのものが学習だからである。それが「その気様」であれば、なおさらである。

だが、学級という狭い世界、来館者個人あるいはグループに限定して、その世界の話し合いだけで解釈が成り立つというのは、むしろ悪しき集団主義に陥るのではないかと筆者は恐れる。筆者は、自由な解釈や学習者相互の関係性の中で変化していくことを否定するのではない。過去とも文化とも接続せず、現実の科学的な分析をも尊重しない、無限定の自由を恐れる。それは、自由を保障するどころか、結果としてむしろ自由を圧殺し、権力への盲従を強いることになるからである。学校の学級では、自由に疑問を出して話し合おうと促しながらも、最後は教師がその権力によって強引に子どもたちを従わせる。博物館では、解釈はあなた方次第ですといいつつ、より新奇なものを展示して、その権威で人びとを黙らせる。

私たちはそうではない実践協働体を求めるべきではないのか。こうした正統的周辺参加や実践協働体のコンセプトは、これからの博物館を考える場合に、一つの方向性を示してくれるものになると思われる。というのも、これまでの博物館は、学芸員という専門家がいて、その世界には外から容易に近づくことができないように思われたからである。しかしこのコンセプトにたつならば、意識をもって参加するなら、素人でも学芸員との実践協働体を築くことができるかもしれない。そしてそれは、あらたな博物館の姿をみせてくれるかもしれない。

3　正統的周辺参加としての博物館教育

こうした正統的周辺参加の意味、そしてその実践協働体の意味、さらには4章でみた学習の新たな意味から、博物館教育のこれからをどのように描けるのか、それをこの最後の節で考えてみたい。これまでの本章での議論、そしてこれまでの各章の議論をふまえると、これからの博物館のあり方に次のような問題を提起できるのではないか。

a、博物館は、実践協働体としてある種の目的に賛同する人々の、協働的活動の場となる可能性をもっている。今日のようなネット社会では、そうした集団の方が、よりよく博物館の存在意義を高めてくれる。

b、そこに集まる人々は、専門家としての学芸員からみれば、確かに知識量という面で見れば未熟であるかもしれない。だが、確かな意識をもって参加する場合には、十全参加をすることができる。

c、そうした十全参加をしている人の学習は、それが積極的役割参加であるならば、特別の教育プログラムがなくても、それだけで十分に学習であると考えることができる。

そうであれば、これからの博物館の教育は、市民が互いに結びつく活動の場を提供する仕組と考えていくべきではないだろうか。いままでは、市民の啓蒙のために、専門家が集めた情報を出していく出口「アウトレット」の仕組と博物館教育をみなしてきた。だがこれからは、人々の結びつきの結節点「ノード」としての仕組と考えるべきではないか（注4）。

レイブ等の正統的周辺参加の実践協働体論にたつならば、本章の最初にのべたように、協働意識的協働体として博物館の活動をとらえれば、それがそのまま博物館教育の概念となる。すなわち博物館教育の概念とは、なにかの学習プログラムによる活動といった行為的実体の概念ではなく、そうした協働意識的協働体の活動が人びとにもたらす働き・作用といった機能的な概念と考えるべきではないだろうか。

そのようにとらえるならば、私たちはこれまでよりも、より実際的な働きのレベルで博物館のことを考えていくことになる。どういった学習プログラムが必要かということよりも、どういった作用が博物館に集う人びとにもたらされているのか、どういった協働意識が生まれているのか、といったことを重視していくことになる。

筆者には、ある事例が思い出される。ミュージアムパーク茨城県自然博物館を訪問したときのことである。

六〇代後半の男性がその博物館の実験室でなにやら作業をしていた。彼は、その博物館の庭にある植物につけるキャプションを作っていた。話を聞くと、以前は製薬会社に勤めていたが、退職した今は学芸員に教えてもらいながら、こうした活動をしているとのことであった。その博物館では、ボランティアのグループがいくつもあって、各グループはそれぞれにテーマを自分たちで決めて活動しているという。彼は、その博物館の活動に参加するまでは、全くの素人であったが、今ではかなりのことを独自におこなうようになっていると学芸員が話してくれた。

別の事例もある。東京都美術館では、「とびらプロジェクト」と呼ばれる市民参加の活動が展開されている。それは、次のようなプロジェクトだという。

とびらプロジェクトとは、美術館を拠点に、アートを介したコミュニケーションを促進し、オープンで実践的なコミュニティの形成を目指すプロジェクトである。そこでプレイヤーとして活動するのがとびラーであり、その活動は東京都美術館学芸員、東京藝術大学教員、その他第一線で活躍中の専門家を中心としたプロジェクト・チームによってサポートされる。（越川、二〇一四・三、一六頁）

これらは、これからの博物館の一つの姿ではないだろうか。「オープンで実践的なコミュニティの形成を目指す」という考え方は、この美術館を拠点に展開される、新たな市民の姿である。これまでは博物館にまかせて、市民は受け身の立場であった。だが「とびらプロジェクト」では、市民が主役になっている。しかし学芸員たちも、単にサポートするだけではない。様々な形でそこにコミットする協働のプレーヤーである。

このプロジェクトのＨＰには、東京都美術館のミッションが次のように掲げられている。

東京都美術館のミッション（使命）

新生・東京都美術館は、「アートへの入口」となることを目指します。展覧会を鑑賞する、子どもたちが訪れる、芸術家の卵が初めて出品する、障がいのある人も何のためらいもなく来館できる美術館となります。訪れた人が、新しい価値観に触れ、自己を見つめ、世界との絆が深まる「創造と共生の場＝アート・コミュニティ」を築き、「生きる糧としてのアート」に出会える場とします。これらを実現することで、東京都美術館が人びとの「心のゆたかさの拠り所」となるようにします。

これからの博物館は、こうしたように人びとが集まる新たなコミュニティの核となる機関であることが求められるのではないか。レイブとウエンガーの正統的周辺参加論は、こうしたことを私たちに示唆してくれるように思われる。そしてその営みは、この二つの事例だけでなく、滋賀県立琵琶湖博物館を筆頭にあちらこちらで始まっている。見るだけの博物館から、参加する博物館へ、そしてさらに共に活動する市民の館へと、これから変わっていくのではないか。博物館側からすれば、「教える」から「サポートする」への転換。来館者側からすれば、「見る」から「つどう」への転換。これが博物館のこれからの方向性ではないだろうか。

老婆心で言い添えると、だからといってこれまでの保存の研究などいらないというのでは、もちろんない。第４章のモノからコトへでものべたが、モノなどいらないというのではない。モノを活かす道を考えるべきなのである。いままでの既成の概念を乗り越えて、地域の人々の居場所としての核になるのは、市民のための博物館として出発した近代博物館の本来の役目だったはずである。博物館は、モノのために存在しているのではなく、近代市民社会のために存在しているのだから。

〔注　釈〕

1、博物館の入場者数は、館数が増えているものの入場者数が横ばい状態であるために、下図にあるように年々減り続けている。（文部科学省・社会教育調査・「平成二三年度結果の概要」より筆者作成）

1館当りの入館者数
（単位 1000）

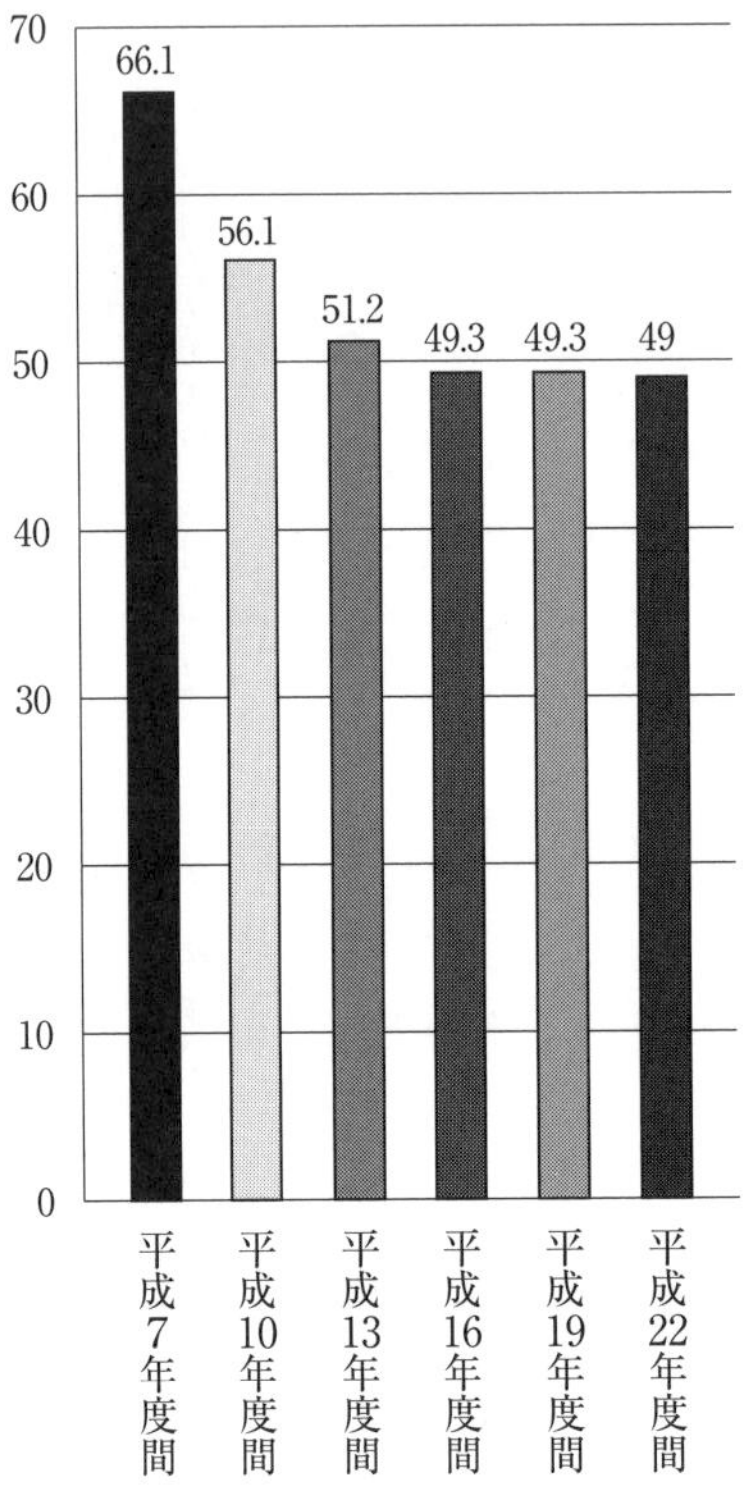

2、「正統的周辺参加」は、むしろ「周辺的正当参加」としたほうがいいように思われる。佐伯の訳出が、間違いだというのではない。legitimate の訳でいえば確かに「正統」の方がいいかもしれない。ただこの語は、血筋

的に嫡流であるといった意味が強くて、少し窮屈である。辞書でも新しいものは、「正当」の訳語を当てているることと、こちらは法律的にも道理的にも正しいという意味があるので、この訳語をあてるほうが良いのではないか。また、正当と周辺の語順については、日本語としてはやはり英語の逆の方がよりよいと思われる。内容的にいっても、この方が分かりやすい。なお意味からすれば、「正当的役割参加」の方がさらによい。4章の注1と小笠原（二〇〇七・三）も参照されたい。

3、出口康夫は、物理定数の精密測定の問題で、この異種間統合を説明する。物理定数、ここでは光速度といった厳密な測定を必要とするものがどのように決められていくのかの問題について、活動実在論の立場から議論している。そうした厳密な測定活動によって、光速度のような存在が実在するとする論は、正に社会構成主義の現実の姿である。

4、このことについては、小笠原（二〇一三・三）を参照されたい。この論考では、メディアを物的通信手段としてではなく、メディアの二つの意味のもう一方である、媒介の意味に依拠して論じている。博物館は、人と人、人と自然、そして人と文化を媒介するメディアではないかという議論である。

〈引用・参考文献〉

出口康夫（二〇〇八）「活動実在論の擁護―光速度の測定に即して―」中才敏郎・美濃正編『知識と実在―心と世界についての分析哲学―』世界思想社、四－四六頁
遠藤ゆう子（二〇〇五・一〇）「『状況に埋め込まれた学習正統的周辺参加』を読む―学習と学習環境デザインを考える」早稲田大学大学院日本語教育研究科言語文化教育研究室『言語文化教育研究』三、二二六－二三六頁
越川さくら（二〇一四・三）「東京都美術館×東京藝術大学〝とびらプロジェクト〟―美術館を舞台に一〇〇名超のプレイヤーが行き交うオープンで実践的なコミュニティ生成への挑戦―「ヒト」がつなぐ「モノ」から「コト」―」チルドレンズ・ミュージアム研究会『子ども博物館楽校』六、一六－一九頁
Lave, J. & Wenger, E.（1991）. *Situated learning: Legitimate peripheral participation*. Cambridge: Cambridge University Press.（佐伯胖訳『状況に埋め込まれた学習―正統的周辺参加』産業図書 一九九三）
中原忠男編著（一九九九）『構成的アプローチによる算数の新しい学習づくり―生きる力を育む算数の学習を求めて―』東洋館出版社
小笠原喜康（二〇〇七・三）「学習観の転換―レイブとウエンガーの「状況化された学習―周辺的正統参加」論の意義―」太田直子・黒崎勲共編著『学校をよりよく理解するための教育学六』第五章、学事出版、六三－八二頁
小笠原喜康（二〇一三・二）「人と人をつなぐメディアとしての博物館―情報とメディアの基礎理論」日本教育メディア学会編（編集代表・小笠原喜康）『博物館情報・メディア論』第四章、ぎょうせい、三七－五二頁
東京都美術館のミッション、http://tobira-project.info/about/ 二〇一四・六・一四取得

あとがき

本書は、最初、いままで筆者が書いてきたものを集めて、雑多なままで編集しようと考えていた。筆者に残されている時間はもうさほどないので、あちこちに書き散らかしてきたものを少しまとめておけば、そのようなものでも、少しは批判の材料としてもらえるのではないかと考えたからである。だが、始めてみると、それは安易な考えであった。書き散らかしたものを集めて、章立ててみると、どうも収まりが悪い。その収まりの悪さを少し整理してつじつまをつけようとすると、さらに収まりが悪くなる。

わかっていたことではあるが、それが論文というか研究の怖さである。またその怖さに捕まってしまった。こうして結局、大分書き直すはめになった。本書のために書いた部分も含めると三分の一は、あらたに書くものとなった。そしてもちろん、その論構成もこれまで十分に意識していなかったものとなった。そうした事情から、まだ少し収まりの悪いところもある。ただ自分的には、新たな発見があったり、整理がついたところもあって、ありがたかった。この小著が、少しでもこれからの博物館教育論の批判対象になってくれればと願うばかりである。

今のべたように、本書は、筆者がこれまでの十数年間に、あちこちに書いてきた論考をまとめたものである。その意味で、本書はかなりバラバラなところがあるのは否めない。統一的な博物館教育論を展開しようという意識は、最初からなかったからである。そしてそれは、いまでもまだない。筆者は、博物館については、実はまだまだ素人である。だからまだまだ一貫した理論を組み立てられない。その意味では、それを期待された方には申し訳ない。

ただ自分の中の論理は、それほど大きくは変わっていないようにも思う。やはり、モノではなくコトを見ていこうとする論理は変わっていない。そうした意味では、従来の博物館のプロパーからみると、筆者は素人だろう。確かに筆者は素人なのだが、それだけに少しは違った視点を提供できるかもしれないと思って研究をしてきた。弁解なのだが、教育の研究はとても広くて容易ではない。哲学・思想から始まり、各学問の専門分野にも不遜にも踏み込まなくてはならない。どうしてもインター・ディスプリーナリーにならざるを得ない。筆者が一貫した理論を組み立てることを最初から望まなかった理由でもある。

とはいえ筆者は、わかるとはなにかという問題にずっとこだわってきた。まだまだ答えは明確ではないのだが、この「知識」「知る」といったことに少しでも答えられないと、居心地が悪い。だがこの問題を今の断片的知識中心の学校教育の中で考えようとしても、どうも生産的ではないと感じていた。それが、博物館での教育で考えようとした奥底にある筆者の意識だったように思う。

なぜ生産的ではないと感じていたのか。それは、学校教育では、教えるべき知識があらかじめ決められているからである。そうした状況の中では、知識の問題は、いかに効率的に教えるかの論に、どうしても傾くことから逃れられない。本書の構成主義批判とは矛盾するようだが、知識は確かにその場で構成されるものである。いつも同じ知識であることはありえない。その都度、その場に合わせて再構成される。

これは一見するとこれは、本書の構成主義批判と矛盾しているととらえられるかもしれない。だがそうではない。知識とは、その場における関数的関係行為の別名であるとすれば、その関数的関係行為は、まずは既存の社会と文化に依存せざるをえない。その上で、その場に合わせて再構成されるものである。だからこそ、その再構成の基となる、すでにある知識が重要になる。人の知識という行為は、そうした矛盾と相克のただ中にある弁証法的なものである。本書が、こうした議論のたたき台の一部に加わることができれば、筆者の望外の喜びである。

これからの一〇年・二〇年は、人類史上未曾有の大変革の時代だといわれている。人工知能と3Dプリンターの出現、自動運転の車、ロボットの急速の進歩、そして医療技術の進歩やビッグデータの活用と、近未来の変革を予感させる技術の進歩は目白押しである。二〇一四年に発表されたオックスフォード大学の調査は、この変革によって、いまある仕事がコンピューターに置き代り、半分の人が職を失なうとしている。もちろん新たな世界の出現で、新たな仕事もでてくるだろうから、それほど心配しなくてもいいのかもしれない。

だがそれは、わたしたちの生き方や、知識のあり方に変革をもたらすことは確実だろう。というより、もうすでにもたらしつつある。つまりスマホの登場は、すでに断片的知識の保有を意味のないものにしている。スマホに向かって質問すれば、たちどころに答えてくれる。もうすでに始まっているユビキタス社会は、学校教育のこれまでの学び方の変革をせまっている。もうじき改革される大学入試は、そのことを誰の目にも明らかなものとするだろう。

そのとき、博物館の学びが問い直されることになるのだろうか。その準備が、いまの博物館にあるだろうか。残念ながら、いまの教育学には、その変革への準備も見通しもない。あらたな知識問題を考えようとする姿勢も意識もない。まして博物館という学校教育以外の機関での学びについて、コミットすることは全くない。この問題に対して、本書もまだ答えられていない。ただいえるのは、知識とは実体論的に存在的ではなく、場面関係的であるということである。もしそうなら、その学びは博物館という場において実現されるかもしれない。とすれば、わたしたちは新しい時代を迎えることができるかもしれない。筆者には、その予感がある。本書が、そのための一つの碁石になればと願う。

本書を刊行するにあたり、筆者と長年つき合っていただいた研究仲間に感謝したい。Children's Museum研究会のメンバー、とりわけ、成徳大学の小野和教授、ならびに高崎の教員である横山千晶先生、そして湘南学園小学校の木村陽一先生、さらには学部から大学院まで博物館教育の研究をしてきた内海美由紀さん、ならびに博物館関係の仲間たちに心から謝意を表したい。

また、本書の編集にあたっていただいた堀川隆氏にも感謝したい。極めて細かく字句を訂正していただいた。ここまで細かい編集者に会ったのは初めてであった。お陰で内容は別にして、少しは読みやすくなったかと思う。

二〇一五年九月

小笠原　喜康

【著者略歴】

小笠原 喜康（おがさわら　ひろやす）

1950年 青森県八戸市生まれ。

北海道教育大学釧路分校（現・北海道教育大学釧路校）卒業。

東京都杉並区立堀之内小学校教員を経て、東京学芸大学大学院修士課程修了、筑波大学大学院単位取得満期退学。金沢女子大学専任講師を経て日本大学文理学部。

現在、日本大学文理学部教育学科教授。日本教材学会常任理事。

博士（教育学）。

［主要著書］

『博物館教育論 新しい博物館教育を描きだす』ぎょうせい、2012年
『博物館の学びをつくりだす その実践へのアドバイス』ぎょうせい、2006年
『新版 大学生のためにレポート・論文術』講談社、2009年
『Peirce記号論によるVisual記号の概念再構成とその教育的意義』紫峰図書、2004年　ほか、多数。

ハンズ・オン考 博物館教育認識論

初版印刷　2015年9月15日
初版発行　2015年9月25日

著　者　小笠原 喜康
発行者　小林 悠一
発行所　株式会社　東京堂出版
〒101-0051　東京都千代田区神田神保町1-17
電話 03-3233-3741　振替 00130-7-270
http//www.tokyodoshuppan.com/
ＤＴＰ　本郷書房
印刷・製本　東京リスマチック株式会社

ISBN978-4-490-20919-8 C3037

東京堂出版◆関連図書

博物館の未来を探る
神奈川県博物館協会 編
A5判　本体一八〇〇円

教材事典 ―教材研究の理論と実践―
日本教材学会 編
B5判　本体九五〇〇円

ミュージアム・マネージメント
大堀・小林・諸岡 編
A5判　本体三七〇〇円

全国 都道府県の歌・市の歌
中山裕一郎 監修
A5判　本体五六〇〇円

＊定価は全て本体価格＋消費税です。